차근차근 풀어보고
단박에 이해하는
금강경

이성원 지음

북스테이트

차근차근 풀어보고
단박에 이해하는
금강경

이성원 지음

북스테이트

❈ 머리말

　금강경은 불교를 한번 공부해 봐야겠다고 생각하는 사람에게는 숙제와 같은 경전입니다. 제가 학부생 시절 금강경을 처음 읽었을 때, 대충 무슨 말 하는지 알겠는데 문장 하나하나 읽어보면 비슷한 말 같기도 하고, 같은 말이 여기서는 이렇게 이야기하는 것 같고 저기서는 저렇게 이야기하는 것 같아서 전체적인 윤곽이 잡히지 않았던 기억이 납니다.
　막연히 주위에서 '금강경 읽으면 좋다더라.'라는 말만 믿고 뜻을 알든 모르든 무조건 읽어 나갔습니다. 어떨 때는 아침에 눈 뜨자마자 금강경 일회독으로 하루를 시작하기도 하고, 어떨 때는 자기 전에 금강경 일회독으로 하루를 마무리하기도 하였습니다. 처음에는 불자독송집에 있는 한문으로 된 금강경을 읽었는데 도무지 무슨 말인지 이해가 잘되지 않아 한글로 번역된 한글금강경을 읽었습니다.
　그런데 한글금강경도 이해가 잘되지 않기는 마찬가지였습니다. 예를 들어, '매우 많습니다. 세존이시여! 왜냐하면 그 복덕은 바로 복덕의 본질이 아닌 까닭에 여래께서는 복덕이 많다고 하셨습니다.'와 같은 문장이나 '아닙니다. 세존이시여! 왜냐하면 불국토를 아름답게 꾸민다는 것은 아름답게 꾸미는 것이 아니므로 아름답게 꾸민다고 말하기 때문입니다.' 등의 문장들은 도무지 읽어도 무슨 말인지 이해가 되지 않았습니다.

뜻도 모르고 막연히 '금강경 읽으면 좋다더라.'라는 말을 믿고 금강경을 매일 읽는 것이 내 인생에 복덕을 쌓는 일일지는 모르겠지만, 어떨 때는 시간 낭비 같다는 생각이 들 때도 있었고 뜻을 모르니 잡념도 많이 생겼습니다. 그래서 이래서는 안 되겠다 싶어 한문금강경을 원문으로 공부해야겠다고 결심하였습니다. 금강경이라는 이름이 들어간 책은 닥치는 대로 읽고, 인터넷에서 금강경 강의가 있으면 무조건 들었습니다. 그런데도 금강경 전체가 잘 이해가 되지 않았습니다. 부분 문장은 이해가 되더라도 전체적인 맥락에서 왜 이 문장이 여기에 배치가 되는지 와닿지 않았고, 특히나 문장이 왜 여기서 '왜냐하면'으로 연결되는지, 왜 여기서는 '그러므로'로 연결이 되는지 잘 이해가 되지 않았습니다. 출근 전에 금강경을 읽었는데 이해가 잘 안되는 문장은 하루 종일 화두처럼 머리에서 맴돌았습니다. 특히나 몇몇 문장들은 깔끔하게 이해가 되지 않아 금강경을 읽을 때면 항상 사람을 찝찝하게 만들었습니다.

그러던 중 우연히 부모님과 해인사를 방문한 적이 있습니다. 백련암 고심원까지 올라갔는데, 고심원 주위에는 성철 스님의 열반송이 주련(柱聯)으로 새겨져 있습니다. 저는 절에 가면 주련을 읽어보는 습관이 있어서 쭉 읽어보는데, 갑자기 성철 스님의 열반송이 머릿속으로 확 들어오면서 모순된 것 같은 금강경의 문장이 확 열리고, 가슴이 벅차오르는 경험을 하게 되었습니다. 집에 돌아와서 이 생각과 느낌을 나만 가지고 있을 수는 없어 '성철 스님 열반송 재해석'이라는 글을 쓰고 불교방송사와 불교잡지사에 투고했으나 아무런 반응이 없었습니다.

　그래서 차라리 내가 책을 써서 출판하자고 결심하게 되었고, 금강경 해설서를 쓰되 첫머리는 '성철 스님 열반송'을 소개해야겠다고 생각했습니다. 그때는 제가 서울에서 변호사를 하고 있을 때였고, 이리저리 일이 바빠 본격적인 작업은 못 하고 있었습니다. 그러던 중 2023년 영남대학교 법학전문대학원 교수로 임용이 되었습니다. 2023년은 성철 스님이 열반에 드신 지 30년이 되는 해이기도 하고, 아버지의 팔순이기도 하여 그해에는 책을 꼭 출판하겠다고 마음을 먹었지만, 교수 임용 초기이다 보니 생각보다 할 일이 너무 많았고 다시 돌아온 고향에서 친구들과 노는 재미에 빠져 시간을 훌쩍 보내고 말았습니다. 더 이상 미루다가는 기약이 없겠다는 위기감이 생겨 이번 겨울방학 때 지금까지 틈틈이 썼던 것들을 정리하고 생각을 가다듬어 많이 부족하지만 세상에 책을 내놓게 되었습니다. 이 책은 저처럼 수년 혹은 수십 년간 금강경을 수백, 수천 번 읽어도 그 구조나 내용이 잘 와닿지 않은 분들을 위한 책입니다.

　금강경은 음악의 변주곡처럼 주제와 후렴이 반복되어 리듬감 있게 읽어야 하는 경전입니다. 우리가 음악이나 영화를 감상할 때, 그 작품을 직접 보아야지 그 감상문이나 편집본을 보아서는 그 작품을 제대로 이해할 수 없듯이 금강경도 해설서보다는 원문을 바로 읽고 이해하고 느껴야 한다고 생각합니다. 이 책을 읽으실 때도 주석은 도우미 역할을 할 뿐 원문을 숙지하고 감상하는 데 초점을 맞추면 좋겠습니다. 감동이라는 것은 누가 전달해 줄 수 있는 것이 아니고 자기 자신이 느껴야 하는 것이므로 원문에서 직접 그 감동을 느낄 수 있으면 좋겠습니다.

    다른 금강경 해설서가 많이 있지만, 이 책은 제가 주관적으로 금강경을 통해 느끼고 이해한 바를 설명하였기에 구조적으로나 내용적으로 조금 독특한 면이 있을 것입니다. 일단 구조적으로 이 책은 소명태자(昭明太子)의 32분(分) 분류를 따르지 않습니다. 중국 양(梁)나라의 소명태자가 금강경을 32분으로 나눈 이래 보편적으로 금강경의 거의 모든 해설서는 소명태자의 분류법을 따랐습니다. 그렇지만 제가 보기에 금강경은 본문과 후렴이 음악의 변주곡처럼 변화하면서 반복되는 구조입니다. 따라서 이 책은 금강경을 일반적인 불경과 마찬가지로 '서분(序分)·정종분(正宗分)·유통분(流通分)'으로 구분하되, 정종분은 본문-후렴을 하나의 단위로 하여 8절로 구분하였습니다.

    내용적으로는 금강경이 공(空)이라는 말이 한 번도 등장하지 않지만 空을 설파한 경전이라는 기존의 해설에 대하여, 반야심경이 '색즉시공 공즉시색(色卽是空 空卽是色)'의 구절로 색(色)과 공(空)의 연결성(卽)을 설명한 것처럼 금강경도 色의 세계와 空의 세계의 모습과 관계의 성찰을 통해서 空의 각성만큼이나 色의 활용도 중요한 보살의 길임을 가르치는 경전임을 설명하려 합니다.

    여러모로 부족한 제가 이 책을 발간하는데 많은 분의 도움을 받았습니다. 전반적 검토와 더불어 격려를 아끼지 않아 주신 배성호 교수님, 원고의 가치를 높이 평가하고 힘을 주신 이미숙 교수님, 이 책의 방향성에 대하여 조언을 해 주신 양천수 교수님, 바쁜 시간을 쪼개어 원고를 검토해 주신 김탁필 선생님, 독자들에게 가까이 갈 수 있는 길을 가르쳐 준 박수연 변호사, 특히 이동형 영남대 교수회 의장님은 이 책의 초고를 꼼꼼히 읽어 주시며 오탈자는 물론이고 책의 구성에 대하여 많은 조언을 해 주셔서 너무나 큰 도움을 받았습니다. 모든 분께 감사드립니다.

묵묵히 나의 길을 지켜봐 주고 있는 아내 김정아, 밝고 건강하게 커 가고 있는 다현, 서준, 시훈이에게도 이 자리를 빌려 감사와 사랑을 전합니다. 어떤 말로도 표현할 길이 없는 사랑과 은혜를 베풀어 주신 부모님께도 깊이 감사드립니다.

이 책으로 인한 모든 공덕은 부모님께 바칩니다.

2025년 3월 17일
영남대학교 법학전문대학원 연구실에서
이성원 씀

목차

제1장 프롤로그

1. 성철 스님 열반송 재해석   12
2. 금강경에 대하여   32
3. 소승불교와 대승불교에 대하여   40
4. 금강경의 판본에 대하여   45
5. 구마라집에 대하여   49
6. 금강경의 구조에 대하여   53

제2장 본문

序分   60
正宗分 第一節   70
正宗分 第二節   155
正宗分 第三節   184
正宗分 第四節   197
正宗分 第五節   244
正宗分 第六節   276
正宗分 第七節   295
正宗分 第八節   317
流通分   332

제3장 에필로그

1. 경허 스님과 그 제자들   335
2. 도인(道人)의 일상   343
3. 대승비불설(大乘非佛說)   345
4. 반야심경 이야기   351
5. 법화경 이야기   355
6. 보살의 길   369

제1장
프롤로그

🌀 1. 성철 스님 열반송 재해석

성철(性徹, 1912~1993, 호는 퇴옹(退翁), 대한불교조계종 제6·7대 종정) 스님은 합천 해인사 퇴설당에서 입적하시기 전 다음과 같은 열반송(涅槃頌)을 남겼습니다.

生平欺狂男女群[1]
생 평 기 광 남 녀 군
彌天罪業過須彌[2]
미 천 죄 업 과 수 미
活陷阿鼻恨萬端[3]
활 함 아 비 한 만 단
一輪吐紅掛碧山[4]
일 륜 토 홍 괘 벽 산

이 열반송은 일반적으로 다음과 같이 해석됩니다.

일생동안 남녀의 무리를 속여서
하늘을 넘치는 죄업이 수미산을 지나친다.
산채로 무간지옥에 떨어져서 그 한이 만 갈래나 되는지라
둥근 한 수레바퀴 붉음을 내뱉으며 푸른 산에 걸렸도다.

---

1 백련암 고심원 주련에는 '狂'(미칠 광)이 아니라, '誑'(속일 광)으로 되어 있으나, 1993년 세상에 알려진 당시의 표기를 기준으로 하였습니다. 生 날 생; 平 평평할 평; 欺 속일 기; 狂 미칠 광; 男 사내 남; 女 여자 여; 群 무리 군
2 彌 미칠 미; 天 하늘 천; 罪 죄 죄; 業 업 업(불교 용어로, 인간의 행위가 쌓여서 운명을 결정짓는 것); 過 지날 과; 須彌 (수미산, 불교의 우주관에서 세계의 중앙에 있는 상상의 산)
3 活 살 활; 陷 빠질 함; 阿鼻 아비지옥; 恨 원망 한; 萬 일만 만; 端 끝 단
4 一 하나 일; 輪 바퀴 륜; 吐 토할 토; 紅 붉을 홍; 掛 걸 괘; 碧 푸를 벽; 山 산 산

내용이 파격적이라 사람들을 당황하게 만들었습니다. 혹자는 성철 스님이 고해성사를 한 것이라고 말하기도 하고, 성철 스님을 모신 고심원 주련(柱聯)에도 한글 해석을 차마 달지 못하는 상황이 발생하기도 하였습니다. 몇몇 분은 달리 해석하기도 하였지만, 일반적으로 위 해석을 따르는 것 같습니다. 그런데 달리 해석할 여지는 없는 것일까요?

일단 구조적으로 접근해 보면, 스님의 열반송은 7언절구(七言絶句)의 형식으로 되어 있습니다. 7언절구는 중국 고전 시가(詩歌)의 한 형식으로, 한 시(詩)가 네 개의 구(句)로 이루어지며 각 구가 7개의 한자(七言)로 구성된 형식입니다.[5] 일반적으로 이렇게 4구로 이루어진 시는 1·2구와 3·4구를 각각 묶어서 전후(前後) 2구씩 나누어 해석합니다.

그런데 성철 스님 열반송에 대한 일반적인 해석은 '1·2구 + 3·4구'의 구조로 의미를 나누는 것이 아니라, '1·2·3구 + 4구'의 구조로 의미를 나눕니다. 즉 '일생동안 남녀의 무리를 속이고, 죄업이 수미산보다 커서, 산채로 무간지옥에 떨어져서 그 한이 만 갈래나 된다 (1·2·3구).'로 해석하여 한 번 쉬었다가 '둥근 한 수레바퀴 붉음을 내

---

5 예를 들어, 중국 당나라 때 시인 이백(李白, 701~762)의 '山中問答(산중문답)'과 같은 형식의 시가 여기에 해당합니다.
問余何事棲碧山 나에게 왜 푸른 산에 기거하냐고 묻지만
문 여 하 사 서 벽 산
笑而不答心自閑 웃으며 답은 하지 않고 마음은 저절로 한가롭네.
소 이 부 답 심 자 한
桃花流水杳然去 복숭아꽃 물 따라 아득히 흘러가니
도 화 유 수 묘 연 거
別有天地非人間 인간 세상이 아닌 별천지이네.
별 유 천 지 비 인 간

뱉으며 푸른 산에 걸렸다(4구).'로 구분하여 해석합니다. 그러니 4구에서 둥근 해가 산에 걸렸다는 문장이 뜬금없이 느껴집니다.

그렇지만 성철 스님의 열반송을 굳이 '1·2·3구 + 4구'로 의미 구분을 해야 할 이유는 없습니다. 오히려 일반적인 7언절구의 구분 형식인 '1·2구 + 3·4구'로 구분해야 의미 전달이 됩니다. 스님의 열반송을 살펴보면 1·2구와 3·4구가 묘하게 대구(對句)가 됨을 알 수 있습니다.

1·2구(生平欺狂男女群 彌天罪業過須彌)는 산다는 의미의 '生'으로 시작하여 수미산(山)으로 끝납니다. 물론 '山'은 생략되어 있으나 7언절구의 글자 수를 맞추기 위함이고, 수미는 수미산을 의미한다는 데에는 아무런 이견이 없을 것입니다. 또한 보통은 '평생(平生)'이라고 하지 '생평(生平)'이라고 하지는 않습니다. 이 또한 뒤의 '活'과 대구를 맞추기 위해 '生'을 앞으로 끄집어낸 것으로 보입니다.

3·4구(活陷阿鼻恨萬端 一輪吐紅掛碧山)도 산다는 의미의 '活'로 시작하여 벽산(山)으로 끝이 납니다.

| 전단 | 1·2구 | 生 ----- 須彌(山) |
| 후단 | 3·4구 | 活 ------ 碧山 |

즉 '산다'에서 시작하여 '산(山)'으로 끝나는 두 개의 구분이 있는 것입니다.

1·2구(전단)가 하나의 의미를 제시하고, 3·4구(후단)가 또 하나의 의미를 제시합니다. 전단과 후단을 나누어서 해석해 보겠습니다.

1) 전단의 해석

전단에 해당하는 '生平欺狂男女群 彌天罪業過須彌'는 어떻게 해석해야 할까요? 이 부분은 '일생동안 남녀의 무리를 속여서 하늘을 넘치는 죄업이 수미산을 지나친다.'라고 일반적인 해석과 같이하여도 무방할 것입니다. 다만 이러한 반어적 표현이 우리에게 주는 가르침은 적지 않습니다.

가. '자등명 법등명'의 가르침

석가모니는 열반에 드시기 전, 마지막 설법으로 다음과 같은 가르침을 남기셨다고 합니다.

自歸依 法歸依
자귀의 법귀의
自燈明 法燈明
자등명 법등명

자신에게 귀의하고 법에 귀의하라.
자신을 등불로 삼고 법을 등불로 삼아라.

원문은 등(燈)이 아니라 섬(島)이었다고 합니다. 등(燈)을 섬(島)으로 바꾸면, 다음과 같이 해석됩니다.

자신을 섬으로 삼아 자신을 귀의처로 하여 머물고,

법을 섬으로 삼고 법을 귀의처로 하여 머물러라.

등(燈)으로 하든 섬(島)으로 하든 석가모니가 무엇을 말하려고 하는지는 분명합니다. 스승이 가시면 남은 제자들은 스승의 말을 가지고 싸우게 되기 마련입니다. '내가 보기엔 스승의 말씀이 이렇게 해석된다. 내가 보기엔 그게 아니고 이렇게 해석된다.'는 식으로 말입니다. 그래서 분파가 갈리고 논쟁이 계속되겠지만, 스승의 말씀은 그때그때의 방편(方便)이지 영원히 의존할 바는 되지 못합니다. 성철 스님은 생전에 다음과 같은 법문을 남기셨습니다.

"불교를 믿는 사람은 석가모니를 버리고,
기독교를 믿는 사람은 예수를 버려야 한다."

"과거 성인들의 말씀에 너무 집착하여 버리지 못하면 본마음에 이보다 더 큰 병폐와 장애가 없다. 이것을 독약같이 버려야 참다운 지혜와 영원한 자유가 있으며 우리의 본마음을 볼 수 있으니 이들을 원수같이 털어 버려야만 한다. 이를 버리지 못하면 본마음은 점점 더 컴컴해진다. 우리의 본마음을 보려면 이들을 빨리 털어 버려야 한다."[6]

세상을 떠나는 선지식(善知識)이 대중에게 하고 싶은 마지막 말은 무엇이었을까요? '내가 살아생전 했던 말을 무조건 따르지 마라.

---

6 성철, '이뭐꼬', 2016, 장경각.

너 자신에서 찾고 법에 의존해야지 성인이라 할지라도 죽은 사람의 말에 의존하지 마라.' 이렇지 않을까요? 그런데 그냥 '나의 말을 따르지 말고 스스로 돌아보고 스스로에게서 찾아라.'라는 충고 정도의 말로는 대중에게 먹혀들 것 같지 않습니다. 그러니 스님은 아예 '나는 평생 사람들을 속인 사기꾼이니 내 말을 믿지 말라.'고 반어적으로 충격요법을 사용해 버리는 것입니다.

殺佛殺祖
살 불 살 조
부처를 만나면 부처를 죽이고,
조사를 만나면 조사를 죽여라.

살벌한 말이지만, 부처와 조사(祖師)라는 외형적인 권위나 상(相)에 얽매이지 말고, 자기 스스로 찾고 스스로 알아차리라는 의미입니다. 여기서 성철 스님이 자신을 사기꾼이라고 이야기하는 것은 '자등명법등명'의 강력한 표현이기도 하지만, 사실 자신의 삶에 대한 자신감의 표현이기도 합니다. 물론 이러한 처방을 아무나 할 수 있는 것은 아니고 자신의 명성과 존재에 대하여 아무런 집착을 가지지 않는 선지식만이 할 수 있을 것입니다.

나. '무주상보시'의 실천

또 다른 가르침은 무주상보시의 실천이라는 의미에서입니다. 금강경은 '무주상보시(無住相布施)'를 이야기합니다. '무주상보시'는 어떤 相에도 머무르지 않고 베푸는 것을 의미합니다. 누가 보시를 하는지(보시의 주체), 누구에게 보시를 하는지(보시의 대상), 무엇을 보시하는지(보시의 객체), 이 모든 것에 대한 상(相)을 내려놓고 하는 보시를 의미합니다. 재물보시를 할 수도 있고 법보시(法布施)를 할 수도 있을 것이나 결국은 자비심(慈悲心)이 그 바탕을 이룹니다.

일본 에도시대 임제종(臨濟宗)[7]의 중흥조인 '하쿠인 에카쿠(白隱慧鶴, 1685~1768)' 선사에게는 재미있는 이야기가 전해 옵니다.

하쿠인 선사가 득도하였다고 소문이 나자, 많은 스님이 몰려들었습니다. 그런데 근처 마을 처녀가 동네 총각과 정분이 나서 임신을 하게 되었는데, 모든 사람으로부터 존경받는 하쿠인 선사의 애를 가졌다고 하면 부모도 그냥 넘어갈 것이라고 생각했던지 처녀는 애아버지가 하쿠인 선사라고 거짓말을 하였습니다. 그러나 화가 난 부모는 하쿠인 선사에게 찾아가서 욕을 하면서 소란을 피웠습니다.

그러자 하쿠인 선사는 가만히 "그렇습니까?"라고만 응대하였다고 합니다.

상황이 이러하자 같이 수행하던 스님들도 하나둘 절을 떠나게 되었고, 시간이 지나 아이가 태어나자 그 처녀의 부모는 갓난아기를 데리고 절에 올라가 하쿠인 선사에게 가져다주며 "당신이 애 아버지이니 당신이 키우시오."라고 하였습니다. 하

---

7 임제종(臨濟宗)은 중국 당나라의 임제의현(臨濟義玄) 스님에 의해 창시된 중국 불교 선종 5가(家)의 한 종파입니다. 임제의현이 만들었다고 하여, 임제종이라고 합니다.

쿠인 선사는 또 별다른 말 없이 아이를 받고 묵묵히 탁발을 하면서 아이를 키웠습니다. 상황이 이렇게 되니 스님들도 다 떠나버리고, 하쿠인 선사의 명성은 완전히 바닥에 떨어졌습니다. 그렇지만, 결국에는 이 처녀가 모든 상황을 고백하였고, 부모와 함께 하쿠인 선사에게 찾아가 사죄하고 용서를 빌었습니다.

그러자 하쿠인 선사는 또다시 "그렇습니까?" 하면서 조용히 아이를 돌려주었다고 합니다.

하쿠인 선사는 자신의 명성을 자신이라고 생각하지 않았고 자신의 명성에 집착이 없었고 상(相)에 머무르지 않았기에 자신의 명성을 보시함으로써 임신한 처녀와 아이를 모두 살릴 수 있었던 것입니다.

한국 근현대 불교를 개창한 대선사인 경허(鏡虛惺牛, 1849~1912) 스님에게도 다음과 같은 이야기가 전해 옵니다. 경허 스님이 해인사에 계실 때의 이야기인데, 경허 스님이 여자를 데리고 같이 먹고 잔다는 소문이 퍼졌습니다. 그런데 이는 단순한 소문이 아니라 실제로 벌어진 일이라 제자로 있던 만공 스님을 노심초사하게 했습니다. 그렇지만 사실 이 여인은 온몸이 문드러지고 피고름을 흘리는 나병환자였습니다. 결국 여자는 떠났지만 경허 스님의 법력에 모두 아무런 말도 할 수 없었다고 합니다.

성철 스님의 열반송도 이러한 하쿠인 선사나 경허 스님과 같은 보시행, 자비행의 실천에서 이해해야 합니다. 이 정도로 반어적인 열반송을 남겼을 때, 호사가(好事家)들이 흠을 잡고 그 명성을 훼손할 수 있다는 것은 누구나 짐작할 수 있습니다. 그렇지만 스님은 본인의 명성에 집착이 없고 아무런 相에 머무르지 않기에 대중을 위해서 본인의 명성을 아낌없이 보시할 수 있었던 것입니다.

결론적으로 전단은 일반적 해석으로도 별문제가 없습니다. 다만 1구의 '生'은 3구의 '活'과 대치를 이루는 구조이므로, '생평(生平)'을 합쳐서 '평생동안'이라고 하기보다는 3구와의 대구를 위해서 '生'을 끊어서 '살아서 내내'라고 하는 것이 좋을 것으로 보이지만, 의미상으로는 별 차이가 없습니다.

즉 '生平欺狂男女群 彌天罪業過須彌'는 '살아서 내내 남녀의 무리를 속이고, 하늘에 가득 찬 죄업은 수미산을 넘는다.'라고 해석이 되고, 의역을 하자면 '내가 남긴 말은 사기꾼의 말로 생각하여 相을 두지 마라. 스스로 자신 안에서 구해라.'라는 의미로 해석될 수 있습니다.

2) 후단의 해석

문제는 '活陷阿鼻恨萬端 一輪吐紅掛碧山', 이 후단의 해석입니다. 특히 기승전결(起承轉結) 구조에서 전(轉)에 해당하는 3구의 해석이 여러 오해를 불러일으켰습니다. 일반적 해석은 살펴본 바와 같이 3구를 전단에 붙여서 해석하였습니다. 즉 '평생 거짓말을 하고 죄업이 크기 때문에 산채로 지옥에 끌려가 그 한이 만갈래다.'라고 해석하고, 4구를 '일륜은 벽산에 걸려있다.'라고 해석하여, 4구를 의미상 전(轉)이자 결(結)로 해석하였습니다.

그러나 3구의 '活'은 1구의 '生'과 대비하여 새로운 내용이 전개되는 것이며 1, 2, 3, 4구는 각각 완벽하게 구조적으로나 내용적으로 기승전결 구조를 이룹니다. 후단인 '活陷阿鼻恨萬端 一輪吐紅掛碧山'에서 첫 자 '活'은 전단의 첫 자인 '生'과 대비를 이루어 새로운 내용이 전개되는 것입니다. 그렇다면 '活陷阿鼻恨萬端 一輪吐紅掛碧山'은 어떻게 해석되어야 할까요? 크게 2가지 방향으로 해석이 가능할 것입니다.

가. 법계의 차별 없는 자비와 정진의 관점

첫 번째 해석은 후단을 법계(法界)의 무차별적 자비(慈悲)와 정진(精進)의 관점에서 해석하는 것입니다. 다음과 같은 상황을 한번 상상해 보겠습니다.

제자가 '스님 가시기 전에 한 말씀해 주시죠.'라고 합니다. 그러자, 스승이 '내 말에 相을 가지지 마라. 스스로 찾아라.'라고 대답합니다. 그러자 제자가 '스님, 그것만으로는 이 지옥 같은 삶을 사는 중생과 저희들에게는 부족합니다. 좀 더 알려주십시오.' 하니, '삶'에 대하여 한 말씀을 하시는 겁니다.

活陷阿鼻恨萬端
활 함 아 비 한 만 단
一輪吐紅掛碧山
일 륜 토 홍 괘 벽 산

삶이 아비지옥에 빠진 것과 같고, 그 한이 만 갈래이더라도 '일륜'은 (누구에게나) 붉음을 토하며, '벽산'에 걸려있다.

'陷' 자는 '빠질 함' 자로 '함정(陷穽)에 빠지다' 할 때의 '함'입니다. '阿鼻(아비)'는 아비지옥(阿鼻地獄)을 말합니다. 괴로움 받는 일이 순간도 쉬지 않고 끊임이 없다고 하여 무간지옥(無間地獄)이라고도 합니다.

그런데 지옥은 죽어서 가는 곳이지 산 사람이 가는 곳이 아닙니다. '활함아비(活陷阿鼻)'라 함은 이 사바세계(현실 세계, 차안(此岸)⁸)에서 사는 것(活)이 지옥에 빠진 것(陷)과 같이 힘들다는 것이지 물리적으로 산 사람이 지옥으로 장소를 이동한다는 것을 의미하는 것은 아닙니다. '端(단)'은 끝, 어떠한 단위, 실마리, 원인 등 여러 가지 의미가 있습니다. '萬端(만단)'은 다양한 이유, 다양한 사연으로 보면 됩니다. 그렇다면 '活陷阿鼻恨萬端'은 '삶이 아비지옥에 빠진 것과 같고 그 한이 만 갈래이더라도'라고 해석됩니다.

그럼 4구의 '一輪吐紅掛碧山'은 '일륜(一輪)이 붉음을 토하며, 벽산(碧山)에 걸려 있다.'고 직역이 되는데, 여기서 '일륜'과 '벽산'은 무엇을 의미할까요?

큰 바퀴를 의미하는 '일륜(一輪)'은 '법신(法身)', '법륜(法輪)'의 자리를 의미한다고 보아야 할 것입니다. 원불교에서는 이런 의미에서 법신불의 자리에 큰 동그라미인 '일원상(一圓相)'을 두기도 합니다. 반면에 푸른 산을 의미하는 '벽산(碧山)'은 이 사바세계, 차안(此岸)을 의미한다고 보면 됩니다.

따라서 '一輪吐紅掛碧山'의 모습, 일륜이 붉음을 내뿜으며 벽산

---

8 '차안(此岸)'은 문자 그대로 '이쪽 언덕', 지금 살아 있는 이 세상인 '현세(現世)'를 의미하고, '피안(彼岸)'은 '저쪽 언덕', 열반의 세계를 의미합니다.

에 걸려있는 모습은 '월인천강지곡(月印千江之曲)'에서 '월인천강(月印千江, 천 개의 강에 비친 달)'과 같이, 부처님의 진리나 관세음보살의 자비가 달(月)이 중생이 사는 이 다양한 세계(千江)를 비추는 것(印)과 같이 온 세상에 비추는 모습으로 볼 수 있을 것입니다.

즉, 법신의 자리인 '일륜(一輪)'이 사바세계의 자리인 '벽산(碧山)' 위에 걸리어 자비, 공덕을 무차별하게 토해내는 모습을 묘사한 것으로 볼 수 있습니다.

의역하자면 '삶이 아비지옥에 떨어진 것같이 힘들고 그 한이 만 갈래일지라도, 일륜(법신의 세계, 부처님의 자비)은 벽산(사바세계) 위에서 그 광명을 차별 없이 비추니 믿고 정진하여라.' 정도로 해석될 것입니다. 다시 말하면, '열심히 정진하여 이 만한(萬恨)의 자리에서 일륜(一輪)의 자리로 건너가라.'는 의미로 해석될 수 있습니다.

중국 선종(禪宗)은 달마(達磨)대사를 초조(初祖)로 삼고, 제2조 혜가(慧可), 제3조 승찬(僧璨), 제4조 도신(道信), 제5조 홍인(弘忍) 밑에서 남북 양종으로 나누어집니다. 혜능(慧能, 638~713)이 남종선을 열었고, 신수(神秀, 606~706)는 북종선을 열었습니다.

제5조 홍인 스님이 의발을 전수하기 위해 제자들에게 그 깨달은 바를 표현하라고 했을 때, 신수 대사는 다음과 같은 게송을 지었다고 합니다.

身是菩堤樹 (신시보리수) 몸은 보리수와 같고,
心如明鏡臺 (심여명경대) 마음은 밝은 거울과 같다.

時時勤拂拭 부지런히 정진하여
시시근불식
勿使惹塵埃 티끌이 끼지 않게 하리라.
물사야진애

'活陷阿鼻恨萬端 一輪吐紅掛碧山'을 이런 관점에서 해석하면,
활함아비한만단 일륜토홍괘벽산
'삶이 지옥과 같은 것에 만 가지 사연이 있으나, 一輪의 자리는 차별 없이 세상을 자비로 비추어 주니 萬恨을 一輪의 자리에 맡기고 부지런히 정진하여 一輪의 세계에 도달하여라.' 정도가 될 것입니다.

나. 중도의 관점

또 다른 후단의 해석은 중도(中道)로 해석하는 것입니다. 성철 스님은 생전에 중도를 많이 강조하셨습니다. '중도'가 무엇인가요?

석가모니는 29세에 출가하여 35세에 깨달음을 얻어 부처가 될 때까지 6년간 가혹한 고행의 방법으로 수행 정진하였습니다. 그러나 물질적 편안함이나 감각적 욕망에 빠지는 것으로도, 자기학대를 통한 가혹한 고행의 방법을 통해서도 깨달음을 얻을 수 없었습니다. 이 양극단을 따르지 않는 중도(中道)를 통해서만 깨달음을 얻을 수 있었습니다.

중도(中道)는 8가지 바른길이라는 '팔정도(八正道)'로 대변됩니다. 팔정도는 ① 정견(正見 바른 견해), ② 정사유(正思惟 바른 생각), ③ 정어(正語 바른말), ④ 정업(正業 바른 행위), ⑤ 정명(正命 바른 생활), ⑥ 정정진(正精進 바른 노력), ⑦ 정념(正念 바른 생각), ⑧ 정정(正定 바른 삼매)입니다. 팔정도는 수행의 핵심 원칙으로, 이

여덟 가지 길을 실천함으로써 깨달음에 이를 수 있다고 합니다. 팔정도와 함께 반드시 알아야 할 교리가 사성제(四聖諦)입니다. 사성제는 석가모니가 깨달음을 얻은 후 녹야원(鹿野苑)에서 다섯 명의 제자들에게 처음으로 설한 법(초전법륜(初轉法輪))이라고 합니다. 사성제는 고집멸도(苦集滅道)를 의미합니다.

① 고제(苦諦): 삶은 고통이라는 인식입니다. 태어나고 늙고 병들고 죽는 생로병사(生老病死)의 사고(四苦)와 여기에 사랑하는 사람과 헤어지는 애별리고(愛別離苦), 미워하는 사람과 만나는 원증회고(怨憎會苦), 원하는 것을 얻지 못하는 구부득고(求不得苦), 색수상행식(色受想行識)의 오온(五蘊)에 집착하여 생기는 오취온고(五取蘊苦)를 더한 팔고(八苦)가 있습니다.

② 집제(集諦): 이러한 고(苦)의 원인에 대한 설명으로 석가모니는 목마를 정도의 집착인 '갈애(渴愛)'를 이야기합니다.

③ 멸제(滅諦): 고통의 원인인 갈애가 없어져 고(苦)에서 벗어난 열반(涅槃), 해탈(解脫)의 경지를 의미합니다.

④ 도제(道諦): 고(苦)를 없애는 수행법으로 팔정도를 의미합니다.

다시 성철 스님 열반송으로 가 봅니다. 앞서 본 '법계의 차별 없는 자비와 정진의 관점'에서 살펴본 것과 같은 상황입니다. 제자가 '스님 가시기 전에 한마디 해 주시죠.'라고 합니다. 그러자 스승이 '내 말에 相을 가지지 마라. 스스로 찾아라.'라고 대답합니다. 그러자, 제자가 '스님, 그것만으로는 이 지옥 같은 삶을 사는 중생과 저희들에게는 부족합니다. 좀 더 알려주십시오.' 하니, 스승이 이렇게 대답합니다.

活陷阿鼻恨萬端
활 함 아 비 한 만 단
一輪吐紅掛碧山
일 륜 토 홍 괘 벽 산

삶이 아비지옥에 빠진 것과 같고, 그 한이 만 갈래이더라도
'일륜'은 붉음을 토하며, (바로 이 자리) '벽산'에 걸려있다.

'벽산(碧山)'은 푸른 산이라는 의미입니다. 그런데, 해와 같은 일륜(一輪)이 산을 비추어 주지 않으면 산이 푸를 수 없습니다. 밤에는 산이 푸르게 보이지 않습니다. 산이 푸르게 보인다는 것은 해가 떠 있다는 증거입니다. 산이 푸르다는 것이 一輪이 빛을 비추어 주었다는 증거이고, 一輪은 산이 푸름으로써 존재를 나타내는 것입니다. 즉, 벽산은 일륜이 만든 것이고, 벽산을 통해서 일륜은 확인이 됩니다. 다시 말하면, 벽산(碧山)의 자리가 바로 일륜(一輪)의 자리입니다. 성철 스님은 아래와 같은 법문도 남기셨습니다.

"일반종교는 현실 외에 따로 절대를 세워서 자기가 생존하는 현실유한의 세계를 떠나 절대무한의 세계에 들어감을 목표로 삼습니다. 불교에서는 현실이 즉 절대여서…… 절대세계를 다시 구할 필요가 없습니다."[9]

즉, 여기 이 자리가 바로 '열반'이자 '피안'이라는 것입니다.

---

9   성철, '자기를 바로 봅시다', 1993, 장경각, 163면.

"참으로 중도를 깨쳐서 쌍차쌍조(雙遮雙照)[10]를 바로 알면 마음에 부처를 이루어서 한 마음이라도 부처님 마음이 아닌 것이 없고, 곳곳에서 도를 성취해 한 티끌도 불국토가 아닌 곳이 없습니다."[11]

성철 스님 열반송에서의 벽산(碧山)은 그저 육안(肉眼)으로 관찰한 푸른 산이 아니고 깊은 눈으로 보면 산이 푸름으로써 일륜(一輪)을 보인 푸른 산인 것입니다.

"결국 유(有)와 무(無)가 통하는 것입니다. 유가 곧 무이고 무가 곧 유입니다. 바람이 분명히 있는데 볼 수 없으니 무입니다. 볼 수는 없지만 활동은 하고 있으니 유입니다. 볼 수 없으니 유도 아니고 분명히 있으니 무도 아닙니다. 결국 이것이 중도(中道)입니다."[12]

중도(中道)는 팔정도(八正道)로 대변된다고 했습니다. 그리고 보

---

10 쌍차쌍조(雙遮雙照)는 화엄에서 중도방편(中道方便)을 설명할 때, 하늘과 구름의 비유를 들며 설명하는 방식입니다. 쌍차(雙遮)란 구름이 걷혔다는 말이고, 쌍조(雙照)란 해가 드러나 비친다는 말입니다. 하늘에 구름이 걷히면 푸른 하늘에 해가 그대로 드러나고, 해가 완전히 드러나 있으면 구름이 완전히 걷힌 것입니다. 그러므로 구름이 걷혔다는 것은 해가 드러났다는 말이며, 해가 드러냈다는 것은 구름이 걷혔다는 말과 같아서 차조동시(遮照同時)라 합니다.
11 성철, '백일법문', 255면.
12 성철, '백일법문', 232면.

면, 이 열반송 후단에는 苦(사는 것이 아비지옥과 같음), 集(그 원인은 번뇌가 만 갈래이기 때문에), 滅(열반의 모습으로 一輪), 道(중도의 모습으로 碧山)의 사성제, 팔정도가 다 들어있음을 알 수 있습니다.

그렇다면 이 아비지옥과 같은 고통의 삶에서 벗어나는 방법은 무엇인가요? 열반, '일륜(一輪)'의 세상으로 가면 되는 것입니다. 그런데, 이 '一輪'의 세상은 어디 있고, 어떻게 가는 것인가요? 이에 대한 해답이 '만(萬)'과 '일(一)'이라는 숫자에 숨어 있습니다. 성철 스님 열반송 후단(活陷阿鼻恨萬端 一輪吐紅掛碧山)에서 '萬'과 '一'은 그냥 무심히 보아서 넘길 숫자가 아닙니다.

'만법귀일 일귀하처(萬法歸一 一歸何處, 만법이 하나로 돌아가면 그 하나는 어디로 가는가?)'라는 화두가 있습니다. 이 화두는 중국 선종의 화두 100칙을 모은 '벽암록(碧巖錄)'[13]에 나오는 조주(趙州從諗, 778~897) 스님의 화두입니다.

한 승려가 조주에게 묻습니다.
"만법이 하나로 돌아가면, 하나는 어디로 돌아갑니까?"
조주 선사가 답합니다.
"내가 청주에 있을 때, 옷 한 벌했는데,
무게가 일곱 근이었어."

---

13 설두중현(雪竇重顯) 스님이 '경덕전등록(景德傳燈錄)' 1,700칙 화두 중에서 100칙을 골라 운문(韻文)의 송(頌)을 달았고, 뒷날 원오극근(圓悟克勤) 스님이 이 송(頌)에 대하여 각칙(各則)마다 서문격인 조어(釣語: 垂示), 본칙(本則)과 송고(頌古)에 대한 단평(短評: 著語), 전체적인 상평(詳評: 評唱)을 가하여 10권으로 한 것이 '벽암록'입니다. 즉, 설두 스님이 편찬한 설두송고(雪竇頌古)에 대한 원오 스님의 주석서가 벽암록입니다.

僧問趙州云。萬法歸一一歸何處。
州云。我在靑州作得一領布衫 重七斤。

여기서 '만법(萬法)'은 이 사바세계의 모든 존재를 의미합니다. 일반적으로 '法'이라는 것은 진리(다르마 Dharma)일 수도 있고, 우리 생활의 'Law'로 해석될 수도 있으나, 모든 존재에는 존재하는 法이 있고, 法 없이 존재하는 사물이 없기에 여기서는 '존재'를 의미합니다. 모기도 피하는 法은 알고 아메바도 자기 번식의 法은 알고 돌멩이도 생성 소멸하는 法은 있기 때문에, 여기서의 '만법(萬法)'은 이 현실 세계 전체의 존재라고 보아도 무방합니다. 그렇다면 이 모든 존재(萬法)가 하나의 자리로 간다고 할 때(歸一, 여기서 하나의 자리는 법계라 해도 좋고 절대계라 해도 좋을 것입니다), 그 하나는 어디로 가나요(一歸何處)? 이것이 승려의 질문입니다.

그러자 조주 스님이 말합니다. 내가 청주에 있을 때 무게가 일곱 근인 옷 한 벌을 맞추었다고. 무슨 말인가요?

스님의 대답은 대단히 구체적입니다. 절대계가 시·공간을 초월하고 언어를 초월한 세계라면, 조주 스님이 서술한 세계는 시·공간을 점유하고 있는 존재의 구체적인 서사(敍事)입니다. 결국 이 말은 만법(萬法)이 귀일(歸一)하지만, 그 일(一)은 다시 구체적 시·공간의 세계인 萬法의 세계로 돌아온다는 의미입니다. 다시 말하면, 一은 萬法의 세계에서 발현될 수밖에 없다는 의미입니다.

성철 스님의 열반송에서 萬恨(萬法)을 一輪을 자리에 놓으면(歸一), 그 일(一)은 다시 어디로 가는가에 대하여 성철 스님이 내놓은 답이 바로 이 '벽산(碧山)'입니다. 바로 여기, 이 사바세계가 바로 그 자리라는 것입니다.

앞서 제5조 홍인 스님이 의발을 전수하기 위해 제자들에게 그 깨달은 바를 표현하라고 했을 때, 신수 대사가 지었다고 전하는 게송을 소개하였습니다. 다음은 제6조 혜능 스님이 지었다고 전해지는 게송입니다.

心是菩堤樹 마음은 보리수이고
심 시 보 리 수
身爲明鏡臺 몸은 맑은 거울을 얹어 놓은 받침대이다.
신 위 명 경 대
明鏡本淸淨 거울은 본래 깨끗한 것인데
명 경 본 청 정
何處染塵埃 어디에 먼지가 묻을 것인가.
하 처 염 진 애

이 버전은 돈황본 버전이고, 아래는 종보본[14] 버전입니다.

菩堤本無樹 보리는 본래 나무가 아니고,
보 리 본 무 수
明鏡亦非臺 명경 또한 틀이 아니다.
명 경 역 비 대
本來無一物 본래 한 물건이 없는데
본 래 무 일 물
何處惹塵埃 어느 곳에 먼지가 일 것인가.
하 처 야 진 애

---

14 혜능 선사의 이 선시는 육조단경(六祖壇經)에서 볼 수 있습니다. 현존하는 육조단경의 여러 판본 가운데 가장 오래된 것은 돈황본(敦煌本)으로 대략 780년경에 편찬된 것으로, 1920년대 일본학자가 런던 대영박물관에 소장되어 있는 돈황문헌 가운데서 발견했습니다. 종보본은 1291년 종보(宗寶) 스님이 편집한 것으로 명나라 이후 가장 유행한 판본입니다.

'活陷阿鼻恨萬端 一輪吐紅掛碧山'을 혜능 스님식으로 해석하면
'삶이 지옥과 같은 것에 번뇌가 만 갈래이기 때문이니, 만 갈래의 한(萬恨)을 일륜(一輪)의 자리에 맡기라고 한다. 하지만, 碧山의 자리에서 萬恨과 一輪은 본래 두 자리가 아닌데, 어디로 가고 어디에서 오라는 이야기인가?'라는 의미인 것입니다.

제자 : 스님, 가시기 전에 한 말씀 일러주십시오.
스님 : 내 말에 相을 두지 말고, 너 안에서 찾아라.
제자 : 그렇게만 말씀하시지 말고, 지옥에 빠진 고통을 겪고 있는 중생을 위해 한 말씀 더 일러주십시오.
스님 : 삶이 지옥과 같은 것은, 번뇌가 만 갈래이기 때문이니, 일륜의 자리에 다 맡겨라.
제자 : 스님, 그럼 일륜은 어디에 있나요?
스님 : 이놈아, 일륜은 저 벽산 위에 붉음을 내뱉으며 저렇게 선명히 걸려있지 않느냐?

生平欺狂男女群 彌天罪業過須彌
생 평 기 광 남 녀 군 미 천 죄 업 과 수 미
活陷阿鼻恨萬端 一輪吐紅掛碧山
활 함 아 비 한 만 단 일 륜 토 홍 괘 벽 산

살아서 내내 남녀의 무리를 속이고
하늘에 가득 찬 죄업은 수미산을 넘는다.
삶이 아비지옥과 같은 것은 번뇌가 만 갈래임이라
일륜은 붉음을 내뱉으며 푸른 산에 걸려 있구나.

이 해석이 제가 최종적으로 한 해석입니다.

2. 금강경에 대하여

그럼 이제부터 본격적으로 금강경 이야기를 하고자 합니다. 우선 금강경이 어떤 경인가부터 살펴보겠습니다. 금강경은 반야심경(般若心經), 천수경(千手經)과 더불어 우리나라 절에 가면 가장 많이 읽히는 경 중의 하나입니다. 특히 금강경이 중요한 것은 우리나라 불교 종단 중에서도 신도 수가 가장 많은 대한불교조계종의 소의경전(所依經典)이기 때문입니다. 소의경전이란 종단의 근본경전을 말합니다.

한국불교태고종도 금강경을 소의경전으로 삼고 있고, 대한불교천태종은 '법화삼부경(法華三部經)'[15]을, 대한불교화엄종은 '화엄경(華嚴經)'을, 대한불교정토종은 '정토삼부경(淨土三部經)'[16]을 소의경전으로 하고 있습니다.

'금강경' 혹은 '금강반야경(金剛般若經)'이라고 불리는 이 경의 원 제목은 '금강반야바라밀경(金剛般若波羅密經)'이라 하고 대승경전(大乘經典)으로 분류됩니다. 금강경의 성립 시기는 학자마다 분분하나 빠르게 보는 사람은 기원전 1세기까지 올라가기도 하고, 기원

---

15 법화삼부경은 무량의경, 묘법연화경, 불설관보현보살행법경을 통칭하는 말입니다.
16 정토삼부경은 무량수경, 관무량수경, 아미타경의 세 개의 경전을 말합니다.

후 1세기까지도 보는 사람도 있습니다. 우리나라에는 삼국시대에 불교가 들어올 때 같이 들어왔습니다. 이 '금강반야바라밀경(金剛般若波羅密經)'을 글자대로 분석해 보겠습니다.

금강

'금강(金剛)'의 의미에 대해서 두 가지의 설명이 있습니다. 먼저 다이아몬드를 금강석이라고 하듯이 '다이아몬드'를 의미한다고 설명하는 설이 있습니다. 이렇게 본다면 이 금강경은 어떤 단단한 아집(我執)도 부숴버릴 수 있는 강력한 가르침이라는 의미입니다. 그래서 영어로 금강경을 'Diamond Sutra'라고 합니다.

또 하나는 '벼락'을 의미한다는 설명입니다. 이 설명에 의하면 금강경은 '벼락경'이 됩니다. 금강경을 벼락경이라고 본다면 문제는 벼락이 어디에 내려치는가 하는 것입니다. 흔히 세상사에 지치면, '속세를 떠나고 싶다. 세상과 인연을 끊어버리고 싶다.'고 이야기합니다. 그렇다면 금강경은 나와 속세 사이에 벼락이 쳐서 속세와 단절을 도모하는 경전일까요? 그렇지 않습니다. 벼락이 내려치는 위치는 나와 세상의 사이가 아니라, 바로 '나'입니다. 내가 세상 어디를 가든 나로부터 떠날 수 없습니다. 벼락이 '나'에게 내려침으로써 내가 해체되는 것(無我)입니다.

금강이 다이아몬드를 의미하든 벼락을 의미하든 금강경을 이해하는 데는 별 차이가 없습니다. 그만큼 강력하고 강렬한 가르침이라는 의미입니다.

반야바라밀

　반야(般若)는 산스크리트어 프라즈냐(prajñā) 또는 팔리어 빤냐(paññā)를 음역한 것인데, '지혜(智慧)'로 번역되기도 하고, 간단히 '지(智)' 또는 '혜(慧)'로도 번역됩니다. 바라밀(波羅蜜) 또는 바라밀다(波羅蜜多)는 산스크리트어 빠라미따(pāramitā)를 음역한 것으로 도피안(到彼岸), 피안의 세계로 간다는 의미도 있고, 완전한 구극(究極)의 상태를 의미하기도 합니다. 그렇다면 '반야바라밀'은 '지혜의 궁극(窮極)'이라는 의미로 이해하면 될 것입니다.
　금강경은 대승경전입니다. 대승불교가 무엇인지, 대승경전이 무엇인지에 대해서는 아래에 항을 바꾸어 자세히 설명하겠습니다만, 간단히 이야기하면 대승경전은 '보살의 길'에 대한 경전입니다. 그리고, 대승불교에서 보살의 길은 보시(布施)·지계(持戒)·인욕(忍辱)·정진(精進)·선정(禪定)·반야(般若)의 '육바라밀(六波羅蜜)'의 실천으로 압축이 됩니다. 반야바라밀은 육바라밀 중에서 나머지 다섯 바라밀을 성립시키는 근거로 여겨집니다.
　보시(布施)는 재물이나 진리를 남에게 베푸는 것을 의미하고, 지계(持戒)는 계율을 지키는 것, 인욕(忍辱)은 괴로움을 참는 것, 정진(精進)은 부지런히 수양에 힘쓰고 게으르지 않는 것, 선정(禪定)은 마음을 고요히 가라앉히는 것, 반야(般若)는 지혜(智慧)를 의미합니다. 육바라밀을 소재로 하여 춘원 이광수(春園 李光洙, 1892~1950)가 지은 '애인(愛人)'이란 시를 아래에 소개합니다.

愛人

님에게서 아까운 것이 없이
무엇이나 바치고 싶은 이 마음
거기서 나는 보시(布施)를 배웠노라.

임께 보이고자 애써
깨끗이 단장하는 이 마음
거기서 나는 지계(持戒)를 배웠노라.

임이 주시는 것이면
때림이나 꾸지람이나 기쁘게 받는 이 마음
거기서 나는 인욕(忍辱)을 배웠노라.

자나 깨나 쉬일 새 없이
임을 그리워하고 임 곁으로만 도는 이 마음
거기서 나는 정진(精進)을 배웠노라.

천하에 하고많은 사람 중에 오직
임만을 사모하는 이 마음
거기서 나는 선정(禪定)을 배웠노라.

내가 임의 품에 안길 때에
기쁨도 슬픔도 임과 나의 존재도 잊을 때에
거기서 나는 지혜(智慧)를 배웠노라.

인제 알았노라
임은 이 몸께 바라밀(波羅蜜)을 가르치려고
짐짓 애인의 몸을 나툰 부처시라고.

경

'경(經)'은 석가모니가 설법한 것을 기록한 것으로 산스크리트어로는 '수트라(sūtra)'라고 합니다. 수트라는 고대 인도에서 종교·학술·문학·법률 등 각 분야의 '권위 있는 책'이라는 뜻으로 사용한 말인데, 불교도들도 석가모니의 말씀을 편찬한 뒤 불교의 가장 권위 있는 책이라는 의미에서 '수트라'라는 명칭을 붙였습니다. 수트라는 원래 '실' 또는 '끈'을 의미하는 말로, 석가모니의 가르침을 흩어지지 않게 꿰어 교법의 꽃다발을 만든다는 의미를 담고 있습니다. 경전을 모아 놓은 것을 '경장(經藏)'이라 합니다.

'율(律)'은 석가모니가 설한 내용 가운데 계율과 관련되는 것을 가리키며, 불제자들이 지켜야 할 실제 생활상의 규정, 교단의 규약 등을 말합니다. 이러한 계율을 모은 것을 '율장(律藏)'이라고 합니다.

'논(論)'은 경과 율에 대한 후대의 주장을 말합니다. 논을 모아 놓은 것이 '논장(論藏)'입니다. 이 셋을 합쳐서 '삼장(三藏)'이라 하는

데, 흔히 '대장경(大藏經)'이라 부르기도 합니다. 현재 해인사에 소장되어 있는 고려시대의 '팔만대장경(八萬大藏經)'은 그 경판 수가 총 81,258장이기 때문에 붙여진 이름입니다. 또 법력이 높은 승려를 일컫는 '삼장법사(三藏法師)'라는 말도 경·율·론 삼장에 정통한 승려라는 뜻입니다.

'소(疏)'는 경·율·론을 이해하기 쉽도록 풀이한 글 또는 책을 말합니다. '화엄경소'라 하면 화엄경을 풀이한 글, '원각경소'는 원각경을 풀이한 글, '대승기신론소'라고 하면 대승기신론을 풀이한 글입니다. 이 책도 '금강경소'로 불릴 수 있을 것입니다.

'초(抄)' 또는 '기(記)'는 소(疏)를 더욱 자세히 풀이한 것입니다. 따라서, '화엄경소초'는 '화엄경소'를 더욱 자세히 풀이한 것, '원각경소초'는 '원각경소'를 더욱 자세히 풀이한 것, '대승기신론소별기'는 '대승기신론소'를 더욱 자세히 풀이한 책입니다.

경·율·론의 성립을 알기 위해서는 석가모니가 입멸한 뒤의 역사를 알아야 합니다. 석가모니가 쿠시나가라 사라쌍수(沙羅雙樹)에서 입멸한 뒤, 석가모니의 가르침을 후세에 전하기 위하여 제자들이 한 곳에 모여 각자 기억하고 있는 가르침을 암송하고 정리하기 위해 결집(結集)을 합니다. 이러한 결집은 석가모니 입멸 후 400여 년 동안 네 차례 있었습니다.

제1차 결집은 석가모니가 입멸한 직후 중인도 마가다국(摩伽陀國)의 수도인 왕사성(王舍城) 교외에 있는 칠엽굴(七葉窟)에서 행해졌습니다. 500여 명의 석가모니의 제자들이 모였는데, 석가모니의 상수(上首) 제자인 마하가섭(摩訶迦葉)이 의장이 되었습니다. 이때 석가모니 시자(侍子)의 역할을 하고 옆에서 설법을 가장 많이 들었던 아난(阿難)이 교법을 외웠으며, 우팔리(Upāli)가 율을 외웠습니다. 이때는 문자가 아직 상용되지 않아서, 모인 제자들이 석가모니의 설법을 기억나는 대로 암송하여 내용을 검토하고 확인한 뒤 마지막으로 다시 함께 암송하였습니다. 이때의 결집을 통해 처음으로 불교의 경전이 성립하였습니다.

제2차 결집은 석가모니 입멸 100년 뒤에 아난의 제자 야사(耶舍)가 바이살리에서 700명의 비구를 소집하면서 이루어졌습니다. 당시 바이살리 지역의 비구들은 뿔로 만든 용기에 소금을 축적하거나 금·은을 보시물로 받는 등의 십사(十事)를 행하고 있었는데, 이 관행을 계율에 어긋나는 행위로 규정하면서 비구들을 불러 모은 것입니다. 이때의 결집에서 십사를 합법으로 보는 진보파와 위법으로 여기는 보수파 간의 갈등 때문에 부파(部派)가 발생한 것으로 보기도 합니다.

제3차 결집은 석가모니가 입멸한 지 200년이 지났을 무렵에 이루어졌습니다. 마가다국 아소카왕이 인도 전역을 통일하고 불교에 귀의하였는데, 승려마다 불교에 대한 이해가 달라서 승가(僧家)가 혼란에 처해 있음을 알게 되었습니다. 그리하여 당시 불교의 최고 권위자였던 목갈리풋타 팃사를 초청하였고, 목갈리풋타 팃사는 승가의 혼란을 수습하기 위해 당시 수도였던 파탈리푸트라에 1,000명의 비구를 소집하여 논장(論藏)을 결집하였습니다. 제1차와 제2차 결집에서 경장과 율장이 정비되었고, 이때 논장이 정비되어 처음으로 경·율·론 삼장이 성립되었습니다.

제4차 결집은 '대비바사론(大毘婆娑論)'을 편집한 때에 이루어졌습니다. 석가모니 입멸 400년 뒤에, 카니시카왕의 치하에서 파르슈바가 중심이 되어 500명의 비구를 소집해 대비바사론을 편집했다고 합니다.

그런데 금강경과 관련하여 중요한 문제가 있습니다. 석가모니의 말씀을 모은 것을 '경(經)'이라고 한다고 했습니다. 금강경도 '경'이라고 했으므로, 특별한 설명이 없으면 당연히 석가모니의 말씀이어야 할 것인데, 금강경의 성립연대, 내용 등을 고려해 보면 이 금강경이 정말 석가모니의 말씀이냐 하는 의문이 제기되는 것입니다. 사실 이 문제는 금강경뿐만 아니라 다른 대승경전에서 함께 제기되는 문제라, 이를 '대승비불설(大乘非佛說, 대승불교의 가르침은 석가모니의 가르침이 아니다.)'이라고 하여 불교계에 큰 이슈를 제공하였습니다.

대승비불설에 대해서는 에필로그에서 좀 더 이야기하도록 하겠습니다. 대승비불설에 대해서 다 각자 견해가 있을 것이나, 최소한 저에게는 별다른 고민거리를 제공하지 않았습니다. 금강경을 석가모니가 직접 설하였든 누군가가 석가모니의 캐릭터와 권위를 빌어 자신의 하고 싶은 말을 설파하였든, 저에게는 판본으로 선택한 구마라집 한역본이라는 책이 앞에 있고 이 한문으로 되어 있는 책이 전달하려는 메시지가 무엇인지를 밝히는 것으로 충분하였기 때문입니다.

3. 소승불교와 대승불교에 대하여

 금강경은 대승불교의 사상을 담고 있는 대승경전이라고 합니다. 그렇다면 소승불교는 무엇이고, 대승불교는 무엇인가요? 양자 간에 무슨 차이가 있을까요? 소승(小乘)은 글자에서도 보이듯이 '작은 탈 것, 작은 수레', 대승(大乘)은 '큰 탈 것, 큰 수레'를 의미하기 때문에 소승불교라는 말은 폄하된 명칭이라는 것을 알 수 있습니다.

 석가모니 사후 대부분 종교단체가 그러듯, 불교도 제자들 사이에 견해의 차이가 드러나고 분열이 일어납니다. 앞서 석가모니 입멸 100년 뒤 아난의 제자 야사(耶舍)가 바이살리에서 700명의 비구를 소집하면서 제2차 결집이 이루어졌다고 하였습니다. 그 당시 바이살리 지역의 비구들은 뿔로 만든 용기에 소금을 축적하거나 금·은을 보시물로 받는 등의 십사(十事)를 행하고 있었는데, 이러한 십사를 합법으로 보는 진보파와 위법으로 여기는 보수파 간의 갈등이 있었습니다. 여기서 석가모니 시대의 계율을 원칙대로 고수하고자 하는 쪽이 상좌부(上座部)이고, 새롭게 탄력적으로 계율을 해석하는 쪽이 대중부(大衆部)였습니다.

 이어서 이 두 부파로부터 여러 갈래의 분열이 일어나 불교가 여러 부파로 갈리는데, 이를 '부파불교(部派佛敎)'라고 합니다. 불교사에서 배우는 설일체유부(說一切有部)·정량부(正量部)·화지부(化地部)·경량부(經量部) 등은 이러한 부파불교를 이야기합니다. 현장(玄奘, 602~664) 스님이 인도로 유학을 갔을 때도 여전히 정량부 등의 부파불교의 부파들이 상당한 세력으로 존재하고 있었다고 합니다.

이 부파불교는 각 부파마다 석가모니의 가르침을 정리하고, 독자적인 '경(經)'과 '율(律)'을 전함과 동시에 이들을 해석·연구하여 조직화·체계화하는 학문을 발달시켰습니다. 이를 아비달마(阿毘達磨, 對法)라 하여 부파불교를 한편으로는 '아비달마불교(阿毘達磨佛敎)'라고도 합니다. 이러한 부파불교는 교의(敎義)의 확립이라는 점에서는 큰 공적을 남겼지만, 현학적이고 교의가 번잡화되는 바람에 불교가 대중으로부터 멀어지는 원인이 되기도 하였습니다. 이러한 원인 등이 맞물려 기원 전후에 대승불교(大乘佛敎)가 등장하게 되고, 대승불교도들은 그때까지의 부파불교를 소승불교(小乘佛敎)라고 폄하하여 부르게 되었습니다.

일반적으로 소승불교는 자기 자신의 수행과 깨달음을 통하여 윤회에서 벗어나는 아라한(阿羅漢)을 목표로 한다면, 대승불교는 '상구보리 하화중생(上求菩堤 下化衆生, 위로는 보리를 구하고 아래로는 중생을 제도한다.)', '자리이타(自利利他, 자기를 위하는 수행이 곧 남을 이롭게 하는 것이다.)'라는 보살행을 추구한다고 설명합니다.

이러한 보살행을 추구하는 대승불교의 가르침을 보여주는 것이 대승경전입니다. 보살도의 실천은 보시(布施), 지계(持戒), 인욕(忍辱), 정진(精進), 선정(禪定), 반야(般若)의 육바라밀의 실천을 통해서 이루어집니다. 이러한 육바라밀의 바른 실천 방법에 대한 내용이 금강경에 반복하여 강조되고, 이런 의미에서 금강경은 대승경전으로 분류되는 것입니다.

재미있는 것은 이 '보살'의 지위가 소승불교와 대승불교에서 상

당히 차이가 난다는 점입니다. 대승불교와 소승불교는 아예 보살을 달리 본다고도 할 수 있을 정도입니다. 소승불교에서 보살은 추구의 대상이라기보다는 부처가 되기 이전의 상태를 말합니다. 소승불교의 목표가 해탈을 이룬 아라한 성자가 되는 것이기 때문에 보살은 아라한의 아래 단계로 인식이 됩니다.

소승경전으로 분류되는 '본생경(本生經)'에서는 이러한 인식을 살펴볼 수 있습니다. 본생경은 '본생담(本生譚, jātaka)'이라고도 하고, 석가모니 부처님의 전생 이야기를 모은 설화집으로, 석가모니가 '부처'가 되기 전 여러 생애에서 '보살'로서 선행을 실천한 다양한 이야기를 담고 있습니다. 그중 하나가 설산동자(雪山童子) 이야기입니다. 절에 가면 벽화로 많이 볼 수 있습니다.

> 석가모니가 전생에 보살로서 설산(雪山)에서 수행할 때, 이를 본 제석천(帝釋天)이 이 보살의 구도심을 시험해 보고자 무서운 나찰(羅刹)의 모습으로 변신하여 나타납니다.
>
> 나찰로 변한 제석천은 '제행무상 시생멸법(諸行無常 是生滅法, 이 세상의 모든 현상은 항상함이 없고, 이것이 생멸의 법이다.)'라고 게송의 반만 읊어 주었습니다.
>
> 게송을 들은 이 설산동자는 게송에 매우 감동하여 주위를 둘러보았지만, 주위에는 나찰 외에는 아무도 없었습니다. 설산동자는 나찰에게 뒷부분을 들려주기를 간청하였습니다. 그러자 나찰은 "나는 배가 고플 뿐이다. 먹을 것을 주면 나머지를 들려주겠다."고 말했습니다.

설산동자가 나머지 게송을 들려주면 몸을 먹이로 바치겠다고 말하자, 나찰은 나머지 게송 '생멸멸이 적멸위락(生滅滅已 寂滅爲樂, 나고 죽는 일마저 멸한다면 진정한 열반락을 얻을 것이다.)'을 들려줍니다.

설산동자는 약속을 지키기 위해 절벽 아래로 몸을 던졌으나, 설산동자의 몸이 땅에 떨어지기 전에 나찰은 제석천으로 변하여 설산동자를 안전하게 받아 줍니다.

당시 사람들은 부처가 되기 위해서는 그 생애의 공덕만으로는 부족하고 목숨까지 바치는 보살행 정도가 전생에 있어야 부처가 될 수 있다고 생각했나 봅니다. 아무튼 소승불교에서의 '보살'은 부처가 되기 이전의 상태이고, 아라한보다도 아래 단계로 인식됩니다.

그렇지만 대승불교에서는 보살의 지위나 개념이 확 달라집니다. '지옥에 빠진 모든 중생이 제도될 때까지 성불하지 않겠다.'는 대원(大願)을 세워 아예 성불을 거부하는 '지장보살(地藏菩薩)'도 등장하고, 원하면 부처의 모습으로도 올 수 있고, 성문·연각·보살·비구·비구니·동자 등 33응신(應身)으로 올 수 있는 자비의 화신 '관세음보살(觀世音菩薩)'도 등장합니다. 성불을 거부하고 원하면 언제라도 부처로 올 수 있는 이러한 대보살들은 결코 부처보다 낮은 단계의 존재가 아닙니다.

지장보살은 '유명교주(幽冥敎主) 남방화주(南方化主) 대원본존(大願本尊) 지장보살(地藏菩薩)'이라 불립니다. '유명교주'는 저승의 교주라는 뜻이고, '남방화주'는 남염부제(南閻浮提, 우리가 사는 지구)의 교화를 전담한다는 의미이고, '대원본존'은 모든 중생이 모두 성불한 뒤에야 자신이 성불하겠다고 세운 대원(大願)을 세웠다는 의미입니다.

중생의 소리를 어디에서나 들을 수 있는 관세음보살은 어디에서든 어떠한 모습으로도 응신할 수 있어 관자재보살(觀自在菩薩)로도 불립니다. 이런 지장보살, 관세음보살을 부처 아래의 단계로 볼 수 없습니다. 오히려 민중의 염원을 받아 주고 함께 고통을 나누는 이러한 보살은 부처보다도 더 가까이 있고, 신앙의 대상이 됩니다.

관음경(觀音經)으로 불리는, '묘법연화경(妙法蓮華經)' 제25품인 '관세음보살보문품(觀世音菩薩普門品)'에는 관세음보살이 중생을 구제하기 위해 다양한 모습으로 나타날 수 있음을 이야기합니다. 특히 관세음보살은 부처의 모습으로도 나타날 수 있습니다.

> 만약 부처의 모습으로 구제되어야 할 자가 있다면,
> 곧 부처의 몸으로 나타나 설법하리라.
> 應以佛身得度者 卽現佛身而爲說法
> 응 이 불 신 득 도 자 즉 현 불 신 이 위 설 법

그렇다면 현재 부처의 모습으로 나타나 부처로 불리는 사람이 사실은 관세음보살의 응신일 수 있습니다. 이렇게 본다면 보살과 부처의 위계 구조가 대승불교에서는 실제적 의미가 없게 됩니다.

지장보살에 대한 '지장경', 관세음보살에 대한 '법화경 관세음보살보문품'이 신앙의 대상으로까지 올라간 최고의 보살에 관한 대승경전이라면, '화엄경'은 보살의 단계를 차근차근 설명해 주고, '유마

경'은 보살로서 극강의 경지를 보여주는 경전입니다. 결국 대승경전은 보살의 길에 대한 경전이라 할 수 있습니다.

금강경도 보살의 길을 다룬 대승경전입니다. 금강경이 보살의 길을 어떻게 제시하는가는 본문을 읽으면서 상세히 살펴보겠습니다.

4. 금강경의 판본에 대하여

누군가 금강경을 우리말로 번역하고 해설한다고 할 때, 우선 살펴보아야 할 문제가 '무슨 판본을 기준으로 하는가'입니다. 금강경의 원어는 산스크리트어(梵語, 범어) 입니다. 이 산스크리트어 원본이 중국으로 들어와 한문으로 번역되었습니다. 우리말로 금강경을 번역하고 해설한다고 할 때, 산스크리트어 원전을 기준 판본으로 할 수도 있을 것이고, 한문 번역본을 기준 판본으로 할 수도 있을 것입니다.

우리나라에서 가장 널리 알려지고 읽혀지는 판본은 서역의 승려 '구마라집(鳩摩羅什, 344~413)'이 산스크리트어 금강경을 한문으로 옮긴 한역본입니다. 우리나라에서 읽혀지고 출판되는 거의 모든 우리말본의 기준 판본도 이 구마라집 한역본입니다. 그런데 구마라집이 어떤 산스크리트어 금강경을 텍스트로 하여 번역하였는지는 알 수 없습니다. 오히려 '구마라집의 한문 번역본이 있으니 산스크리트어 원본이 존재했겠구나'라고 추측할 정도입니다.

구마라집의 '금강반야바라밀경'이 세상에 나온 것이 402년입니다. 그렇지만, 산스크리트어 원본이라고 인정될 만한 문헌은 세상에 알려지지 않았습니다. 그러던 중 독일 출신의 철학자이자 동양학자인 막스 뮐러(Friedrich Max Müller, 1823~1900)[17]가 1881년 일본과 중국에서 입수한 산스크리트어본과 티베트어 사본에 기반을 두어 편집한 산스크리트어 금강경을 영국 옥스퍼드 대학에서 출판하게 됩니다. 획기적인 일로 금강경 해설서를 읽을 때 자주 인용되는 '뮐러본'이라는 것이 바로 이 책을 의미합니다.[18] 이후 에드워드 콘즈(Edward Conze, 1904~1979)[19]가 뮐러본을 토대로 1958년 새로운 편집본을 내놓았고, 인도태생 바이댜(Vaidya)도 1961년 두 사본과 다르지 않은 산스크리트어본을 출간하였습니다.

 이러한 뮐러 계열의 편집본과 달리 고고학적 성과로 인하여 산스크리트어 금강경도 발견됩니다. 1900년 오렐 스타인(Aurel Stein)이 중앙아시아에서 산스크리트어 금강경을 발견합니다. 또한, 1931년 파키스탄의 길기트(Gilgit) 북쪽으로 약 5km 떨어진 나우푸르

---

17 막스 뮐러는 '겨울 나그네'로 유명한 독일 시인 빌헬름 뮐러 (Wilhelm Müller, 1794~1827)의 아들입니다. 막스 뮐러는 라이프치히 대학에서 철학을 전공하고, 라틴어와 그리스어, 산스크리트어를 익히고, 옥스퍼드로 거처를 옮겼다가 영국으로 귀화하고, 이후 옥스퍼드 대학의 교수가 되어 비교언어학과 비교종교학의 과학적 방법론을 확립합니다. 이 막스 뮐러도 딱 한 권 소설을 출간하였는데, 그게 아직도 우리나라에서 널리 읽혀지는 그 유명한 '독일인의 사랑'입니다.
18 이 부분은 전순환 박사의 불광미디어 기고문 '산스크리트로 배우는 불교: 금강경(1) 범본에 관한 이야기'에서 많이 참조하였습니다.
19 산스크리트어 등 14개국 언어가 가능했다고 하고, 37세 때 불교로 개종하고 옥스퍼드에서 반야부 산스크리트 서적을 연구하였습니다. 콘즈는 '팔천부반야송', '반야심경' 등 대부분의 반야부 경전을 번역 출판하여 후세대의 불교 연구에 지대한 영향을 끼쳤으며, 위대한 불교 번역가이자 주요 불교 경전을 서양에 소개한 개척자로 평가받고 있습니다.

(Naupur) 인근 한 건물터에서 대승경전들이 발견되었는데, 그중에 산스크리트어 금강경도 있었습니다.

이 길기트의 산스크리트어 금강경은 후반부만 있어서 전반부에 대한 궁금함이 있었는데, 2000년대에 뮐러본의 전반부에 해당하는 산스크리트어본이 발견됩니다. 사실 새로이 발견되었다기보다는 이미 발견되어 있던 것인데, 해독되지 못하여 금강경인 줄 모르고 있다가 2000년대에 비로소 '이게 금강경이구나' 하는 것을 알게 된 것입니다. 바로 노르웨이에 있는 스코엔 컬렉션(Schoyen Collection)에 보관되던 소장품이 금강경으로 판명된 것입니다.

정리하자면 현재 존재하는 금강경의 산스크리트어본은 ① 막스 뮐러(Friedrich Max Müller)가 1881년 영국 옥스퍼드대학교에서 발간한 본, ② 오렐 스타인(Aurel Stein)이 1900년 중앙아시아에서 발견한 본, ③ 1931년 파키스탄 길기트(Gilgit) 발견된 본, ④ 스코엔 소장본(Schoyen Collection) 이렇게 네 종류가 있다고 할 수 있습니다.

다음은 산스크리트어를 한문으로 옮긴 한역본(漢譯本)은 어떠한 본이 있는지 살펴봅니다. 사실 우리나라 불교에 영향을 미친 것은 산스크리트어본보다는 한역본이라고 할 수 있습니다. 한역본은 보통 다음의 6종을 꼽습니다. ①후진(後秦) 구마라집(鳩摩羅什, Kumārajīva) 한역: 402년 성립, ②북위(北魏) 보리유지(菩提流支, Bodhiruci) 한역: 509년 성립, ③진(陳) 진제(眞諦, Paramārtha) 한역: 562년 성립, ④수(隋) 달마굽타 (达磨笈多, Dharmagupta) 한역: 590년 성립, ⑤당(唐) 현장(玄奘) 한역: 660~663년 성립, ⑥당

(唐) 의정(義淨) 한역: 703년 성립.

이 한역본들은 하나의 고정된 산스크리트어본을 기준으로 한역하지는 않았고, 그러다 보니 각 한역본의 내용도 조금씩 다릅니다. 그중에서 가장 유명하고 일반적으로 유통되는 금강경은 구마라집의 한역본입니다. 보통 구마라집의 번역을 '구역(舊譯)', 현장법사의 번역을 '신역(新譯)'이라 하고, 구마라집 이전의 것은 '고역(古譯)'이라고 합니다.

이 책은 금강경 판본 중에 가장 널리 읽히는 구마라집의 한역본을 기본 판본으로 합니다. 그런데 문제는 이 구마라집의 한역본조차 다양한 판본이 존재합니다. 구마라집의 한역본에는 우리나라 해인사에 보관되어 있는 '고려대장경'도 있고, 일본의 '대정신수대장경(大正新脩大藏經)'도 있습니다. 그렇지만 저의 선택은 단순하고 쉬웠습니다. 이 책은 구마라집 한역본을 기본 판본으로 한 대한불교조계종에서 발간한 '표준금강경'을 기준 판본으로 합니다.

어느 한 시대의 지성들이 머리를 맞대고 다양한 판본을 검토하고, 표준판본을 정비하고 그 해석본을 발표하는 것은 그 자체로 역사적 의미가 크고 그에 따른 성과물은 높은 가치를 지닙니다. 대한불교조계종에서 '표준금강경'(이하 '표준금강경'이라 합니다)을 발간한 것도 대단한 역사적 의미가 있는 작업이었습니다.[20] 2006년 대한불교조계종 교육원 불학연구소에서 '종단 소의경전 『금강경』·『반야심경』 통일 한문·한글본 편찬 사업'이 발의되고, 2007년 5

---

20 대한불교조계종이 표준금강경 한문본에 대한 편찬 과정과 관련 기관의 역할 및 그 노력에 대해서는 정경숙(요경), '조계종 표준 금강경 한문본에 대한 소고', 한국불교학 54집, 2009에 잘 나타나 있습니다.

월, 6명의 위원(연관 스님, 각묵 스님, 무애 스님, 송찬우 교수, 김호성 교수, 김호귀 교수)들로 『금강경』·『반야심경』 편찬실무위원회가 구성되어 금강경의 한문본 저본으로 고려대장경판본 구마라집 역으로 결정하고, 21차의 회의를 통하여 표준금강경을 완성하게 됩니다. 이 표준금강경이 이 책의 기준 판본입니다.

　표준금강경을 기준 판본으로 선택한 가장 큰 이유는 '표준금강경'이 우리나라에서 가장 널리 읽히고 가장 널리 보급된 판본이기 때문입니다. 금강경은 반야심경과 더불어 법회에서 가장 많이 읽히는 불경입니다. 웬만한 절에 가면 누가 법보시를 했든지, 아니면 독송용으로 절에서 구입하여 비치하였든지 표준금강경이 쌓여 있는 것을 볼 수 있습니다. 가장 널리 읽히는 판본을 해설하는 것이 판본의 원문에 익숙한 독자들에게 의미를 가장 효율적으로 전달할 수 있기에 표준금강경을 이 책의 기준 판본으로 선택하였습니다.

5. 구마라집에 대하여

"내가 전한 것에 틀린 것이 없다면,
내 몸이 사라진 뒤에라도 내 혀는 타지 않을 것이다."
若所傳無謬者, 當使焚身之後舌不燋爛

　구마라집이 죽으면서 남긴 유언이라고 합니다. 실제로 구마라집이 죽은 뒤 화장을 하고 보니 혀는 온전히 남아있었다는 전설이 있고, 혀 사리 부도탑은 현재 중국 서안 종남산 초당사(草堂寺)에 남아 있습니다.

번역은 정말 어려운 작업입니다. 특히 불경 번역의 경우 산스크리트어와 중국어에 능통해야 하는 것은 기본이고, 문화적 차이에 맞는 적절한 언어를 구사해야 하며, 각 단어와 문장의 뉘앙스를 전달해야 합니다. 무엇보다 번역문이 어색하지 않아야 합니다.

구마라집의 번역을 '구역(舊譯)', 현장법사의 번역을 '신역(新譯)'이라고 한다고 했습니다. 현장법사가 중국인이고, 구마라집의 번역이 나온 것을 보고 한 신역이므로 더욱 중국인의 취향에 맞을 것 같지만, 사실은 그렇지 않습니다. 구마라집의 번역이 훨씬 간결하면서도 유려합니다. 말하자면 구역이 의역(意譯)이고, 신역이 직역(直譯)인 셈입니다.

역사적으로 대한민국 불교사에 가장 큰 영향을 미친 사람을 한 사람 꼽아 보라고 하면 저는 단연코 구마라집을 꼽겠습니다. 21세기 현재 대한민국 절에서 가장 많이 읽히는 '반야심경', '금강경', '법화경', '아미타경' 등이 모두 구마라집의 번역본이기 때문입니다. 구마라집이 아니었으면 전혀 다른 단어, 다른 구문으로 읽혔을 것입니다. 극락(極樂), 지옥(地獄) 등 일상용어가 된 불교 용어들도 모두 구마라집이 번역하는 과정에서 만들어낸 말입니다. 번역은 새로운 창작입니다. 어떻게 보면, 우리가 읽는 금강경은 구마라집 '번역' 금강경이 아니라, 구마라집 '저(著)' 금강경인지도 모릅니다. 따라서 구마라집이 어떤 사람이었는지는 꼭 살펴볼 필요가 있습니다.[21]

---

21 이에 대해서는 공빈, '구마라집 평전' 2018, 부키를 많이 참고하였고, 그 요약은 자현 스님의 '자현 스님이 들려주는 불교사 100장면'을 참고하였습니다.

구마라집(Kumārajīva)의 아버지는 인도의 바라문 승려 구마라염(Kumārāyana, 鳩摩羅炎)이고, 어머니는 구자국 왕의 누이동생인 지바(Jīva, 耆婆)입니다. 구마라집의 이름은 아버지 이름의 구마라(Kumāra)와 어머니 이름의 지바(Jīva)를 결합했다는 것을 알 수 있습니다. '구마라'는 소년(童)이라는 뜻이고, '지바'는 장수(壽)를 의미해서 구마라집을 '동수(童壽)'라고 부르기도 합니다.

구마라집의 아버지 구마라염은 승려이기 때문에 결혼해서는 안 되었는데, 그가 구자국을 방문했을 때 그에게 한눈에 반한 어머니 지바가 구자국 왕인 오빠를 이용하여 간절하고 치밀하게 구애하여 결혼하게 되었습니다. 지바가 구마라집을 임신했을 때 갑자기 배우지도 않은 언어를 알아듣고 지혜가 한층 더해졌는데, 구마라집을 출산하고는 그런 능력이 사라졌다는 이야기가 전설처럼 내려옵니다.

지바도 여걸이었던 것이 구마라염을 설득하여 결혼하고 구마라집을 낳고서는 출가해 버립니다. 구마라집도 어머니를 따라 7세에 출가합니다. 출가 후에는 서역(西域) 카슈미르에서 소승(小乘)을 배우고, 카슈가르에 머물면서 대승(大乘)을 배운 뒤 대승으로 전향하게 됩니다.

고국에 돌아와 대승을 설파하였는데, 그 천재성과 명성이 중국에까지 퍼지게 됩니다. 5호16국시대 전진(前秦)의 왕 부견(苻堅, 337~385)[22]은 구마라집을 초빙하고자 하였는데, 구자국은 구마라집을 내주기를 거부합니다. 부견은 382년 자신의 장수 여광(呂光)으로 하여금 서역을 정벌하게 하여 구자국은 멸망하고 구마라집은 여

---

22 부견은 순도(順道)라는 승려를 소수림왕 2년(372)에 고구려에 보내 우리나라에 불교를 전파합니다.

광의 포로가 됩니다. 그러나 부견은 비수대전(淝水大戰)[23]의 패배로 몰락하고, 385년 부견의 부하인 요장(姚萇)은 부견을 죽이고 386년 장안에서 천왕(天王)을 칭하고, 국호를 대진(大秦)이라 칭하여 후진(後秦)을 건국합니다.

여광도 386년 양주(涼州)에 본인의 왕조인 후량(後凉, 386~403)을 건국하였는데, 구마라집은 이 양주에서 18년간 포로 생활을 하게 됩니다. 여광은 비불교도였기 때문에 구마라집에게 여러 수모를 주었고, 강제로 구자국의 왕녀를 아내로 맞이하게 하여 파계시켜 버립니다.

후진의 제2대 왕으로 등극한 요장의 아들 요흥(姚興)은 다시 구마라집을 초빙하려 하였으나, 여광은 이를 거절합니다. 이에 요흥은 후량(後凉)을 멸망시키고, 401년 구마라집을 장안으로 국사(國師)로 모셔 옵니다. 흔히 구마라집 때문에 두 나라가 멸망하였다고 하는 것은 구마라집 때문에 구자국이 멸망하고, 그 구자국을 멸망시킨 여광의 후량도 멸망하였기 때문입니다.

구마라집은 장안으로 들어온 후 서명각(西明閣)과 소요원(逍遙園)에 머물며 본격적인 번역 작업을 하게 됩니다. 구마라집은 일생 동안 총 73부 384권의 경전을 번역하였습니다. 사실 이 방대한 작업을 구마라집 혼자서만 한 것은 아니고, 구마라집이 중국말로 풀이하면, 다른 사람이 받아 적어 교열(校閱), 윤문(潤文)하는 식의 집단 작업이었다고 합니다.

그 와중에 요흥이 '당신 같은 위대한 사람의 후사가 끊어져서는 안 된다.'며 궁녀 열 명을 내려주어 부인으로 삼게 하였습니다. 이런

---

23 5호16국시대 부견이 천하통일을 목표로 동진(東晉)을 공격했다가 비수(淝水)에서 크게 패한 전투입니다.

파계승적 행위는 당시에도 많은 논란을 일으켰습니다. 이에 구마라집은 '더러운 진흙에서 연꽃이 피어난다. 연꽃의 향기는 취하되, 진흙은 보지 마라.'라고 말했다고 합니다.

구마라집은 413년 장안에서 세상을 떠납니다. 구마라집은 금강경뿐만 아니라, '좌선삼매경(坐禪三昧經)', '불설아미타경(阿彌陀經)', '마하반야바라밀경(摩訶般若波羅蜜經)', '묘법연화경(妙法蓮華經)', '유마경(維摩經)', '대지도론(大智度論)', '중론(中論)' 등 많은 경전을 번역하였는데, 일부 경전에서는 산스크리트어 원전에는 없는 구마라집 본인의 창작으로 의심되는 부분도 많이 있습니다.

구마라집의 금강경도 다른 5종의 한역본과 비교할 때, 의도적으로 생략하거나 바꾸었다고 의심되는 부분, 내용이 다른 부분 등도 있습니다. 그렇지만 지금 이 책에서는 적어도 그런 문제는 중요하지 않습니다. 이 책의 목표는 구마라집의 금강경이 산스크리트어 원본을 얼마나 잘 번역하였는지, 옳은지 그른지를 판단하는 것이 아니라 구마라집의 금강경이 말하고자 하는 바를 현대의 우리말로 옮기는 데 있기 때문입니다.

6. 금강경의 구조에 대하여

이 책이 기준 판본으로 사용하는 표준금강경도 금강경을 32분으로 구분하고 있습니다. 이 32분 분류법은 구마라집이 나눈 것은 아니고, 후대에 양나라의 소명태자(昭明太子, 501~531)가 분절(分節)하고, 각 분에 이름을 붙인 것입니다. 소명태자는 달마대사와 만난 것으로 유명한 양무제(梁武帝, 464~549)의 장자(長子)입니다. 이 32분을 나열하면 다음과 같습니다.

법회인유분(法會因由分) 제일(第一)
선현기청분(善現起請分) 제이(第二)
대승정종분(大乘正宗分) 제삼(第三)
묘행무주분(妙行無住分) 제사(第四)
여리실견분(如理實見分) 제오(第五)
정신희유분(正信希有分) 제육(第六)
무득무설분(無得無說分) 제칠(第七)
의법출생분(依法出生分) 제팔(第八)
일상무상분(一相無相分) 제구(第九)
장엄정토분(莊嚴淨土分) 제십(第十)
무위복승분(無爲福勝分) 제십일(第十一)
존중정교분(尊重正敎分) 제십이(第十二)
여법수지분(如法受持分) 제십삼(第十三)
이상적멸분(離相寂滅分) 제십사(第十四)
지경공덕분(持經功德分) 제십오(第十五)
능정업장분(能淨業障分) 제십육(第十六)
구경무아분(究竟無我分) 제십칠(第十七)
일체동관분(一體同觀分) 제십팔(第十八)
법계통화분(法界通化分) 제십구(第十九)
이색이상분(離色離相分) 제이십(第二十)
비설소설분(非說所說分) 제이십일(第二十一)

무법가득분(無法可得分) 제이십이(第二十二)
정심행선분(淨心行善分) 제이십삼(第二十三)
복지무비분(福智無比分) 제이십사(第二十四)
화무소화분(化無所化分) 제이십오(第二十五)
법신비상분(法身非相分) 제이십육(第二十六)
무단무멸분(無斷無滅分) 제이십칠(第二十七)
불수불탐분(不受不貪分) 제이십팔(第二十八)
위의적정분(威儀寂靜分) 제이십구(第二十九)
　일합이상분(一合離相分) 제삼십(第三十)
지견불생분(知見不生分) 제삼십일(第三十一)
응화비진분(應化非眞分) 제삼십이(第三十二)

소명태자의 구분은 금강경 이해에 많은 도움을 주었고 지금까지의 거의 모든 해설서가 이 구분에 기반하여 해설하였으나, 금강경의 체계와 내용에 비추어 보면 달리 구분되어야 합니다. 특히 금강경은 말을 통해서 개념을 고착화하고 실체가 있는 것처럼 보이는 것을 극히 경계하므로(無我), 각 분(分)의 제목을 붙이는 것은 금강경의 가르침과도 상치(相馳)되는 것으로 생각합니다.

금강경을 소명태자와 다르게 구분한 분들도 많았습니다. 예를 들어, 인도의 무착(無着 Asanga, 300~390?), 세친(世親, Vasubandhu, 320?~400?)도 자신만의 구분을 하였고[24], '금강선론(金剛仙論)'[25]의 저자로 알려진 금강선(金剛仙)은 12분과로 나누었고, 우리나라의 백용성(白龍城, 1864~1940) 스님도 독특한 구분을

24　무착과 세친은 형제로 무착이 형입니다.
25　금강선이 세친의 제자인 만큼 '금강선론'은 무착과 세친의 금강경 해석을 계승했다고 할 수 있습니다. 국내에서는 김호귀 교수의 번역본이 있습니다.

하였습니다. 다만 소명태자의 구분이 가장 유명할 뿐입니다.

    금강경은 여시아문(如是我聞)으로 시작해서 신수봉행(信受奉行)으로 끝나는 일반적 불경과 같은 구조를 하면서도, 주제가 마치 음악의 변주곡처럼 반복되고 있습니다. 그런데 그냥 반복되는 것이 아니라 본문과 후렴의 형식으로 반복되어 후렴에 따라 단락을 구분하고 구성을 파악하기가 어렵지 않습니다.

이 책의 구분			소명태자 구분에서 해당 부분
서분			제1분 처음~'千二百五十人俱'
정종분	제1절	본문	제1분 '爾時 世尊食時'~제7분
		후렴	제8분
	제2절	본문	제9분~제10분
		후렴	제11분~제12분
	제3절	본문	제13분 처음~제13분 '是名三十二相'
		후렴	제13분 '須菩提'~제13분 끝
	제4절	본문	제14분
		후렴	제15분~제16분
	제5절	본문	제17분~제18분
		후렴	제19분
	제6절	본문	제20분~제23분
		후렴	제24분
	제7절	본문	제25분~제27분
		후렴	제28분
	제8절	본문	제29분~제31분
		후렴	제32분 처음~제32분 '應作如是觀'
유통분			제32분 '佛說是經已'~끝

이 책은 금강경을 일반적인 불경과 마찬가지로 '서분(序分)·정종분(正宗分)·유통분(流通分)'으로 구분하고, 정종분은 본문-후렴을 하나의 단위로 하여 8절로 구분하였습니다.

금강경 본문의 내용은 이 책의 본문에서 설명하기로 하고, 여기서는 후렴에 대해서만 간단히 말씀드리겠습니다. 후렴은 그 내용이 금강경의 공덕과 영험함을 칭송하는 내용으로 되어 있고 이러한 칭송은 절을 거듭할수록 변화·확장됩니다. 각 절 후렴의 내용은 다음과 같습니다.

제1절의 후렴은 '금강경을 지니고 타인을 위해서 설하면 그 복이 삼천대천세계를 칠보로 가득 채우는 복덕보다 크다.'고 하여 금강경의 공덕을 칭송합니다.

제2절의 후렴은 '금강경의 공덕이 항하의 모래 수만큼의 삼천대천세계에 칠보로 가득 채우는 복덕보다 크다.'고 하여 제1절의 후렴보다는 규모가 커집니다.

제3절의 후렴은 금강경을 지니고 타인을 위해 설하는 공덕이 목숨을 바치는 공덕보다도 크다고 하여 제1·2절이 재물과 금강경의 공덕을 비교하였다면 이 절에서는 목숨과 금강경의 공덕을 비교합니다.

제4절의 후렴은 금강경의 공덕이 아침, 점심, 저녁에 항하의 모래만큼 많은 몸을 바치는 것보다 크다고 하여 제3절 후렴의 내용이 점증 됩니다.

제5절의 후렴은 삼천대천세계에 칠보로 가득 보시하는 복덕에 대하여 이야기합니다.

제6절의 후렴은 금강경의 공덕과 수미산만큼의 칠보로 가득 채워서 보시하는 공덕의 비교가 나옵니다.

제7절의 후렴은 무생법인(無生法忍)의 복덕에 대하여 이야기합니다.

제8절의 후렴은 무량아승기 세계에 칠보로 가득 채우는 보시공덕과 금강경의 공덕을 비교합니다.

이렇게 금강경의 공덕과 복덕에 대한 내용의 후렴이 반복됨으로써 정종분의 내용이 본문-후렴 구조로 쉽게 구분되고, 독경할 때도 리듬감과 강약 조절을 가능하게 해 줍니다. 소명태자의 구분에 의하면 연속되는 내용임에도 불구하고 단절이 생기고, 금강경에서 강조하는 점에 오해가 생기기 쉽습니다. 이 점에 대해서는 본문에서 상세히 이야기하겠습니다.

제2장
본문

序分

> **如是我聞 一時 佛在舍衛國祇樹給孤獨園 與大比丘衆**
> 여시아문 일시 불재사위국 기수급고독원 여대비구중
> **千二百五十人俱**
> 천이백오십인구
>
> 이와 같이 나는 들었습니다. 한때 부처님께서 사위국 기수급고독원에서 1,250명의 대비구들과 함께 계셨습니다.

1-1 如是我聞 一時 佛在舍衛國 祇樹給孤獨園 與大比丘衆
　　여시아문　일시　불재사위국　기수급고독원　여대비구중
千二百五十人俱
천이백오십인구

　　이 책은 금강경을 서분-정종분-유통분으로 구분하되 정종분을 본문-후렴으로 하여 8절로 구분한다고 했습니다. 그렇지만 이렇게 할 경우 표준금강경이나 다른 해설서와 비교가 어렵기에 문장 앞에 '1-1' 같은 기호를 붙이겠습니다.[26]

　　예를 들어 '1-1'이 붙은 문장은 소명태자 구분의 제1분 '법회인유분(法會因由分)'의 첫 번째 문장이라는 뜻이고, '2-2'라면 소명태자 구분의 제2분 '선현기청분(善現起請分)'의 두 번째 문장이라는 뜻입니다. 다만 문장이 소명태자 구분의 한 분(分) 전체라면 '分-0'이라 하겠습니다. 예를 들어 '4-0'이면 소명태자 구분 제4분 '묘행무주분(妙行無住分)'의 전체라는 의미입니다.

26　각묵 스님의 '금강경역해'나 도올 김용옥의 '금강경강해'를 보면 이런 식으로 되어 있는데, 원문의 위치 등을 참조하기 편해서 좋은 생각인 것 같아서 이 책에서도 따라 하겠습니다.

위 1-1문장은 소명태자 구분으로 제1분 법회인유분(法會因由分)의 시작입니다. '법회인유(法會因由)'는 법회(法會)가 어떠한 연유로 시작되었는지(因由)를 설명한다는 의미입니다. 서분(序分)은 이 한 문장으로 금강경이 설해지는 시간적·공간적 배경을 설명합니다. 그렇다고 일시(一時)가 역사적으로 언제인지 정말 석가모니가 기수급고독원(祇樹給孤獨園)에 있을 때 이 금강경이 설해진 것인지 등의 역사적 고증은 무의미한 작업일 것이고, 본격적인 이야기를 하기 위하여 무대를 설치하는 부분이라고 이해하면 될 것입니다.

如是我聞[27]
여 시 아 문

'이와 같이(如是) 내가 들었습니다(我聞).'라는 뜻으로, 불경의 도입부에 흔히 사용되는 어구입니다.[28] 여기서 '나(我)'는 일반적으로 석가모니 부처님의 제자 중 한 명인 아난다(阿難陀)를 의미한다고 이해됩니다.

이 문장을 이해하려면 석가모니의 일생과 그의 10대 제자에 대해서 간단히 살펴볼 필요가 있습니다. 물론 여기서 '我'가 반드시 역사적 '아난다'이어야 할 이유는 없지만, 불교에 대한 상식 차원에서 간단히 이야기해 볼까 합니다.

---

27 如 같을 여; 是 이 시; 我 나 아; 聞 들을 문
28 법화경도 '여시아문'으로 시작됩니다. '如是我聞 一時 佛住王舍城耆闍崛山中 與大比丘衆 萬二千人俱(이와 같이 내가 들었다. 어느 때 부처님께서 왕사성 기사굴산에 대비구 만 이천 명과 함께 계시었다)'. 소승경전도 보통 이렇게 시작됩니다. '잡아함경(雜阿含經)'도 '如是我聞 一時 佛住舍衛國 祇樹給孤獨園(이와 같이 내가 들었다. 어느 때 부처님께서 사위국 기수급고독원에 계셨다.)'로 시작합니다.

석가모니(釋迦牟尼)는 '샤카족(Śākya)의 성인'이라는 뜻으로, 석가(釋迦)는 샤카(Śākya)를 음역한 것이고, 모니(牟尼)는 '성인' 또는 '현자'를 의미하는 산스크리트어 '무니(Muni)'를 음역한 것입니다. 석가모니는 '고타마 싯다르타(Gautama Siddhartha)'로도 불립니다. 고타마는 석가모니의 성(姓)으로, 그의 가족이 속한 고대 인도의 바라문 계층의 이름으로, 석가모니의 출생 가문을 나타냅니다. 싯다르타는 석가모니의 개인 이름으로, 산스크리트어로 '목적을 달성한 자' 또는 '모든 소원을 성취한 자'라는 의미입니다.

석가모니는 기원전 약 5세기경, 현재의 네팔 룸비니에서 태어났습니다. 그의 아버지 '슈도다나'는 샤카족의 왕이었고, 어머니 '마야부인'은 출산 후 일주일 만에 세상을 떠났습니다. 전설에 따르면, 싯다르타는 태어날 때 일곱 걸음을 걷고 한 손으로 하늘을, 다른 손으로 땅을 가리키며 '천상천하 유아독존(天上天下 唯我獨尊, 하늘 위와 하늘 아래 오직 내가 홀로 존귀하다.)'이라고 외쳤다고 합니다.

석가모니는 16세에 '야쇼다라'와 결혼하였고, '라훌라'라는 아들을 두었습니다. 29세의 어느 날, 석가모니는 궁전 밖으로 나갔다가 노인, 병자, 죽은 자, 수행자를 목격하게 되고 인생의 고통과 무상함에 깊은 충격을 받고 고통의 원인과 해탈의 길을 찾기 위해 왕궁을 떠나 출가를 결심하게 됩니다. 이를 '사문출관(四門出觀)'이라고 하는데, 석가모니의 출가 동기를 설명하는 중요한 사건입니다. 첫 번째 문에서 노인을 보고, 두 번째 문에서 병자를 보고, 세 번째 문에서 시체를 보고, 네 번째 문에서 수행자를 보았다고 합니다. 절에 가면 벽화로 많이 볼 수 있습니다.

석가모니는 출가 후 6년간의 고행과 명상을 통해 깨달음을 얻으려 했으나 고행만으로는 진리를 찾을 수 없음을 깨달았고, 보드가야의 보리수 아래에서 깊은 명상에 잠긴 끝에 깨달음을 얻고 부처(깨달은 자)가 되었습니다.

이렇게 성도(成道)한 후, 사르나트(녹야원)로 이동하여 다섯 비구(콘단냐, 아슈바지트, 바드리카, 바슈파, 마하나마)에게 첫 설법을 하였습니다. 이 설법이 바로 '초전법륜(初轉法輪)'이라 불리는 설법으로 불교사에서 중요한 사건으로 이해됩니다. 이 다섯 비구들이 석가모니 최초의 제자들입니다. 석가모니는 이후 약 45년 동안 인도 북부 지역을 중심으로 포교를 하였고, 그 와중에 중요한 10대 제자들을 만나게 됩니다. 나열하자면,

① 사리불(舍利弗) : 지혜제일(智慧第一)로 불립니다.

② 목건련(目犍連) : 신통제일(神通第一)로 불리는데, 사리불과 함께 당시 유명한 바라문 학자였으나, 아산지 존자의 가르침에 감명받아 석가모니를 찾아가 출가하였다고 합니다.

③ 대가섭(大迦葉) : 엄격한 수행으로 두타제일(頭陀第一)[29]로 일컬어지고, 석가모니 사후 교단을 통솔하고, 제1차 결집을 주도하였습니다.

④ 아난다(阿難陀) : 다문제일(多聞第一)로 불립니다. 석가모니

---

29 두타(頭陀, Dhūta)는 산스크리트어로 '털어내다' 또는 '버리다'를 의미하며, 정신적, 물질적 집착을 버리고 고행을 통해 깨달음을 추구하는 수행 방식을 가리킵니다. 두타 수행은 낡은 옷을 입고, 음식을 구걸해서 먹고, 나무 아래나 야외에서 잠을 자고, 하루 한 끼만 먹고, 명상하는 등의 엄격한 수행을 의미합니다. 대가섭(마하가섭, Mahākāśyapa)은 석가모니 제자들 중에서 엄격한 수행과 실천으로 두타제일이라는 칭호를 받았습니다.

의 사촌이자 가장 가까운 제자 중 하나로, 석가모니가 열반할 때까지 25년간 시중을 들었고, 부처님의 설법을 가장 많이 듣고 기억함으로써, 제1차 결집 때 그의 기억에 기초하여 경이 편찬되었습니다. 따라서, 여시아문(如是我聞)에서 '나(我)'는 보통 아난다를 가리킵니다.

⑤ 가전연(迦旃延) : 논의제일(論議第一)로 논리적 토론과 해석에 뛰어난 바라문 출신 학자로 알려져 있습니다.

⑥ 수보리(須菩提) : 공(空)에 대한 이해가 가장 깊어 해공제일(解空第一)로 불리고, 금강경에서 부처님과 대화를 하는 중요한 역할을 담당합니다. 초기 경전에서는 '평화롭게 머무는 자들 가운데 으뜸'이라는 의미로 '무쟁제일(無諍第一)'로 칭해졌는데, 금강경 본문에서 소개되고 있습니다.

⑦ 라훌라(羅睺羅) : 석가모니의 아들로, 부처님이 고향으로 돌아왔을 때 출가하였고, 밀행제일(密行第一)로 불립니다.

⑧ 아나률(阿那律) : 아난다처럼 석가모니의 사촌으로, 석가모니의 앞에서 졸다가 꾸지람을 듣고 잠들지 않을 것을 맹세한 뒤 눈을 잃게 되었으나, 진리의 눈을 가지게 되어 천안제일(天眼第一)로 불립니다.

⑨ 우바리(優婆離) : 원래 이발사였고, 석가모니의 가르침을 듣고 출가하였으며, 계율을 철저히 지켜 지계제일(持戒第一)로 일컬어집니다.

⑩ 부루나(富樓那) : 설법제일(說法第一)로 불립니다.

사리불과 목건련은 석가모니가 79세가 되던 해에 먼저 세상을 떠나고, 석가모니도 쿠시나가라에서 대장장이 춘다가 공양한 잘못된 음식을 먹는 바람에 80세의 나이로 입멸하였습니다.

여시아문(如是我聞, 이와 같이 내가 들었다.)이 불경의 시작이라면, 끝은 '신수봉행(信受奉行, 믿고 받들어 실천하겠습니다.)으로 마무리됩니다. 금강경도 이러한 구조로 되어 있습니다.

一時
일 시

'금강경오가해(金剛經五家解)'라는 책이 있습니다. 이 책은 중국의 규봉종밀(圭峰宗密, 780~841), 육조 혜능(慧能, 638~713), 부대사(傅大士, 497~569), 야부도천(冶父 道川, 1127~1130), 예장종경(豫章宗鏡), 이 다섯 선지식의 금강경 해설을 묶어놓은 책입니다. 여기에 1417년 조선 무학대사의 제자 함허득통(涵虛得通, 1376~1433)이 다섯 선지식의 해설에 자신의 견해를 덧붙여 놓은 것이 '금강경오가해설의(金剛經五家解說誼)'입니다.

'一時'를 그냥 단순하게 '한때'라는 의미로 해석해도 좋을 것인데, '금강경오가해'의 주석가들은 심오한 의미를 부여하였습니다. 혜능은 '一時'를 깨달음의 시간으로, 종밀은 '一時'를 모든 시간과 공간을 포괄하는 것으로 해석하는 식입니다.

그렇지만 이런 일상적인 말 한마디에 특별함을 부여하는 것이 올바른 해석으로는 보이지 않습니다. 특별히 어떤 날이라고 의미를 두지 말고, '어느 한가로운 한때' 같이 일상 속의 어느 한때로 보는 것이 합당한 해석이 아닌가 합니다.

佛在舍衛國祇樹給孤獨園[30]
_{불 재 사 위 국 기 수 급 고 독 원}
'부처님께서는 사위국 기수급고독원에 계셨습니다.'

사위국(舍衛國)은 고대 인도의 도시 국가 중 하나로, 갠지스강 유역에 위치하고 있었습니다. 사위국의 수도는 불경에도 자주 등장하는 사위성(舍衛城, Shravasti)으로, 석가모니 부처님이 많은 시간을 보낸 곳 중 하나입니다. 기수급고독원(祇樹給孤獨園, Jetavana Anathapindika's Monastery)은 사위성에 위치한 불교 사원입니다. 기원정사(祇園精舍)로도 불립니다. 기수급고독원(기원정사)은 불교 경전에서 자주 언급되며 부처님이 설법한 장소입니다. 기수급고독원(祇樹給孤獨園)의 설립 배경에는 재미있는 고사가 전해집니다.

아나타핀디카(Anathapindika)의 본래 이름이 수다타(須達多, Sudatta)였으며, 사위국의 부유한 상인이었습니다. 그는 가난하고 외로운 사람들을 도와주는 자선활동으로도 유명하여 '급고독장자(給孤獨長者)'라는 별명을 얻었습니다.

어느 날 아나타핀디카는 부처님의 가르침에 대해 듣고, 깊은 감명을 받았습니다. 그는 부처님을 직접 만나기 위해 라자가하(왕사성)로 가서 부처님을 만났고, 부처님의 가르침에 깊이 감동한 아나타핀디카는 사위국에 부처님과 승단을 위한 영구적인 거처를 제공하기로 결심했습니다. 아나타핀디카는 사위국으로 돌아와 부처님을 위한 적당한 장소를 찾던 중 기수다타(Jeta, 기수) 왕자가 소유한 아름다운 숲을 발견하게 되었습니다. 아나타핀디카는 왕자에게 숲을

---

30 佛 부처 불; 在 있을 재

팔아달라고 요청했지만, 왕자는 처음에 이를 거절했습니다.

그러나 왕자는 계속된 부탁에 결국 '만약 네가 숲의 땅을 황금으로 덮을 수 있다면 팔겠다.'는 조건을 제시했습니다. 이에 아나타핀디카는 숲의 땅을 황금으로 덮기 시작했고, 이 정성에 탄복한 기수다타 왕자는 이 숲을 기증하였다고 합니다. 이 숲은 이후 '기수급고독원'이라는 이름을 얻게 되었습니다. '기수'는 숲의 원래 소유자인 기수다타 왕자를, '급고독'은 이를 구매한 급고독장자 아나타핀디카를 의미합니다.

與大比丘衆 千二百五十人俱[31]
여 대 비 구 중 천 이 백 오 십 인 구

'대비구 천이백오십 인과 함께 계시었습니다.' 여기서 '여(與)'는 '더불어 한다'는 의미의 전치사이고, '구(俱)'가 이 문장의 본동사로 '함께 하였다'는 의미입니다.

불교에는 수행자를 지칭하는 비구, 비구니, 사미, 사미니 등의 다양한 명칭이 있고, 각각의 명칭은 성별과 수행 단계에 따라 다릅니다. '비구(比丘, Bhikkhu)'는 남성 출가 수행자입니다. '탁발하는 자'라는 뜻으로, 비구가 되기 위해서는 정식 출가 의식을 거치고, 227개의 계율을 지켜야 합니다. '비구니(比丘尼, Bhikkhuni)'는 여성 출가 수행자입니다. 비구니가 되기 위해서는 정식 출가 의식을 거치고, 남성 비구보다 더 많은 311개의 계율을 지켜야 합니다.

다른 종교에 비해서 불교는 그래도 여자가 정식 성직자가 되는

---

31 與 더불어 여; 大 클 대; 衆 무리 중; 俱 함께 구

과정이 비교적 쉬운 편이었습니다. 불교에서 비구니 승단의 성립 과정은 석가모니의 양어머니이자 이모인 마하프라자파티 고타미(摩訶波闍波提, Mahāpajāpatī Gotamī)를 빼놓고는 설명할 수 없습니다. 석가모니의 생모인 마야 부인이 석가모니를 낳고 일주일 만에 사망했기 때문에 어린 석가모니는 이모이자 양어머니인 마하프라자파티 고타미에 의해서 길러졌습니다.

석가모니의 아버지인 정반왕(淨飯王, Śuddhodana)이 사망한 후, 마하프라자파티 고타미는 500명의 여성과 함께 부처님께 출가를 요청했으나 석가모니는 처음에 이 요청을 거절했습니다. 이에 아난다가 부처님께 마하프라자파티 고타미와 여성들이 출가하여 수행할 수 있도록 허락해 달라고 간청했고, 아난다의 간청에 따라 석가모니가 허락함으로써 최초의 비구니 승단이 성립되었습니다.

이에 대하여 '사미(Samanera, 沙彌)'는 아직 정식 비구가 되지 않은 남성 출가 수행자를 의미하고, '사미니(Samaneri, 沙彌尼)'는 정식 비구니가 되지 않은 여성 출가 수행자를 의미합니다. 이밖에 '우바새(Upasaka, 優婆塞)'는 남성 재가 신자를 의미하고, '우바이(Upasika, 優婆夷)'는 여성 재가 신자를 말합니다.

1-1문장에서 대비구(大比丘)는 비구 중에서도 높은 수행과 덕성을 지닌 비구 정도를 의미하는 것으로 해석하면 될 듯합니다.

正宗分
第一節

Ⅰ. 본문

爾時 世尊食時 着衣持鉢 入舍衛大城 乞食於其城中 次第乞
이시 세존식시 착의지발 입사위대성 걸식어기성중 차제걸
已 還至本處 飯食訖 收衣鉢 洗足已 敷座而坐
이 환지본처 반사흘 수의발 세족이 부좌이좌

이때 세존께서 밥 먹을 시간이 되어 가사를 입고 발우를 들고 사위대성에 들어가셨습니다. 성안에서 차례로 걸식을 마치고 본처로 돌아와 식사를 마친 뒤, 가사와 발우를 거두고 발을 씻은 다음, 자리를 펴고 앉으셨습니다.

時 長老須菩提 在大衆中 卽從座起 偏袒右肩 右膝着地 合掌
시 장로수보리 재대중중 즉종좌기 편단우견 우슬착지 합장
恭敬 而白佛言 希有世尊 如來善護念諸菩薩 善付囑諸菩薩 世
공경 이백불언 희유세존 여래선호념제보살 선부촉제보살 세
尊 善男子善女人 發阿耨多羅三藐三菩提心 應云何住 云何降
존 선남자선여인 발아누다라삼먁삼보리심 응운하주 운하항
伏其心
복기심

이때 장로 수보리가 대중 가운데 있다가 자리에서 일어나 오른쪽 어깨를 드러내고 오른 무릎을 땅에 대며 합장공경을 하고, 부처님께 여쭈었습니다.

"경이롭습니다. 세존시이여! 여래는 보살들을 잘 보살피고 잘 부촉합니다. 세존이시여! 선남자선여인이 아누다라삼먁삼보리심을 내면 응당 어디에 머물고, 그 마음을 어떻게 항복 받아야 합니까?"

佛言 善哉善哉 須菩提 如汝所說 如來善護念諸菩薩 善付囑
불언 선재선재 수보리 여여소설 여래선호념제보살 선부촉

諸菩薩 汝今諦廳 當爲汝說 善男子善女人 發阿耨多羅三藐三菩
제보살 여금제청 당위여설 선남자선여인 발아누다라삼먁삼보
提心 應如是住 如是降伏其心 唯然世尊 願樂欲聞
리심 응여시주 여시항복기심 유연세존 원요욕문

부처님께서 말씀하셨습니다.

"훌륭하고 훌륭하다. 수보리여! 그대가 말한 바와 같이 여래는 보살들을 잘 호념하고 잘 부촉한다. 그대는 이제 잘 들어라. 마땅히 그대를 위해 설하겠다. 선남자선여인이 아누다라삼먁삼보리심을 내면 응당 이와 같이 머물고 이와 같이 그 마음을 항복 받아야 한다."

"예. 세존이시여. 즐거이 듣고자 합니다."

佛告須菩提 諸菩薩摩訶薩 應如是降伏其心 所有一切衆生之
불고수보리 제보살마하살 응여시항복기심 소유일체중생지
類 若卵生 若胎生 若濕生 若化生 若有色 若無色 若有想 若無想
류 약난생 약태생 약습생 약화생 약유색 약무색 약유상 약무상
若非有想非無想 我皆令入無餘涅槃而滅度之 如是滅度無量無
약비유상비무상 아개영입무여열반이멸도지 여시멸도무량무
數無邊衆生 實無衆生得滅度者 何以故 須菩提 若菩薩有我相人
수무변중생 실무중생득멸도자 하이고 수보리 약보살유아상인
相衆生相壽者相 卽非菩薩
상중생상수자상 즉비보살

부처님께서 수보리에게 말씀하셨습니다.

"위대한 보살들은 마땅히 이와 같이 그 마음을 항복 받아야 한다. 중생이 난생이든 태생이든 습생이든 화생이든 가리지 않고, 중생이 유색이든 무색이든 가리지 않고, 유상이든 무상이든 비유상비무상이든지 가리지 않고 일체 모든 중생을 무여열반에 들게 하되, 이와 같이 무량무수무변 중생을 멸도하더라도 실제로 멸도를 얻은 중생은 없다는 마음으로 멸도해야 한다. 무슨 이유인가? 수보리여! 보

살이 아상·인상·중생상·수자상이 있으면 보살이 아니기 때문이다."

復次 須菩提 菩薩於法 應無所住 行於布施 所謂不住色布施
부차 수보리 보살어법 응무소주 행어보시 소위부주색보시
不住聲香味觸法布施 須菩提 菩薩應如是布施 不住於相 何以故
부주성향미촉법보시 수보리 보살응여시보시 부주어상 하이고
若菩薩不住相布施 其福德不可思量
약 보살부주상보시 기 복 덕 불 가 사 량

"또한 수보리여! 보살은 법에 마땅히 머무르는 바 없이 보시를 행해야 한다. 소위 색에도 머무르지 않고, 성향미촉법에도 머무르지 않고 보시해야 한다. 수보리여! 보살은 마땅히 이와 같이 보시하되 상에 머무르지 않아야 한다. 왜냐하면 보살이 상에 머무르지 않고 보시를 하면, 그 복덕은 헤아릴 수 없기 때문이다."

須菩提 於意云何 東方虛空 可思量不 不也世尊 須菩提 南西
수보리 어의운하 동방허공 가사량부 불야세존 수보리 남서
北方 四維上下虛空 可思量不 不也世尊 須菩提 菩薩 無住相布
북방 사유상하허공 가사량부 불야세존 수보리 보살 무주상보
施福德 亦不如是 不可思量 須菩提 菩薩但應如所教住
시복덕 역부여시 불가사량 수보리 보살단응여소교주

"수보리여 어떻게 생각하는가? 동쪽 허공을 헤아릴 수 있는가?"

"할 수 없습니다. 세존이시여!"

"수보리여! 남서북방과 그 사이사이, 상하 허공을 헤아릴 수 있는가?"

"할 수 없습니다. 세존이시여!"

"수보리여! 보살이 상에 머무르지 않고 하는 보시의 복덕도 또한 이와 같아서 헤아릴 수 없다. 수보리여! 보살은 오직 당연히 가르친

바에 머물러야 한다."

須菩提 於意云何 可以身相見如來不 不也世尊 不可以身相得
수보리 어의운하 가이신상견여래부 불야세존 불가이신상득
見如來 何以故 如來所說身相卽非身相 佛告須菩提 凡所有相皆
견여래 하이고 여래소설신상즉비신상 불고수보리 범소유상개
是虛妄 若見諸相非相則見如來
시허망 약견제상비상즉견여래

"수보리여! 어떻게 생각하는가? 신상으로 여래를 볼 수 있는가?"

"없습니다, 세존이시여! 신상으로 여래를 볼 수 없습니다. 왜냐하면 여래께서 신상이라고 말씀하신 바가 바로 신상이 아니기 때문입니다."

부처님께서 수보리에게 말씀하셨습니다.

"무릇 세상의 상은 모두 허망하니, 만약 이 모든 상이 상이 아님을 본다면 여래를 보리라."

須菩提白佛言 世尊 頗有衆生 得聞如是言說章句 生實信不
수보리백불언 세존 파유중생 득문여시언설장구 생실신부
佛告須菩提 莫作是說 如來滅後 後五百歲 有持戒修福者 於此
불고수보리 막작시설 여래멸후 후오백세 유지계수복자 어차
章句能生信心 以此爲實 當知是人 不於一佛二佛三四五佛 而種
장구능생신심 이차위실 당지시인 불어일불이불삼사오불 이종
善根 已於無量千萬佛所 種諸善根 聞是章句乃至一念生淨信者
선근 이어무량천만불소 종제선근 문시장구내지일념생정신자

수보리가 부처님께 여쭈었습니다.

"세존이시여! 이와 같은 말씀과 문장을 듣고 진실한 믿음을 내는 중생들이 자못 있겠습니까?"

부처님이 수보리에게 말씀하셨습니다.

"그런 말 하지 말라. 여래가 열반에 든 오백 년 뒤에도 계를 지키고 복을 닦는 자가 있어 이 문장에서 신심을 내고 이것을 진실한 것으로 여기리라. 이 사람은 한 부처님이나 두 부처님, 서너 다섯 부처님께 선근을 심었을 뿐만 아니라 이미 한량없는 부처님께 여러 선근을 심었으므로 이 말씀을 듣고 일념으로 청정한 믿음을 내는 사람임을 알아야 한다."

須菩提 如來 悉知悉見 是諸衆生 得如是無量福德 何以故 是諸
수보리 여래 실지실견 시제중생 득여시무량복덕 하이고 시제
衆生 無復我相人相衆生相壽者相 無法相 亦無非法相 何以故 是
중생 무부아상인상중생상수자상 무법상 역무비법상 하이고 시
諸衆生 若心取相 則爲着我人衆生壽者 若取法相 卽着我人衆生
제중생 약심취상 즉위착아인중생수자 약취법상 즉착아인중생
壽者 何以故 若取非法相 卽着我人衆生壽者 是故 不應取法 不應
수자 하이고 약취비법상 즉착아인중생수자 시고 불응취법 불응
取非法 以是義故 如來常說 汝等比丘 知我說法 如筏喩者 法尙應
취비법 이시의고 여래상설 여등비구 지아설법 여벌유자 법상응
捨 何況非法
사 하황비법

"수보리여! 여래는 이러한 중생들이 이와 같이 한량없는 복덕을 얻음을 다 알고 다 본다. 왜냐하면 이러한 중생들은 아상·인상·중생상·수자상이 없고, 법상과 비법상도 없기 때문이다. 왜냐하면 이러한 중생들이 마음에 상을 가지면 아·인·중생·수자에 집착하는 것이고, 법상을 가지면 아·인·중생·수자에 집착하는 것이고, 비법상을 가져도 아·인·중생·수자에 집착하는 것이기 때문이다. 그러므로 법을 취해서도 안 되고, 비법을 취해서도 안 된다. 그러기에 여래는 늘 설했다. 너희 비구들이여! 나의 설법은 뗏목과 같은 줄 알아라. 법도 버려야 하거늘 하물며 법 아닌 것이랴!"

須菩提 於意云何 如來得阿耨多羅三藐三菩提耶 如來有所說
수보리 어의운하 여래득아누다라삼먁삼보리야 여래유소설
法耶 須菩提言 如我解佛所說義 無有定法名阿耨多羅三藐三菩
법야 수보리언 여아해불소설의 무유정법명아누다라삼먁삼보
提 亦無有定法如來可說 何以故 如來所說法 皆不可取 不可說
리 역무유정법여래가설 하이고 여래소설법 개불가취 불가설
非法 非非法 所以者何 一切賢聖 皆以無爲法 而有差別
비법 비비법 소이자하 일체현성 개이무위법 이유차별

"수보리여! 어떻게 생각하는가? 여래는 아누다라삼먁삼보리를 얻었는가? 여래가 법을 설한 바가 있는가?"

수보리가 대답하였습니다.

"제가 부처님께서 말씀하신 뜻을 이해하기로는 아누다라삼먁삼보리라 할 정해진 법도 없고, 또한 여래께서 설할 수 있는 정해진 법도 없습니다. 왜냐하면 여래께서 법을 설한 바는 모두 취할 수도 없고 설할 수도 없으며, 법도 아니고 비법도 아니기 때문입니다. 그것은 무엇 때문입니까? 일체 성현들은 모두 무위법으로써 차별이 있기 때문입니다."

1-2 爾時 世尊食時 着衣持鉢 入舍衛大城 乞食於其城中 次第
이시 세존식시 착의지발 입사위대성 걸식어기성중 차제
乞已 還至本處 飯食訖 收衣鉢 洗足已 敷座而坐
걸이 환지본처 반사흘 수의발 세족이 부좌이좌

爾時[32]
이 시

금강경에서 '이때'라는 의미의 '이시(爾時)'는 구조적으로나 내용상으로나 중요한 역할을 합니다. 뜻은 단순하게 '이때'이지만, 뭔가 새로운 주제에 들어가거나 분위기를 전환시킬 때, '자, 한번 봅시다.'

---

32 爾 그 이

는 느낌으로 읽는 이로 하여금 새로운 마음을 가지게 합니다. 그래서 단락을 나누는 중요한 이정표가 됩니다.

世尊
세 존

앞서는 석가모니를 '불(佛)'이라 하였는데, 여기서는 '세존(世尊)'이라고 하고 있습니다. 여래(如來), 응공(應供), 정변지(正遍知), 명행족(明行足) 또는 명행구족(明行具足), 위선서(爲善逝) 또는 선서(善逝), 세간해(世間解), 무상사(無上士), 조어장부(調御丈夫), 천인사(天人師), 불세존(佛世尊) 또는 불(佛), 이를 '십호(十號)'라 하여 모두 부처의 다른 이름입니다.

食時[33]
식 시

'밥 먹을 시간이 되자', '공양 때가 되어' 다 가능한 해석입니다.

着衣持鉢[34]
착 의 지 발

'옷을 입고(着衣) 발우를 들고(持鉢)'.

의발(衣鉢)은 옷과 발우(鉢盂)를 말합니다. 석가모니 시대에는 승려가 소유할 수 있는 물건은 '삼의일발(三衣一鉢)'이라고 하여 상의(上衣), 중의(中衣), 하의(下衣)와 발우밖에 없었다고 합니다. 의발은 옷과 발우라는 물리적 의미보다는 '의발을 전수한다.'라고 하여

---

33 食 먹을 식
34 着 입을 착; 衣 옷 의; 持 가질 지; 鉢 바리때 발

중국 선종에서는 법통을 전하는 상징적 표현으로서 더욱 중요한 의미가 있습니다. 그나마 의발을 전수하는 전통도 혜능 이후에는 끊어졌습니다.

중국 선종의 법통은 달마를 중국 선종의 초조(初祖)로 하여 제2조 혜가(慧可, 487~593), 제3조 승찬(僧璨, ?~606), 제4조 도신(道信, 580~651)을 거쳐 제5조 홍인(弘忍, 601~674)에게 전해졌다고 했습니다. 그 뒤 홍인의 제자인 신수(神秀, 606?~706)는 북부 지역에서 활동하여 북종선(北宗禪), 제6조 혜능은 남부 지역에서 활동하여 남종선(南宗禪)이라 하는데, 북종선은 명맥이 끊어졌지만, 남종선은 번성하여 당송(唐宋) 대에 이른바 오가칠종(五家七宗)을 형성합니다. 오가칠종이란 임제종(臨濟宗)·조동종(曹洞宗)·위앙종(潙仰宗)·운문종(雲門宗)·법안종(法眼宗) 등의 5가(家)와, 임제종에서 갈라져 나온 황룡파(黃龍派)·양기파(楊岐派) 등의 2파를 통틀어 일컫는 말입니다.

현재 우리나라의 대한불교조계종은 임제종 법통을 정통 법맥으로 인정합니다. 대한불교조계종(曹溪宗)의 '조계(曹溪)'가 혜능 스님의 별호인 '조계(曹溪)'에서 유래하였으니, 혜능 스님의 위상을 짐작할 수 있습니다.

入舍衛大城[35]
입 사 위 대 성

부처님도 직접 탁발을 위해서 사위국에 있는 사위대성에 들어가셨습니다. 석가모니 부처님도 제자들이 가져다주는 밥을 먹는 것이

---

35 入 들어갈 입; 城 성 성

아니라, 직접 옷 입고 발우 들고 탁발을 나가는 모습을 상상하면 되겠습니다.

乞食於其城中[36]
걸 식 어 기 성 중
'그 성안에서 걸식을 하셨습니다.'

그런데, '托鉢(탁발)'이라는 것. 말 그대로 승려가 남에게서 음식을 빌어먹는 행위인 이 탁발은 우리나라 같은 북방불교에서는 잘 행해지지 않지만, 남방불교에서는 여전히 행해지고 하나의 수행으로 간주되고 있습니다.

마하가섭은 부처님 제자 중에 계율을 지키는 것이 가장 엄격하여 두타제일(頭陀第一)로 불린다고 하였습니다. 여기서 두타(頭陀 dhuta)라는 것은 의식주 생활로부터 탐욕과 집착을 버리기 위한 수행을 의미하고, 여기에 '탁발'이 포함됩니다. 두타행에는 모두 12조항이 있어 12두타행[37]이라고 부릅니다. 이 12두타행에서 탁발의 규칙을 알 수 있습니다.

---

36 乞 빌 걸; 於 어조사 어; 其 그 기; 中 가운데 중
37 ①재아란야처(在阿蘭若處): 인가와 떨어진 조용한 숲속에 머문다, ②상행걸식(常行乞食): 항상 걸식한다, ③차제걸식(次第乞食): 걸식할 때 빈부를 가리지 않고, 차례대로 한다, ④수일식법(受一食法): 하루에 한 번만 먹는다, ⑤절량식(節量食): 과식하지 않는다, ⑥중후부득음장(中後不得飮漿): 오후에는 과실즙, 꿀도 먹지 않는다, ⑦착폐납의(著幣衲衣): 헌 옷감으로 만든 옷을 입는다, ⑧단삼의(但三衣): 삼의 이외에는 소유하지 않는다, ⑨총간주(塚間住): 무덤 곁에 머문다, ⑩수하지(樹下止): 나무 밑에 거주한다, ⑪노지좌(露地坐): 지붕 없는 곳에 앉는다, ⑫단좌불와(但坐不臥): 항상 단정하게 앉고 눕지 않는다.

항상 걸식으로 밥을 해결해야 하고(常行乞食), 주는 대로 받아먹어야 했으니 특별히 육식을 금할 수가 없었을 것입니다. 석가모니 부처님도 공양받은 음식을 버릴 수가 없어 상한 돼지고기를 잘못 드시는 바람에 식중독으로 열반에 드셨다고 합니다.

당시 냉장고가 있었던 것도 아니고 삼시세끼 탁발을 나갈 수도 없으니, 하루에 한 번만 먹고(受一食法) 공양받은 음식은 나누든 어떻든 한 번에 다 먹어야 했습니다. 한번 탁발 나갔다가 실패하면 하루 종일 굶어야 했기에 탁발을 하는 것은 절실한 행위였습니다. 그렇다고 아무런 규칙 없이 시행하면 민폐를 끼칠 수도 있고 당시에는 음식이 넉넉할 때도 아니니 나름의 규칙이 필요했습니다. 그래서 '칠가식(七家食)'이라고 하여, 밥을 빌 때는 일곱 집을 넘으면 안 되고 한번 갔던 집을 다시 찾아가면 안 된다는 규칙이 있었습니다.

次第乞已[38]
차 제 걸 이

'차례로 걸식을 마치고'로 해석이 됩니다. 차례로 걸식을 마친다는 것이 무슨 의미인지 명확하지 않지만, 위 12두타행 세 번째 '차제걸식(次第乞食, 걸식할 때 빈부를 가리지 않고, 차례대로 한다.)'이 큰 참고가 될 것입니다. 차제걸식(次第乞食)에 관한 이야기는 '유마경'에 전합니다.

두타제일 마하가섭에게는 탁발의 순서가 있었습니다. 그것은 부처님과 제자들에게 음식을 보시하면 그 공덕으로 복을 지

---

38 次 버금 차; 第 차례 제; 已 이미 이

을 수 있기 때문에 탁발할 때 일부러 가난한 집을 먼저 찾았다는 것입니다. 그런데 유마거사에게 문병을 가라고 부처님이 마하가섭에게 이르자 마하가섭은 부처님께 다음과 같이 얘기합니다.

"세존이시여, 저는 유마거사에게 문병을 갈 수 없습니다. 제가 옛날 가난한 마을에 들어가 걸식할 때 유마거사가 찾아와 말했습니다. '가섭이여, 자비심을 지니지 않고, 부잣집을 버리고 가난한 집만 찾아가서 걸식을 해서는 안 됩니다. 먹는다는 생각 없이 밥을 빌어야 하며 화합상(和合相)을 깨뜨린다는 생각으로 음식을 받아야 합니다.'"

여기서 마지막 문장, 걸식하는 수행자는 화합상을 깨뜨린다는 생각으로 음식을 받는다는 의미는 걸식을 하되 수행을 위해서 음식을 받으라는 의미입니다. '화합상(和合相)'이란 색수상행식(色受想行識)이 모인 한 덩어리의 오온(五蘊)을 가리키는데, 수행은 이 오온을 깨뜨리는 것이므로 수행자가 음식을 먹는 것은 오로지 화합상인 오온을 깨뜨리기 위함이라는 것입니다. '오온'은 생멸·변화하는 모든 것, 즉 모든 유위법(有爲法)을 구성하고 있는 색온(色蘊: 물질)·수온(受蘊: 지각)·상온(想蘊: 생각)·행온(行蘊: 욕구)·식온(識蘊: 마음)의 다섯 가지를 이야기합니다.

이 '次第乞已(차제걸이)'에 대해서는 혜능 스님이 '금강경오가해'에서 다음과 같이 매우 적절한 주석을 달았습니다.

"'차제(次第)'라는 말은 가난한 집과 부잣집을 택하지 않고, 평등하게 대한다는 것이다. '걸이(乞已)'는 것은 과하게 빈다 해도 일곱 집을 넘지 않는다는 것이다. 일곱 집이 되면 다른 집에는 가지 않는다."

　　次第者 不擇貧富 平等以化也. 乞已者 如過乞 不過七家. 七家數滿 更不至餘家也.

즉 '차제걸이(次第乞已)'는 탁발을 하되 율법과 규칙에 맞게 하였다는 의미입니다.

還至本處[39]
환 지 본 처

'탁발을 끝내고 다시 기수급고독원으로 돌아왔습니다.'

飯食訖[40]
반 사 흘

'밥 먹기를 마치고'. 여기서 '食'은 '먹다'를 뜻하면 '식'으로 읽히고, '밥'을 뜻하면 '사'로 읽힙니다. '반(飯)'이 명사로도 쓰일 수 있고 동사로도 쓰일 수 있어서 이 문장에서 '食'을 어떻게 읽어도 별 상관은 없을 것 같지만, 통상적으로 '사'로 읽히므로 이 책도 그에 따르도록 하겠습니다.

39　還 돌아올 환; 至 이를 지; 本 근본 본; 處 곳 처
40　飯 밥 반; 訖 마칠 흘

收衣鉢[41]
수 의 발
'의발을 거두고'. 식사를 마치고 이제 의복과 발우를 정리합니다.

洗足已[42]
세 족 이
'발을 씻으시고'. 여기서 '已'는 '차제걸이(次第乞已)'에서의 '已'와 마찬가지로 동사에 대한 보어로서 '마쳤다'는 의미입니다.

敷座而坐[43]
부 좌 이 좌
'자리를 펴고 앉으셨습니다.' 방석이든 뭐든 자리를 잡으신 뒤에 앉으셨다는 의미입니다.

여기까지가 부처님이 설법하기 직전까지의 자리 잡음입니다. 수보리는 지금까지의 상황을 함께하고, 질문을 하기 위해 자리에서 일어나서, '희유세존(希有世尊 세존이시여, 참으로 경이롭습니다.)'이라는 감탄으로 질문을 시작합니다. 밑도 끝도 없이 수보리는 뭘 보고 갑자기 '희유세존'이라고 말을 시작한 것일까요?

이에 대해 '상근기(上根機)는 이 대목에서 이미 알 것 다 알았기 때문에 감탄하여 희유하다고 얘기하고, 뒤의 설법은 중근기(中根機), 하근기(下根機)를 위한 것일 뿐이다.'라고 말한 이도 있습니다. 다소 과장된 표현일 수도 있으나, 충분히 그럴듯한 설명입니다.

석가모니는 득도를 하여 부처, 세존으로 불리는 분입니다. 그런

---
41 收 거둘 수
42 洗 씻을 세; 足 발 족
43 敷 펼 부; 座 자리 좌; 而 어조사 이; 坐 앉을 좌

데 위의 일상을 보면 때가 되니 여러 제자와 함께 탁발을 나갑니다. 제자가 구해준 밥을 먹는 것이 아니라 같이 나가서 다른 제자들과 마찬가지로 규칙을 지켜가며 민가의 문을 두드려 밥을 구합니다. 밥을 구하고서는 다시 본처로 돌아와서 밥을 먹습니다. 밥을 먹고는 의발을 정리하고 발을 씻고 자리를 잡고 앉습니다. 여기에 무슨 신통묘용(神通妙用)이 있고, 무슨 특이한 점이 있습니까? 그런데 그게 특이한 것입니다. 득도해도 하늘을 날고 밥이 하늘에서 떨어지고 다른 사람들과 차별되게 생활하는 것이 아니라, 그저 그 평범한 일상에서 때에 맞추어 정해진 규칙에 맞추어 생활하는 것입니다.

한번 가정을 해 봅시다. 도를 깨달은 사람이 있는데, 그 정도가 어마어마하여 '법왕(法王)'이니 '세존(世尊)'이니 하고 불리는 사람이 있습니다. 그 사람을 만나기 위해 교통도 불편한 시절에 천신만고 끝에 그 사람을 찾아갑니다. 1,250명이나 되는 제자를 거느리고 있는 사람이 식사 때가 되니 제자나 공양주가 밥 차려줄 것을 기다리지 않고, 같이 밥 얻어먹으러 나가서 대중한테 머리를 조아리며 밥을 얻고, 밥을 얻은 뒤에는 다 같이 먹고 손발 씻고 자리를 잡은 뒤 '자, 오신다고 수고 많으셨습니다. 뭐가 궁금하신가요?'라고 물으면 무슨 말부터 시작할까요? 아마 '아, 부처님, 놀랍습니다. 제자가 이렇게 많은데 손수 다 하시네요.'가 첫마디일 수 있지 않겠습니까? 밥 먹고, 차 한잔 마시는 일상이 득도자의 모습일 수도 있습니다.

'차나 한잔해라.', 한문으로는 '끽다거(喫茶去)'로 유명한 스님이 바로 '평상심(平常心)이 도(道)'라고 하시는 조주(趙州從諗, 778~897) 스님입니다. 120세에 입적하였고, 유머러스한 화두를 많이 남겨 '벽암록'의 100개 화두 중 12개가 조주 스님의 것입니다. 조주 스님 하면 '무자화두(無字話頭)'이지만 '끽다거(喫茶去)' 화두도 유명합니다.

> 승려가 조주 스님에게 물었습니다.
> "조사[44]가 서쪽에서 온 뜻이 무엇입니까?"
> 조주 스님이 말합니다. "차나 마셔라."
> 승려가 말합니다. "저는 이해하지 못하겠습니다."
> 조주 스님이 말합니다. "차나 마셔라."
> 僧問趙州, 如何是祖師西來意? 州云, 喫茶去。
> 僧云, 某甲不會。州云, 喫茶去。

2-1 時 長老須菩提 在大衆中 卽從座起 偏袒右肩 右膝着地
시 장로수보리 재대중중 즉종좌기 편단우견 우슬착지
合掌恭敬 而白佛言 希有世尊 如來善護念諸菩薩 善付囑諸菩薩
합장공경 이백불언 희유세존 여래선호념제보살 선부촉제보살
世尊 善男子善女人 發阿耨多羅三藐三菩提心 應云何住 云何降
세존 선남자선여인 발아누다라삼먁삼보리심 응운하주 운하항
伏其心
복기심

소명태자 구분에서 제2분 '선현기청분(善現起請分)'의 시작입니다. 문자 그대로 '선현(善現)이 일어나서(起) 가르침을 청한다(請)'는 의미입니다. 여기서의 '선현(善現)'은 수보리를 말합니다. 소명태자는 글자를 4자로 맞추어 제목을 정하였기 때문에 수보리를 선현으

---

44 여기서 조사(祖師)는 인도에서 중국으로 불교를 전파한 보리달마(菩提達磨, Bodhidharma), 달마대사를 말합니다.

로 표현하였습니다. 현장 스님은 아예 수보리를 '선현(善現)'으로 번역합니다.

時
_시

여기의 '時'도 특별한 종교적 의미가 있다기보다는 일상적 의미로서 부처님께서 식사를 마치고 자리를 잡으시자, '이때'라는 의미로 보면 됩니다.

長老須菩提
_{장 로 수 보 리}

드디어 해공제일(解空第一), 무쟁제일(無爭第一) 수보리가 등장합니다. '장로(長老)'라는 말은 현재 기독교에서 많이 쓰이고 있지만, 불경에서도 나이와 수행 경력이 많은 승려를 가리키는 데 자주 사용됩니다.

수보리는 공(空)의 이치를 가장 잘 깨우쳤다는 의미로 '해공제일(解空第一)'로 불리지만, 초기 경전에서는 '평화롭게 머무는 자들 가운데 으뜸'이라는 의미로 '무쟁제일(無爭第一)', '공양을 받을 만한 자들 가운데 으뜸'이라는 의미로 '피공제일(被供第一)'로도 불립니다. 제2절(소명태자 제9분)에서는 다툼 없는 삼매인중 최고라는 의미에서 '무쟁삼매인중 최위제일(無諍三昧人中 最爲第一)'로 표현되었고, 욕망을 떠난 최고의 아라한이라는 의미에서 '제일이욕아라한(第一離欲阿羅漢)'이라는 대목도 나옵니다. 모두 수보리의 인품을 알 수 있는 대목입니다.

수보리는 기수급고독원을 설립한 급고독장자(수다타)의 동생인 수마나세티의 아들입니다. 수보리는 석가모니의 제자가 되기 전에는 화를 잘 내고, 스스로 분노를 잘 조절하지 못하는 성격이었는데 기원정사(기수급고독원)에서 석가모니의 설법을 듣고, 자신의 문제가 무엇인지 깨친 뒤, 무쟁제일로 불리는 경지에 올랐다고 합니다.

물론 금강경이 반드시 역사적 석가모니와 수보리 사이의 실제 대화라는 것은 아닙니다. 금강경의 저자가 석가모니와 해공제일, 무쟁제일로 불리는 수보리를 주연으로 쓰면서 자신이 전달하고 싶은 메시지를 전달하였다고 볼 수도 있습니다.

在大衆中
재 대 중 중
'대중 가운데 있다가'.

卽從座起 偏袒右肩 右膝着地 合掌恭敬[45]
즉 종 좌 기 편 단 우 견 우 슬 착 지 합 장 공 경
자리에서 일어나서(卽從座起), 오른쪽 어깨를 드러내고(偏袒右肩), 오른쪽 무릎을 땅에 대고(右膝着地), 합장공경(合掌恭敬)을 합니다. 부처님께 가르침을 얻기 전에 예법으로 공경을 표하는 것을 묘사하는 장면입니다.

而白佛言
이 백 불 언
그리고 나서 부처님께 고합니다. 여기서 '이(而)'는 한문에서 어

---

45 卽 곧 즉; 從 따를 종; 起 일어날 기; 偏 치우칠 편; 袒 벗을 단; 右 오른 우; 肩 어깨 견; 膝 무릎 슬; 着 닿을 착; 合 합할 합; 掌 손바닥 장; 恭 공손할 공; 敬 공경할 경

조사로서 순접(-하고, -하면서, -하다가)으로도, 역접(-하나, -해도)으로도 쓰이는 어조사입니다. '백(白)'은 희다는 의미로 일상에서 많이 쓰이지만, '自白(자백)하다', '告白(고백)하다'에서의 예처럼 '알릴 백'이라는 의미로 고하다, 알리다는 의미로도 쓰입니다.

希有世尊[46]
희 유 세 존

수보리의 질문이 '희유세존(希有世尊 세존이시여, 참으로 경이롭습니다.)'으로 시작한다는 점을 앞서 말한 바 있습니다. 이에 대하여 '금강경오가해설의(金剛經五家解說誼)'의 저자 함허득통 선사는 상근기(上根機)는 이미 질문하기 전에 모든 것을 알았기 때문에 희유세존이라는 말을 한다고 합니다. 부처님의 생활을 보고, 같이 체험하고는 불법을 알았다는 의미인가요? 질문하기 전에 이미 '이심전심(以心傳心)'이었다는 의미인가요?

선불교에서 최초의 화두는 아마 염화시중(拈華示衆), 염화미소(拈華微笑)가 아닐까 합니다.

'염화시중(拈華示衆)'. 집을 염(拈), 꽃 화(華), 보일 시(示), 무리 중(衆). '꽃을 들어 대중에게 보이다.'라는 뜻입니다. 석가모니 부처님이 제자들 앞에서 꽃 한 송이를 들어 보여주며 진리를 설법한 이야기입니다.

'염화미소(拈華微笑)'는 석가모니가 이렇게 꽃을 들자 가섭만이 그 의미를 알고 빙긋이 미소 지었다는 이야기입니다. '이심전심(以心傳心)'이라고도 합니다.

---

46 希 드물 희; 有 있을 유

염화시중(拈華示衆)과 염화미소(拈華微笑)를 같은 의미로 이해하기도 하는데, 제가 보기에는 차이가 좀 있습니다. 염화시중은 석가모니가 진리를 보여주려고 한 행위이고, 염화미소는 거기에 화답해서 가섭만이 그 의미를 알아차리고 미소 지었다는 의미입니다. 그러니 '염화미소'는 '가섭이 석가모니의 법을 전해 받았다.' 또는 '가섭만이 석가모니가 무슨 말을 하는지 알았다(以心傳心).'라는 의미일 수는 있어도, 석가모니가 꽃을 들면서 전달하려고 한 메시지가 무엇인가라는 것을 설명하지는 않습니다. 그렇다면 석가모니는 꽃을 들면서 무엇을 보여주려 한 것일까요?

　아마 석가모니가 열반의 세계, 이 세상 고(苦)에서 벗어나는 법을 설법하자, 제자들은 어디서 그런 세계를 구현하고 어디에 그런 세계가 있는지에 대한 질문을 하였을 것입니다. 그러자, 석가모니께서 '바로 이 자리, 바로 여기'라는 의미에서 손에 들고 있던 꽃을 들어 올리시지 않으셨나 하고 생각합니다. 성철 스님 열반송의 '一輪吐紅掛碧山(일륜토홍괘벽산)'과 같은 상황인 것입니다. 비슷한 얘기가 기독교의 도마복음[47]에도 나옵니다.

> Lift up the stone, and you will find me there.
> 돌을 들어보라. 그곳에서 나를 발견하리라.

---

47 '도마복음'은 신약성경의 정경에는 포함되지 않지만, 1945년에 이집트 나그함마디에서 발견된 114개의 구절로 구성된 복음서로, 다른 공관복음서와는 달리 예수의 말씀으로 구성이 되어 화두집처럼 풀어가는 재미가 있는 책입니다.

꽃 한 송이와 돌 하나. 석가모니 부처님과 예수님이 다른 예를 들고 있지만, 같은 이야기를 하고 있다고 저는 생각합니다. 주변에 아무 데나 있는 꽃 한 송이를 듦으로써 '피안(彼岸)의 세계'를 보인 것과 마찬가지로, 주변에 아무 데나 있는 돌 하나를 듦으로써 '하느님의 세계'를 보인 것이 아닐까요?

아무튼 이 '희유세존(希有世尊)'에서 수보리의 깨달음과 근기를 이미 알 수 있다고 말한 분들의 견해에 동조한다면, 가섭의 '염화미소(拈華微笑)'만큼이나 수보리도 이미 석가모니와 마음이 통하고 한 경지에 오른 제자라서 앞으로의 대화도 이심전심(以心傳心) 착착 잘 진행될 것이라는 것을 알 수 있습니다.

물론 '희유세존(希有世尊)'에 그다지 큰 의미를 부여하지 않을 수도 있습니다. 과거 인도에서는 스승이나 나이 많은 현자에게 가르침을 청할 때는 먼저 찬탄사를 늘어놓는다고 합니다. 중국의 고전학자 남회근 선생이 평가하듯 장황한 찬탄사를 '希有世尊' 단 4자로 압축한 것은 구마라집의 탁월한 감각이라고 할 수도 있습니다.

如來 善護念諸菩薩 善付囑諸菩薩[48]
여래 선호념제보살 선부촉제보살

"여래(如來)는 여러(諸) 보살(菩薩)을 잘 보살피고(善護念), 잘 부촉합니다(善付囑)."

일반적으로 여래(如來 Tathāgata)는 '이렇게 온 자' 또는 '이렇게 간 자'라는 의미로 완전한 깨달음을 이룬 부처를 의미하며, 부처의

---

48 善 착할 선; 護 도울 호; 念 생각할 념; 諸 모두 제; 付 줄 부; 囑 부탁할 촉

별칭으로도 쓰인다고 하였습니다.

보살(菩薩 Bodhisattva)은 대승불교에서 매우 중요한 위치를 점유하며 깨달음을 추구하면서도 중생을 구제하기 위해 자비심을 실천하는 자를 의미합니다(상구보리 하화중생(上求菩提 下化衆生)). 육바라밀(六波羅蜜), 즉 보시(布施), 지계(持戒), 인욕(忍辱), 정진(精進), 선정(禪定), 지혜(智慧)의 여섯 가지 수행과 실천을 하면서 중생을 제도합니다.

그런데 '如來 善護念諸菩薩 善付囑諸菩薩' 구문에서 '여래'를 석
여래 선호념제보살 선부촉제보살
가모니를 가리키는 것으로 본다면, 수보리가 석가모니 앞에서 '당신은 여러 보살을 잘 보살피고 잘 부촉합니다.'라고 말하는 것이 됩니다. 물론 그렇게 볼 수도 있으나, 다르게 볼 수도 있습니다. 여기서 이신설(二身說), 삼신설(三身說)을 소개하고자 합니다.

석가모니는 인도 어느 지역에서 태어난 역사적 인물입니다. 우리와 똑같이 때가 되면 밥을 먹고, 잠을 자야 하는 시·공간 속에 존재하는 '색신(色身)'을 가지는 인물입니다. 그런데 석가모니가 세상을 떠나고 세월이 흐르면서 사람들은 석가모니를 단순한 역사적 인물로만 보는 것으로 만족하지 못합니다.

석가모니를 다양한 차원에서 보아, 현실 세계에 역사적 인물로 살았던 '색신(色身)' 으로서의 석가모니를 넘어서 석가모니를 진리 그 자체, 영원한 존재로서의 '법신(法身)'으로서의 석가모니로 이해하기 시작합니다. 이를 '이신설(二身說)'이라고 합니다. 석가모니를 '색신(色身)'으로서의 석가모니로도 '법신(法身)'으로서의 석가모니로도 이해한다고 하여 '이신설(二身說)'입니다.

이신설에서 '법신'은 무위법(無爲法) 세계에서의 법, 진리 그 자체이므로 영원하고 형상이 있어서는 안 됩니다. 형상이 있다는 것은 시·공간을 점유한다는 의미인데, 시·공간을 점유하는 유위법(有爲法) 세계에서의 존재가 영원하다고 하면 모든 것이 무상하다는 '제행무상(諸行無常)'의 가르침에 위배되기 때문입니다. 반면에 '색신'은 유위법 세계에서의 존재이므로 영원하면 안 됩니다.

이렇게 석가모니를 색신으로도 보고 법신으로도 보는 '이신설'이 발전한 것이 법신불(法身佛), 보신불(報身佛), 화신불(化身佛)의 '삼신설(三身說)'입니다.

'법신'은 무위법 세계에서의 법, 진리 그 자체이고, 이러한 '법신'이 석가모니처럼 현실 세계에 사람으로 화현한 것이 '화신(化身)'입니다. '화신'을 '응신(應身)'이라고도 합니다. 우리가 일상생활에서도 정말 나쁜 사람을 '악의 화신'이라고 부르는 것을 생각하면, 법신과 화신은 쉽게 이해가 될 것입니다. 법신과 화신의 관계는 법신과 색신의 관계와 다를 바 없습니다. 그런데 '보신(報身)'은 무엇인가요?

'법신'은 세상에 존재하면 안 되고, '화신'은 세상에 존재해야 하기 때문에 현실 세상에 실존하지는 않지만, '법신'을 그대로 구현한 부처인 '보신(報身)'이 필요하게 된 것입니다. 형상으로 표현할 수 없는 '법신'을 서원(誓願)이나 수행의 과보(果報)로 그 지위까지 올라간 부처, 역사적 세계에서는 볼 수 없지만 그 형상은 가지고 있는 부처인 '보신'이 등장한 것입니다. 예를 들어, 수명을 헤아릴 수가 없다고 무량수(無量壽), 빛을 헤아릴 수가 없다고 무량광(無量光)이라고 불리는 '아미타불(阿彌陀佛)'은 법장비구(法藏比丘)가 원력(願力)

과 수행으로 성취된 보신불입니다. 석가모니처럼 인간 역사에 실제로 등장하지는 않았기 때문에 '화신불'은 아니나, 어떠한 형상인지는 알 수 있기 때문에 '법신불'은 또 아닌 '보신불'인 것입니다.

'법신불'은 개념적으로 형상을 가져서는 안 됩니다. 그렇지만 유위법의 세계에 살고 있는 우리들은 개념으로서의 법신불을 형상화하지 않으면 의미를 전달할 수 없으므로 기호화할 필요가 있습니다. 말하자면 실제 형상은 없지만, '이런 형상을 법신불로 부르자'라고 약속화·기호화한 상징이 필요한 것입니다. 절에 가면 왼손을 오른손으로 감싼 듯한 모습의 지권인(智拳印)을 한 '비로자나불(毗盧遮那佛)'이 법신을 형상화한 기호로서의 '법신불'입니다. 원불교에서는 동그라미(一圓相)로 법신불을 기호화·형상화 하였습니다.

금강경은 아직 '삼신설'이 등장하기 전 '이신설'의 시대에 등장한 불경이라고 보면 됩니다. 만일 이 '如來 善護念諸菩薩 善付囑諸菩薩'에서의 여래를 '색신'으로서의 여래가 아니라 '법신'으로서의 여래로 본다면 어떻게 해석될까요?

여기서 여래를 '색신' 즉 역사적 석가모니로 해석하면, '석가모니 세존이시여, 당신은 보살을 보살피고 잘 부촉합니다.'로 해석됩니다. 그렇지만 '법신'으로서의 여래로 본다면, '석가모니 세존이시여, 우주적 질서, 진리의 본체는 보살을 잘 보살피고, 잘 부촉합니다.'라고 해석됩니다.

제 생각으로는 이 문장에서의 여래는 '법신'으로 보는 것이 좀 더 자연스럽습니다. 그래야 뒤따르는 석가모니 부처님의 말도 자연스럽습니다.

'如來善護念諸菩薩 善付囑諸菩薩'이라는 수보리의 말에 석가모
니 부처님은 '善哉善哉 須菩提 如汝所說 如來善護念諸菩薩 善付
囑諸菩薩 (훌륭하고 훌륭하다. 네가 말한 바와 같이 여래는 보살을
잘 호념하고 잘 부촉한다.)'라고 대답합니다. 그런데 이 문장을 여래
가 '색신'을 말하는 것으로 해석하면, '훌륭하고 훌륭하다. 네가 말한
바와 같이 '나'는 보살을 잘 호념하고 잘 부촉한다.'라고 해석되어 뭔
가 어색합니다. 여래를 '법신'으로 보아서 '훌륭하고 훌륭하다. 네가
말한 바와 같이 '진리의 본체인 법신불'은 보살을 잘 호념하고 잘 부
촉한다.'라고 해석해야 '보살의 방향이 진리의 방향과 부합하기 때
문에, 보살은 우주법계로부터 보살핌을 받는다.'라고 해석되어 자연
스럽기 때문입니다.

'善護念諸菩薩 善付囑諸菩薩'의 '선(善)'은 '잘 한다'라는 의미이
지 '악(惡)'의 상대개념으로서의 '善'이 아닙니다. 동양고전에는 善의
상대개념은 '불선(不善)'이지 惡인 경우는 드뭅니다. '호념(護念)'은
마음에 두고 염려하여 보호하고 지켜주는 것을 말하고, '부촉(付囑)'
은 맡기어 부탁하고 격려한다는 의미입니다. 여래는 여래의 도(道)
를 실천하는 보살을 잘 보살피고, 우주법계의 진리를 보살이 현상세
계에 구현하고 실천하는 것을 맡기고 조장한다는 의미입니다.

世尊 善男子善女人 發阿耨多羅三藐三菩提心 應云何住 云何降伏其心[49]

---

49 男 사내 남; 子 아들 자; 女 여자 녀; 人 사람 인; 發 필 발; 心 마음 심; 應 응할 응; 云 이를 운; 何 어찌 하; 住 머무를 주; 降 내릴 항; 伏 엎드릴 복

수보리가 석가모니에게 말합니다. "세존이시여. 선남자선여인이 아누다라삼먁삼보리심을 내면 어디에 머물고, 그 마음을 어떻게 항복 받아야 합니까?"

여기서 금강경을 관통하는 두 가지 질문이 등장합니다. ①응운하주(應云何住, 어디에 머무르고), ②운하항복기심(云何降伏其心, 그 마음을 어떻게 항복 받아야 합니까). 차근차근 살펴보기로 합니다.

善男子善女人
선 남 자 선 여 인

흔히 불법에 귀의한 남녀를 '선남선녀(善男善女)'라 합니다. 이 표현은 불경에서 자주 등장합니다. 통상적 의미대로 불법을 믿고 실천하는 사람 정도로 해석해도 무방하고, 그냥 중생이라고 해도 상관이 없을 듯합니다.

發阿耨多羅三藐三菩提心
발 아 누 라 다 삼 먁 삼 보 리 심

아누다라삼먁삼보리(阿耨多羅三藐三菩提)의 앞뒤로 '발(發)'과 '심(心)'이 붙어 있어서 '아누다라삼먁삼보리'의 마음(心)을 발(發)하다로 해석됩니다. 그렇다면 '아누다라삼먁삼보리'은 무엇인가요?

'아누다라삼먁삼보리'는 반야심경을 비롯하여 많은 불경에 등장합니다. 음차한 말이라 '아누다라삼먁삼보리'라고 읽기도 하고, '아뇩다라삼먁삼보리'라고 읽기도 하나, 표준금강경을 따라 '아누다라삼먁삼보리'로 읽겠습니다.

아누다라(阿耨多羅, Anuttara)는 무상(無上)을 의미하여 더 이상

위가 없다는 의미이고, 삼먁(三藐, Samyak)은 정등(正等), 완전하고 올바른 것을 뜻하며, 삼보리(三菩提, Saṃbodhi)는 '정각(正覺)', 올바른 깨달음을 의미합니다. 그러니 '아누다라삼먁삼보리'는 '무상정등정각(無上正等正覺)'의 의미로 위없고 완전하며 올바른 깨달음을 의미합니다.

'아누다라삼먁삼보리심'은 아누다라삼먁삼보리에 '마음 심(心)'이 붙었으니, 이러한 무상정등정각(無上正等正覺)을 추구하는 마음으로 해석하면 될 것입니다.

그렇다면 '아누다라삼먁삼보리심'을 발(發)한 선남선녀는 누구인가요? 바로 '보살'입니다. 대승경전은 보살의 길에 대한 경전이라고 말씀드렸습니다. 평범한 선남선녀가 아누다라삼먁삼보리심을 내면 이제 '보살의 길'에 들어선 것입니다. 수보리는 이렇게 보살의 길에 들어선 사람은 어떤 마음가짐이어야 하는지 묻고 있고, 이에 대한 부처님의 답이 금강경의 핵심 내용을 이룹니다.

應云何住
응 운 하 주

'응(應)'은 '마땅히', '운하(云何)'는 '어떻게', '주(住)'는 '머물다'이니, '마땅히 어디에 머물러야 합니까?'라는 질문입니다. 여기서 머물다(住)는 '어디에 살아야 하느냐?'라는 질문이 아니라 '마음을 어디에 두어야 하느냐?'라는 의미입니다.

云何降伏其心
운 하 항 복 기 심

'어떻게 그 마음을 항복 받아야 합니까?'

여기서 '그 마음(其心)'이라는 것이 무엇일까요? 항복 받아야 할 마음이니 좋은 마음은 아닐 것이 분명합니다. 산스크리트어본은 '마음의 상태를 어떻게 유지해야 합니까?'라고 질문을 했지만, 구마라집은 '그 마음을 어떻게 항복 받아야 합니까(降伏其心)?'라고 현실적으로 썼습니다. '그 마음'은 욕망과 욕정 같은, 보살심과는 반대편에 있는 마음일 것입니다.

구마라집 평전을 읽다 보면 재미있는 부분이 나옵니다. 사실인지 아닌지 모르겠으나, 구마라집이 욕정을 이기지 못하자 요흥(姚興)이 이를 알아차리고, 궁녀와 동침할 기회를 주고 이로 인해 그 궁녀가 쌍둥이를 낳았다는 부분입니다. 그 후 요흥이 궁녀 10명을 내려준 것은 구마라집이 원하지 않았을 수도 있으나, 구마라집도 욕망의 처리 문제로 고민한 것은 분명한 것 같습니다. 국사(國師)가 되든 대강백(大講伯)으로 대우를 받든, 이 욕정과 욕망은 항복시켜야 할 고민의 물건인 것입니다.

구마라집은 이유야 어찌 되었든 계율에 철저하였던 사람은 아니었습니다. 여광(呂光)의 반포로(半捕虜) 생활을 하면서 여자와 동침을 한 경험도 있고, 요흥이 내려준 궁녀 10명을 거느리며 생활하기도 하였습니다. 당연히 주위에서 이러쿵저러쿵 말도 많이 들었을 것이고, 해서 설법을 할 때면 '나를 보지 말고 내가 설하는 법을 보라.'고 하였던 것입니다. 구마라집도 이러한 욕망의 처리가 힘들었는데, 보살의 길에 들어선 선남선녀는 어떻게 이 마음을 처리해야 하는지가 현실적인 숙제인 것입니다.

모든 세속적 욕망과 욕구가 사라진 상태를 '열반(涅槃)'이라 할 수 있습니다. 그런데, 사실 완전한 열반, 모든 번뇌가 끊기고 육신까지 멸(滅)하여 얻어진 평온의 경지인 무여열반(無餘涅槃)은 죽지 않고는 가능하지 않습니다. 살아서는 아무리 득도를 하든 뭘 하든 간에 살아있음으로 해서 당연히 수반되는 숙제에서는 자유로울 수 없습니다. 숨 쉬어야 하고, 먹어야 하고, 자야 하기 때문입니다. 죽어서야 얻는 경지라면 살아있는 사람에게 아무런 의미가 없는 가르침일 뿐입니다. 살아서 '구경각(究竟覺)'을 체험하든 '일원상(一圓相)'을 보든, 피가 돌고 기운이 도는 이상 생명체가 가지는 욕망과 감정을 끊을 수 없고, 그걸 해결하는 것이 생명체의 숙제이기 때문입니다. 이 '降伏其心(항복기심)'의 표현은 구마라집의 솔직한 고백일 수 있습니다. 보살의 길에 들더라도 욕망은 올라온다는 것입니다. 욕망과 욕구는 생명체가 살아있는 동안 당연히 올라오게 마련이기 때문에 그 마음의 처리가 숙제라는 것입니다.

결론적으로 '世尊 善男子善女人 發阿耨多羅三藐三菩提心 應云何住 云何降伏其心'의 문장은 '보살의 길에 들어서면 어떤 마음가짐으로 살아야 하나요?' 하고 보살의 길을 묻는 질문으로 볼 수 있습니다.

2-2 佛言 善哉善哉 須菩提 如汝所說 如來善護念諸菩薩 善付囑諸菩薩 汝今諦聽 當爲汝說 善男子善女人 發阿耨多羅三藐三菩提心 應如是住 如是降伏其心 唯然世尊 願樂欲聞
불언 선재선재 수보리 여여소설 여래선호념제보살 선부촉제보살 여금제청 당위여설 선남자선여인 발아누다라삼먁삼보리심 응여시주 여시항복기심 유연세존 원요욕문

佛言 善哉善哉 須菩提
불언 선재선재 수보리

수보리의 질문에 부처님께서 칭찬하며 말씀하십니다. "훌륭하고, 훌륭하도다(善哉善哉) 수보리여(須菩提)."

'선재(善哉)'에서 '哉'는 감탄사입니다.

如汝所說 如來善護念諸菩薩 善付囑諸菩薩[50]
여여소설 여래선호념제보살 선부촉제보살

"네가 말한 바와 같이(如汝所說) 여래(如來)는 여러 보살을 잘 호념하고(善護念諸菩薩), 잘 부촉한다(善付囑諸菩薩)."

'如汝所說'에서 '如'는 '~같이'라는 의미이고 '汝'는 '너 여' 자입니다. '所'는 '~바', '說'은 '말한다'는 의미이니, 조합하면 '네가 말한 바와 같이'가 됩니다.

汝今諦聽 當爲汝說[51]
여금제청 당위여설

"너(汝)는 이제(今) 잘(諦) 들어라(聽). 마땅히(當) 너를 위해(爲汝) 설하겠다(說)."

善男子善女人 發阿耨多羅三藐三菩提心 應如是住 如是降伏其心
선남자선여인 발아누다라삼먁삼보리심 응여시주 여시항복 기심

"선남자선여인이 아누다라삼먁삼보리심을 내면, 응당 이와 같이

---

50 汝 너 여; 所 바 소; 說 말씀 설
51 今 이제 금; 諦 살필 제; 聽 들을 청; 當 마땅 당; 爲 할 위

머물고, 이와 같이 그 마음을 항복 받아야 한다."라고 수보리의 질문에 부처님이 설법을 예고합니다.

唯然世尊 願樂欲聞[52]
유연세존 원요욕문
"네. 세존이시여. 즐거이 듣고자 합니다."

'유(唯)'는 윗사람에게 긍정의 의미로 공손하게 대답하는 것이고, '연(然)'은 한문의 허사로 문장의 술어로서 '~하다'로 풀이하며 보통 단정문(斷定文)을 이끕니다. 논어 미자(論語 微子) 편에 '夫子憮然(부자무연, 선생님은 서글펐다.)' 등에서 예를 찾아볼 수 있습니다. '유연(唯然)'은 공손하게 긍정의 의미를 표하는 태도를 의미합니다. '원요욕문(願樂欲聞)'은 '즐거이 듣고자 합니다.' 정도로 해석됩니다.

3-0 佛告須菩提 諸菩薩摩訶薩 應如是降伏其心 所有一切衆
불고수보리 제보살마하살 응여시항복기심 소유일체중
生之類 若卵生 若胎生 若濕生 若化生 若有色 若無色 若有想 若
생지류 약난생 약태생 약습생 약화생 약유색 약무색 약유상 약
無想 若非有想非無想 我皆令入無餘涅槃而滅度之 如是滅度無
무상 약비유상비무상 아개영입무여열반이멸도지 여시멸도무
量無數無邊衆生 實無衆生得滅度者 何以故 須菩提 若菩薩 有
량무수무변중생 실무중생득멸도자 하이고 수보리 약보살 유
我相人相衆生相壽者相 卽非菩薩
아상인상중생상수자상 즉비보살

소명태자 분류에서 제3분 대승정종분(大乘正宗分) 부분입니다. 제목에서 알 수 있듯이 본격적으로 금강경의 가르침이 시작됩니다.

---

52 唯 오직 유; 然 그러할 연; 願 원할 원; 樂 즐길 락/요; 欲 하고자 할 욕

佛告須菩提
불 고 수 보 리
'부처님께서 수보리에게 말씀하셨습니다.'

諸菩薩摩訶薩
제 보 살 마 하 살
'마하살'이라는 말이 처음 등장했습니다. '보살마하살(菩薩摩訶薩)'은 '보살'과 '마하살' 두 단어가 결합된 표현으로, 보살은 앞서 설명하였고, '마하살'은 산스크리트어 '마하사트바(Mahāsattva)'에서 유래하여 위대하다는 의미입니다. 즉 '보살마하살'은 일반 보살보다 더 높은 경지에 오른 위대한 보살을 가리킵니다.

應如是降伏其心
응 여 시 항 복 기 심
'마땅히 이와 같이 그 마음을 항복 받아야 한다.'

수보리가 1) 應云何住. 2) 云何降伏其心의 순서로 물었는데, '應
         응 운 하 주   운 하 항 복 기 심   응
如是降伏其心'이라고 두 번째 질문에 대한 답을 먼저 하는 것처럼
여 시 항 복 기 심
보입니다.

所有一切衆生之類 若卵生 若胎生 若濕生 若化生 若有色 若
소 유 일 체 중 생 지 류 약 난 생 약 태 생 약 습 생 약 화 생 약 유 색 약
無色 若有想 若無想 若非有想非無想[53]
무 색 약 유 상 약 무 상 약 비 유 상 비 무 상

---

53 切 온통 체; 之 갈 지; 類 무리 류; 若 같을 약; 卵 알 란; 胎 아이 밸 태; 濕 젖을 습; 化 될 화; 色 빛 색; 想 생각 상; 非 아닐 비

세상에 존재하는 모든 일체의 중생의 종류(所有一切 衆生之類)
                                        소유일체 중생지류
를 나열합니다. 여기서 중생은 단순히 사람만 의미하는 것이 아닌
모든 생명체, 눈에 보이지 않는 모든 존재까지도 포괄하는 개념입
니다.

먼저 태어나는 모습에 따라 '若卵生 若胎生 若濕生 若化生'을 구
                           약 난 생 약 태 생 약 습 생 약 화 생
분합니다. 일체 중생을 나열할 때 사람부터 나열한 생각이었으면,
'약태생(若胎生)'부터 시작해야 할 것인데 '약난생(若卵生)'이라고
하여 알에서 태어나는 존재부터 나열하기 시작합니다. 卵生(난생)
은 알에서 태어나는 조류, 파충류, 어류, 곤충 등을 의미하고, 胎生
(태생)은 모체의 자궁에서 태어나는 생명체를 의미합니다. 濕生(습
생)은 습기에서 태어나는 곰팡이 같은 균류를 의미하는 것이고, 化
生(화생)은 천상이나 지옥에 태어나는 것을 의미합니다. 소위 천상,
인간, 아수라, 축생, 아귀, 지옥의 육도윤회(六道輪回)의 모든 생명
체를 포함합니다.

'육도윤회(六道輪回)'는 불교적 세계관에서 생명체가 태어나고
죽음을 반복하며 여섯 가지 다른 존재 상태를 순환하는 과정을 말합
니다. 이 여섯 가지 상태에는 ① 가장 고통스러운 지옥도(地獄道),
② 끊임없는 굶주림에 시달리는 아귀도(餓鬼道), ③ 동물로 살아가
는 축생도(畜生道), ④ 전쟁과 다툼이 끊이지 않는 아수라도(阿修羅
道), ⑤ 인간세계인 인간도(人間道), ⑥ 상대적으로 행복하고 고통
이 적은 천상계인 천도(天道)가 있습니다.

천도(天道)에 태어나면 오랫동안 즐거움을 누리지만 결국은 선

업(善業)이 다할 수밖에 없고, 선업이 다하면 다른 세상으로 떨어져 고통을 받게 됩니다. 그래서 정토종(淨土宗)은 육도윤회로부터 벗어난 '극락(極樂)'에 왕생하는 것을 목표로 하게 됩니다. '극락'과 '천국'을 같은 개념으로 착각하는 분도 있는데, 천국은 육도윤회 안에 있는 세상이고, 극락은 이 육도윤회에서 벗어난 세상입니다. 정토종은 이 극락이 아미타불에 의해서 다스려지고, '나무아미타불(南無阿彌陀佛, 아미타불에 귀의합니다.)' 염불을 열심히 하면, 극락에 왕생할 수 있고, 일단 극락에 왕생하면 아미타불의 도움으로 육도윤회에서 벗어나 성불한다고 가르치고 있습니다.

불가(佛家)에서는 인간으로 태어나기가 바다에 사는 눈먼 거북이가 백 년에 한 번 숨을 쉬기 위해 물 위로 나와 나무판자를 우연히 만나기만큼 어렵다는 의미로 '맹구우목(盲龜遇木)'이라는 말이 있습니다. 인간의 몸을 받기가 얼마나 어려운지를 설명하는 것입니다. 경허 스님도 참선곡에서 '저지옥과 저축생의 나의 신세 참혹하다 백천만겁 차타하여 다시 인신(人身) 망연하다.'고 하여 사람으로 태어나기 힘드니, 사람으로 태어났을 때 열심히 공부하라고 하였습니다.

두 번째 일체중생에 대한 분류는 '若有色 若無色'의 분류입니다. 有色(유색)이 동물, 식물같이 형태를 가진 생명체를 의미한다면, 無色(무색)은 이러한 형태가 없는 귀신같은 영적 존재를 의미합니다.

세 번째 분류는 '若有想 若無想 若非有想非無想'의 분류입니다. 생각을 할 수 있든(有想), 할 수 없든(無想), 생각을 하는 것도 아니고 안 하는 것도 아니든(非有想非無想) 이라는 의미입니다.

여기서 '약(若)'은 '만약 ~라도'라는 의미이니, '중생이 난생이든

태생이든 습생이든 화생이든 가리지 않고, 또한 중생이 유색이든 무색이든 가리지 않고, 또는 유상이든 무상이든 비유상비무상이든지 가리지 않고'라는 의미입니다. 보살은 구제할 중생의 대상으로 사람만 생각하는 것이 아니라, 세상에 존재할 수 있는 모든 존재를 대상으로 해야 한다는 의미로 볼 수 있습니다.

청담(靑潭, 1902~1971) 스님이 대학교 불교학생회를 지도할 때의 이야기입니다. 학생들이 학교에서 스님을 모시고 법문을 청하였는데, 참가한 학생이 매우 적었습니다. 그래서 학생회 지도교수가 스님에게 미안해서 "이렇게 사람이 적어서 죄송합니다."라고 하니, 스님은 "저는 사람이 아니라 일체 만물을 위해서 법문을 합니다."라고 답하셨다 합니다.

我皆令入無餘涅槃而滅度之 如是滅度無量無數無邊衆生 實無衆生得滅度者[54]
아 개 영 입 무 여 열 반 이 멸 도 지　여 시 멸 도 무 량 무 수 무 변 중 생　실 무 중 생 득 멸 도 자

"내가 위에서 말한 모든 중생을 무여열반에 들게 하여 멸도를 시키되, 이와 같이 무량무수무변한 중생을 멸도하였어도 실제로 멸도를 얻은 중생은 없다."

무슨 의미인가요? 보살이 중생을 열반에 들게 해도 중생은 실제로 해탈을 얻지 못한다는 의미인가요? 아니면, 보살은 중생이 열반에 들게 하도록 노력하되 득멸한 사람이 결국 아무도 없다는 마음가

54　皆 다 개; 令 하여금 령; 入 들 입; 滅 꺼질 멸; 度 건널 도; 量 헤아릴 량; 數 셈 수; 邊 가 변

짐으로 하라는 의미인가요? 그 답은 아래 '何以故(하이고)'에서 찾을 수 있습니다. '何以故'는 '왜냐하면'이라는 뜻이기 때문입니다.

'我皆令入無餘涅槃'에서 '영(令)'은 영어에서 사역동사(make, have 등)와 같이 '~하여금 ~하게 하다'로 해석됩니다. '유여열반(有餘涅槃)'은 남음이 있는 열반이란 의미이고, '무여열반(無餘涅槃)'은 '남음이 없는 열반'이라는 뜻입니다. 이때 '남음'이 무엇인가에 대하여 해석이 분분하지만, 일반적으로 유여열반은 육체를 지니면서도 번뇌를 끊었을 경우를 의미하고, 무여열반은 육체까지도 소멸했을 경우를 의미한다고 이해됩니다.

何以故 須菩提
하 이 고 수 보 리
"무슨 연유에서 그러하냐? 수보리야."

'하이고(何以故)'를 '무슨 이유에서 그러하냐?'라고 의문문으로 해석해도 되고, '왜냐하면'이라고 접속사처럼 해석해도 무방할 것입니다.

若菩薩 有我相人相衆生相壽者相 卽非菩薩
약 보 살 유 아 상 인 상 중 생 상 수 자 상 즉 비 보 살
"보살이 아상·인상·중생상·수자상이 있으면 보살이 아니기 때문이다."

이 문장은 금강경 전체에서 매우 중요한 문장입니다.

일단 '아상·인상·중생상·수자상(我相·人相·衆生相·壽者相)'이 무

엇인지 살펴봅니다. 이 我相·人相·衆生相·壽者相이 각각 무엇을 의미하는지에 대해서는 의견이 분분하지만, 사실 이것이 무엇을 의미하는지는 크게 중요하지 않습니다. 금강경의 가르침은 '보살이라면 마땅히 이 我相·人相·衆生相·壽者相을 가지지 마라.'는 것인데, 가지지도 않을 것을 놓고, 무엇인지 논쟁하는 것은 의미 없는 소모적 논쟁이고, '견지망월(見指忘月, 달을 보라고 손가락으로 가리켰더니 달은 보지 않고 손가락만 본다.)'하는 격이 될 것이기 때문입니다. 我相·人相·衆生相·壽者相이 무엇인가를 엄밀히 따지는 과정에서 오히려 또 하나의 相이 생길 뿐입니다.

다만, 구문의 구조상 나(我), 사람(人). 생명체(衆生), 유한한 것(壽者)으로 점차 커진다는 것은 알 수 있습니다. 아상(我相)은 나와 남을 구분하는 것, 인상(人相)은 사람과 다른 존재를 구분하는 것, 중생상(衆生相)은 생명이 있는 것과 없는 것을 구분하는 것, 수자상(壽者相)은 수명이 있어 유한한 존재와 무한한 존재와의 구분하는 것 정도의 의미로 이해하면 될 것입니다.

제가 처음 금강경을 읽었을 때, '아상(我相)은 내가 다른 사람에 대해서 특별한가, 인상(人相)은 사람은 동물과 달리 특별한가, 중생상(衆生相)은 동물과 식물은 다르게 봐야 하나, 수자상(壽者相)은 수명 있는 것과 없는 것은 뭐가 다른가?' 이런 식으로 막연히 이해하고 넘어갔던 기억이 납니다.

我相·人相·衆生相·壽者相은 따로따로 하나씩 이해하기보다는 전체적으로 '나'라고 하는 인식의 주체에서 나오는 주관적인 다양한 相의 점층적 예시라고 보면 될 것입니다. 정종분 제4절(소명태자 구분으로는 제14분)에서 말하듯 '我相卽是非相 人相衆生相壽者相卽是非相(아상도 상이 아니고, 인상·중생상·수자상도 상이 아니다)'이기 때문에 억지로 개념적 구분을 할 필요는 없을 것입니다.

我相이 무엇인가, 人相이 무엇인가, 衆生相은 무엇인가, 壽者相은 무엇인가, 이렇게 각 相의 각 구체적 의미를 밝히는 것보다 훨씬 중요한 것은 ① '若菩薩 有我相人相衆生相壽者相 卽非菩薩' 문장의 구조와 ② 무슨 이유로(何以故) '무여열반으로 중생을 보냈는데 멸도한 중생이 없다.'고 설명했는지를 밝히는 것입니다.

먼저 '若菩薩 有我相人相衆生相壽者相 卽非菩薩' 문장의 구조를 살펴봅니다.

이 문장은 '보살이 아상·인상·중생상·수자상을 가지고 있으면(菩薩有我相人相衆生相壽者相) 보살이 아니다(非菩薩).'라는 명제입니다. 이를 논리학적으로 살펴보겠습니다.

논리적 추론과 증명에서 개념으로 역(逆, Converse), 이(裏, Inverse), 대우(對偶, Contrapositive)가 있습니다. 예를 들어 'p이면 q이다.'라는 명제가 있다고 하면, 역, 이, 대우는 다음과 같습니다.

	기호	문장	예시 문장
명제	p→q	p이면 q이다.	사과이면 과일이다.
역	q→p	q이면 p이다.	과일이면 사과이다.

이	~p→~q	p가 아니면, q가 아니다.	사과가 아니면, 과일이 아니다.
대우	~q→~p	q가 아니면, p가 아니다.	과일이 아니면, 사과가 아니다.

그런데 여기서 중요한 사실은 '명제'와 그 '대우'는 참과 거짓이 항상 일치한다는 것입니다. 위 명제에서 '사과이면 과일이다.'라는 명제가 참이면, '과일이 아니면 사과가 아니다.'라는 명제도 참인 것이고, '사과이면 과일이다.'라는 명제가 거짓이면, '과일이 아니면 사과가 아니다.'라는 명제도 거짓인 것입니다.

따라서 그 명제가 참인지 거짓인지 구분하기 힘들면 그 명제의 대우가 참인지 거짓인지 살펴보면 됩니다. 예를 들어, '아프니까 청춘이다.'라는 명제가 참인지 거짓인지 대답하기 애매하면 대우를 만들어 보면 됩니다. 이 명제의 대우는 '청춘이 아니면 아프지 않다.'가 되고, 당연히 청춘이 아니어도 아프므로 거짓이 됩니다. 대우명제가 거짓이니 원래 명제인 '아프니까 청춘이다.'도 거짓인 것입니다.

다시 '若菩薩 有我相人相衆生相壽者相 卽非菩薩'을 살펴보면, 이 문장은 '아상·인상·중생상·수자상을 가지고 있으면(有我相人相衆生相壽者相)면 보살이 아니다(非菩薩)'라는 명제입니다. 이 명제의 대우는 '보살이면 아상·인상·중생상·수자상을 가지고 있지 않다.'입니다. 표로 정리하면,

	기호	문장
명제	p→~q	아상·인상·중생상·수자상을 가지고 있으면, 보살이 아니다.
대우	q→~p	보살이면 아상·인상·중생상·수자상을 가지고 있지 않다.

즉, '보살이 아상·인상·중생상·수자상을 가지고 있으면(菩薩有我相人相衆生相壽者相) 보살이 아니다(非菩薩).'라는 말이 진실된 말이면, '보살이면 我相人相衆生相壽者相을 가지고 있지 않다.'도 진실된 말이 됩니다.

어렵게 돌아왔지만, 결론적으로 금강경이 여기서 하고 싶은 말은 '보살이면 아상·인상·중생상·수자상을 가지고 있지 않다.'는 것입니다.

그럼 이제 두 번째 문제, '무여열반으로 중생을 보냈는데 멸도한 중생이 없다.'라고 말한 이유(何以故)에 대해서 생각해 보겠습니다. 그 이유는 분명해집니다. 그 이유는 위 논의의 결론상 보살이면 아상·인상·중생상·수자상을 가지고 있지 않기 때문입니다. 한 문장으로 연결하면, '보살은 相이 없기 때문에 모든 중생을 무여열반에 들게 하지만 실제로 멸도를 얻은 중생은 없다.'라는 것입니다.

이게 무슨 말인가요? 쉽게 말하면, 위 문장은 '보살이 중생을 구제했는데 실제로 구제된 중생은 없다.'라는 사실적 진술이 아니라 '보살은 중생을 구제하려고 노력을 하되 중생 구제라는 相에 머물지 말고 중생을 구제하라.'는 행위론적 마음가짐을 이야기하는 것입니다.

금강경의 메시지는 곧 반야부 경전의 메시지이고, 반야부 경전의 메시지는 반야심경에 압축되어 있습니다. 반야의 핵심(核心)이라는 의미에서 반야심경(般若心經)이기 때문입니다. 반야심경의 유명한 구절인 '색즉시공 공즉시색(色卽是空 空卽是色)'은 반야경의 핵심을 잘 보여줍니다. 거칠게 풀이하자면 '色이 곧 空이고, 空이 곧 色이다'라는 의미입니다.

보살이 相이 없으면, 우리가 사는 예토(穢土)가 곧 정토(淨土)이고 가야 할 세상인 정토(淨土)가 곧 예토(穢土)가 되고, 차안(此岸)이 피안(彼岸)이고 피안(彼岸)이 곧 차안(此岸)이 됩니다. 벗어나야 할 세상도 따로 없고, 도달해야 할 세상도 따로 없기 때문에 여기서 저기로 옮긴 중생도 따로 없는 것입니다. 즉, 보살이 相이 없으면 여기가 열반이고 열반이 곧 여기이기 때문에 중생이 열반으로 건너가도 건너간 자리가 바로 여기가 되는 것입니다.

성철 스님이 열반송에서 '一輪吐紅掛碧山(일륜토홍괘벽산)'이라고 한 것처럼 푸른산(碧山)은 一輪이 만든 것이고, 一輪은 푸른산(碧山)을 통해서 드러납니다. 그래서 '색즉시공 공즉시색(色卽是空 空卽是色)'입니다. 열반이라는 무위법의 세계로 가더라도 그 열반의 세계는 현상계를 통해서 드러날 수밖에 없습니다. 결국 열반이 따로 있다는 相을 가지지 말고, 중생을 제도한다는 相도 가지지 말고 중생을 제도하라는 의미입니다.

그런데 진하게 표시한 부분을 주의해서 다시 한번 3-0문장 전체를 보시기 바랍니다.

3-0 佛告須菩提 **諸菩薩摩訶薩 應如是降伏其心** 所有一切衆
　　불 고 수 보 리 　제 보 살 마 하 살 　응 여 시 항 복 기 심 　소 유 일 체 중
生之類 若卵生 若胎生 若濕生 若化生 若有色 若無色 若有想 若
생 지 류 　약 난 생 　약 태 생 　약 습 생 　약 화 생 　약 유 색 　약 무 색 　약 유 상 　약

無想 若非有想非無想 我皆令入無餘涅槃而滅度之 如是滅度無
무상 약비유상비무상 아개영입무여열반이멸도지 여시멸도무
量無數無邊衆生 實無衆生得滅度者 何以故 須菩提 若菩薩 有
량무수무변중생 실무중생득멸도자 하이고 수보리 약보살 유
我相人相衆生相壽者相 卽非菩薩
아상인상중생상수자상 즉비보살

 문장 후반부의 '我皆令入無餘涅槃而滅度之 如是滅度無量無數
         아개영입무여열반이멸도지 여시멸도무량무수
無邊衆生 實無衆生得滅度者'의 구절은 '應如是降伏其心'에 대한
무변중생 실무중생득멸도자   응여시항복기심
설명으로 보이기 때문에, 이 구절은 수보리의 두 가지 질문 1) 應云
                          응운
何住(어디에 마음을 둘 것인가?) 2) 云何降伏其心(어떻게 그 마음을
하주   운하항복기심
항복 받을 것인가?)중, 두 번째 질문에 대한 답으로 보입니다.

 그렇다면 부처님은 두 번째 질문 '云何降伏其心'에 대한 답만 하
               운하항복기심
고, 첫 번째 질문 '應云何住'에 대한 답은 안 한 것인가요? 그렇지 않
       응운하주
습니다. 첫 번째 질문에 대한 답도 함께 한 것입니다.

 '어떻게 그 마음을 항복 받을 것인가?'라는 두 번째 질문에 대한 답이 '보살은 사람에게만 범위를 한정하지 말고, 모든 중생을 구제함으로써 그 마음을 항복 받아라.'라면, '어디에 마음을 둘 것인가?'라는 첫 번째 질문에 대한 답은 '중생을 구한다는 相을 두지 마라.'는 것입니다. 두 번째 질문에 답하는 형식을 취하지만, 두 질문 모두에 대한 답을 하는 것입니다. 질문은 두 개이지만, 각각 따로 대답한다든지, 하나만 대답하면 그 뜻에 어긋나기에 하나로 대답할 수밖에 없습니다.

 일반적으로 금강경은 '공(空)'에 대한 경전이면서 '空'이 등장하지 않는 특이한 경전이라고 합니다. 그렇지만 이렇게만 금강경을 평가하는 것은 반쪽만 보는 것이라 생각합니다. 금강경은 공(空)에만 한

정된 경전이 아니라, '색(色)'으로 대표되는 '색수상행식(色受想行識)'의 '오온(五蘊)'과 '공(空)' 양쪽을 모두 아우르는 경전입니다. 1) 應云何住 (어디에 마음을 둘 것인가?)의 답이 '空'으로 밖에 할 수 없다면, 2) 云何降伏其心(어떻게 그 마음을 항복 받을 것인가?)의 답은 '色(五蘊)'으로 밖에 할 수 없습니다. 그리고 그 답은 따로 할 수 있는 것이 아니라, 반드시 한 번에 해야 합니다. 두 개를 분리할 수 없기 때문입니다.

금강경에서 가장 유명한 구절 중의 하나인 제2절의 '應無所住 而生其心(마땅히 머무르는 바 없이, 그 마음을 내어야 한다.)'도 앞부분 '應無所住'가 空이라면 뒷부분 '生其心'은 色(五蘊)에 해당되고, 어느 한 부분만으로 답하면 어긋난 답이 되고 맙니다.

구마라집 한역본은 두 개의 질문으로 되어 있지만, 다른 한역본에는 한 개의 질문이 더 추가되어 있기도 합니다. 다른 한역본에는 1) 마음을 어떻게 머무르게(住) 하고, 2) 어떻게 닦아야(修) 하며, 3) 어떻게 항복시켜야(降) 하는가의 세 가지 질문으로 되어 있는 경우도 있습니다. 구마라집은 어떻게 닦아야 하는가(修)의 문제를 생략하였는데, 구마라집은 닦음(修)과 그 마음 항복(降)의 문제는 같은 선상에서 해결할 수 있다고 보았기 때문이라 생각합니다. 앞서 번역은 하나의 창작으로 번역자의 생각을 살펴볼 수 있다고 했는데, 구마라집은 이렇게 생각하였을 것이라 추측합니다.

4-0 復次 須菩提 菩薩於法 應無所住 行於布施 所謂不住色布施 不住聲香味觸法布施 須菩提 菩薩應如是布施 不住於相 何

以故 若菩薩不住相布施 其福德不可思量 須菩提 於意云何 東
이고 약보살부주상보시 기복덕불가사량 수보리 어의운하 동
方虛空 可思量不 不也世尊 須菩提 南西北方 四維上下虛空 可
방허공 가사량부 불야세존 수보리 남서북방 사유상하허공 가
思量不 不也世尊 須菩提 菩薩 無住相布施福德 亦不如是 不可
사량부 불야세존 수보리 보살 무주상보시복덕 역부여시 불가
思量 須菩提 菩薩但應如所教住
사량 수보리 보살단응여소교주

　소명태자 분류의 제4분 '묘행무주분(妙行無住分)' 부분입니다. 소명태자는 이 제4분의 제목을 '묘행무주분(妙行無住分)'이라 하여 묘행(妙行), 교묘할 '묘(妙)'를 썼습니다. 왜 드물다는 의미의 '묘(妙)'를 사용하였을까요? 말이 쉽지, 대가를 바라지 않고 보시를 하는 것은 일상적인 모습이 아니고 평범한 선남선녀가 도달하기 어려운 경지입니다. 보살이 되어야 머무르지 않는(無住) 실천(行)을 할 수 있으므로 묘행무주(妙行無住)라고 제목을 붙인 것입니다.

復次[55]
부 차

　우리말로는 '또한'으로 해석하여 가벼운 접속사 정도로 생각할 수 있지만, 금강경에서는 '이시(爾時)'와 마찬가지로 단락을 구분하는 중요한 역할을 합니다. 한마디로 '부차(復次)'가 있으면 내용이 앞뒤로 연결되기 때문에 단락을 구분하면 안 됩니다. 반면에 '이시(爾時)'는 새로운 주제를 들어가면서 환기시키는 역할을 하기 때문에 앞뒤 내용을 잘 살펴보아야 합니다.

　소명태자는 '復次' 앞뒤로 제3분과 제4분을 분리하였는데, 분리하면 안 되고 제3분과 제4분은 한 호흡으로 가야 합니다. 왜냐하면,

---
55　復 다시 부

제4분도 수보리의 두 가지 질문 1) 應云何住(어디에 마음을 둘 것인가?) 2) 云何降伏其心(어떻게 그 마음을 항복 받을 것인가?) 에 대한 대답으로 첫 번째 질문 '應云何住'에 대한 대답인 것처럼 보이지만, 두 가지 질문에 대한 답을 한 번에 하고 있기 때문입니다. 즉 제3분과 제4분은 수보리의 질문에 대한 부처님의 연속적 답변입니다.

須菩提 菩薩 於法應無所住 行於布施
수 보 리 보 살 어 법 응 무 소 주 행 어 보 시

"수보리여! 보살은 법에 마땅히 머무르는 바 없이 보시를 행해야 한다."

'어법(於法)'에서 '法'은 법률(Law)을 말하는 것이 아니라 세상 모든 존재가 그 나름의 법칙이 있기 때문에 '제법무아(諸法無我)'라고 할 때처럼 존재를 의미합니다. 현장의 번역에는 '법(法)'이라 하지 않고, '사(事)'를 사용했습니다.

'於法應無所住 行於布施'도 수보리의 1) 應云何住 2) 云何降伏其心 에 대한 답입니다. 앞서 '我皆令入無餘涅槃而滅度之 如是滅度無量無數無邊衆生 實無衆生得滅度者'가 두 번째 질문에 대한 답인 것 같지만 두 질문에 대한 답을 한 번에 하고 있는 것처럼 '於法應無所住 行於布施'도 첫 번째 질문에 대한 답인 것 같지만, 사실은 두 가지 질문에 대한 답을 한 번에 하고 있습니다.

'應云何住'에 대한 답만 하자면, '於法應無所住(법에 마땅히 머무르는 바가 없어야 한다.)'라고만 하면 되고, '云何降伏其心'에 대한 답만 할 것이면, '行於布施(보시를 하면서 그 마음을 항복 받아라.)'

라고 답하면 됩니다. 그렇지만, '於法應無所住 行於布施'라고 하여
두 가지 요소가 모두 들어 있어야 진정한 대답이 됩니다. 부처님의
답은 보살은 어디에도 마음을 두지 말고 육바라밀(보시)을 행하라는
것입니다. 이는 '相을 두지 말고 중생을 구제하라.'는 3-0문장과 같
은 구조이고 같은 내용입니다.

보시에는 재물을 주는 재시(財施), 진리를 전달하는 법시(法施),
사람의 공포를 없애주는 무외시(無畏施)가 있지만, 중생을 제도하
는 것만큼 중생에 대한 보시가 없습니다.

'삼륜공적(三輪空寂)'이라는 말이 있습니다. 보시의 3가지 요소,
보시하는 사람(施者)·보시를 받는 사람(受者)·보시하는 물건(施物)
의 실체가 공적(空寂)하다는 의미입니다. 이 이치를 깨달아서 어떠
한 相도 없이 하는 보시가 무주상보시(無住相布施)입니다. 즉 '내가
누구에게 무엇을 베풀었다.'라는 相에 머묾(住) 없는 보시가 '무주상
보시'인 것입니다. 중생 구제도 구제하려는 사람, 구제받는 중생, 구
제되어야 하는 이곳·구원처로서의 저곳이 따로 없어야 진정한 구제
라고 할 수 있습니다. 相이 있는 보시는 단순한 '보시'는 될 수 있어
도 '무주상보시' 혹은 '보시바라밀'로는 불릴 수 없는 것입니다.

所謂不住色布施 不住聲香味觸法布施[56]
소 위 부 주 색 보 시 부 주 성 향 미 촉 법 보 시

"소위 색에도 머무르지 않고, 성향미촉법에도 머무르지 않고 보
시해야 한다."

---

56 謂 이를 위; 聲 소리 성; 香 향기 향; 味 맛 미; 觸 닿을 촉

문법적으로 본다면, '不住(머무르지 마라)'라고만 하면 부족합니다. 뒤에 '어디에'라는 보어가 나와야 완결된 문장이 될 것인데, 앞의 구문에서 '於法 應無所住'라고 하여 '法'에 머물지 말라고 했습니다. 이 '法'에 대한 상술이 색성향미촉법(色聲香味觸法)으로 보면 됩니다.

육근 (六根)	눈 (眼)	귀 (耳)	코 (鼻)	혀 (舌)	피부 (身)	마음 (意)
육경 (六境)	색 (色)	소리 (聲)	냄새 (香)	맛 (味)	촉감 (觸)	법 (法)

여섯 가지 감각 대상인 '색성향미촉법(色聲香味觸法)'은 '육경(六境)'이라고 하여, 반야심경에도 나옵니다. 육경은 여섯 가지 감각 기관인 '안이비설신의(眼耳鼻舌身意)'의 '육근(六根)'을 통해서 인식됩니다. 안근(眼根)은 눈으로 색(色)을 인식하고, 이근(耳根)은 귀로서 소리(聲)를 인식하고, 비근(鼻根)은 코로서 냄새(香)를 인식하고, 설근(舌根)은 혀로서 맛(味)을 인식하고, 신근(身根)은 피부로서 촉감(觸)을 인식하고, 의근(意根)은 마음으로 법(法)을 인식합니다.

須菩提 菩薩應如是布施 不住於相
수보리 보살응여시보시 부주어상

"수보리여! 보살은 마땅히 이와 같이 보시하되 상에 머무르지 않아야 한다."

'法에 머물지 말라.'는 말은 '색성향미촉법(色聲香味觸法)에 머물지 말라.'는 말로 설명이 되고, 이는 '相에 머물지 말라.'는 말로 귀결

지어집니다. 여기서도 단순히 '相에 머무르지 말라(不住於相).'로 끝나는 것이 아니라, '실천함으로써 그 마음을 항복 받아라(應如是布施).'가 함께 제시된 것을 볼 수 있습니다. 즉, 1) 應云何住, 2) 云何降伏其心 이 두 질문은 한쪽만 대답하면 반쪽짜리 대답이 되기에 한번에 대답하여야 하는 것입니다.

금강경은 대승경전이고, 대승경전은 보살의 길에 대한 경전이라고 했습니다. 보살의 길은 '상구보리(上求菩提, 위로는 보리를 구한다.)'와 '하화중생(下化衆生, 아래로는 중생을 교화한다.)'으로 압축이 되고, 상구보리는 지혜의 측면, 하화중생은 실천의 측면으로 생각할 수 있습니다.

여기 제1절에서 '1) 보살은 중생을 제도한다는 相을 가지지 말고 모든 중생을 제도하여야 한다. 2) 相에 머무르지 말고 보시해야 한다.'고 했습니다. 중생을 제도하고, 보시하라는 부분이 실천의 하화중생(下化衆生)이라면, 相에 머무르지 말라는 부분은 지혜의 상구보리(上求菩提)에 해당한다고 할 수 있습니다. 양자는 따로따로 해서는 안 되고, 동전의 앞뒷면처럼 반드시 함께 가는 것이라 할 수 있습니다.

何以故 若菩薩不住相布施 其福德不可思量[57]
하 이 고 약 보 살 부 주 상 보 시 기 복 덕 불 가 사 량

"왜냐하면 보살이 상에 머무르지 않고 보시를 하면, 그 복덕은 헤아릴 수 없기 때문이다."

---

57 可 가능할 가; 思 생각 사; 福 복 복; 德 덕 덕

왜 相에 머무르지 말고 육바라밀을 펼치라고 하는가? 이에 대하여 금강경은 보살이 相에 머무르지 않고 보시를 하면 그 복덕의 양이 생각할 수도 없이 많기 때문이라고 말합니다.

그런데 여기서 의문이 생길 수도 있습니다. '아무런 相에 머무르지 말고 보시를 하라고 해놓고, 결과에는 마음을 두어야 하나?'라는 의문입니다.

금강경은 현상계를 부정하는 가르침이 아닙니다. 금강경의 가르침은 결과에 마음이 머무르지 않기 때문에 결과가 극대치라는 것입니다. 결과는 받아들이되 그 결과에 머물지 말라는 것입니다. 보시를 행할 때 그 결과에 마음을 두지 않고, 마음에 결과를 두지 않기 때문에 그 결과가 최대라는 의미입니다.

須菩提 於意云何 東方虛空 可思量不[58]
수보리 어의운하 동방허공 가사량부

"수보리여! 어떻게 생각하는가? 동쪽 허공을 헤아릴 수 있는가?"

不也世尊[59]
불야세존

수보리가 대답합니다. "할 수 없습니다."

須菩提 南西北方 四維上下虛空 可思量不[60]
수보리 남서북방 사유상하허공 가사량부

"수보리여! 남서북방, 사이사이, 아래위 허공을 헤아릴 수 있는

---

58 意 뜻 의; 東 동녘 동; 方 방위 방; 虛 빌 허; 空 빌 공
59 여기서 '야(也)'는 단정을 의미하는 어조사입니다.
60 南 남녘 남; 西 서녘 서; 北 북녘 북; 四 넉 사; 維 벼리 유; 上 윗 상; 下 아래 하

가?"

흔히 4방, 8방이라고 합니다. 4방(四方)은 동서남북을 말하고 그 사이 4유(四維, 동북·동남·서북·서남)을 합하여 8방(八方)이라고 합니다. 여기다 상하까지 포함한다면 10방(十方)이 될 것입니다. 동방 허공도 헤아릴 수 없는데, 동서남북과 그 사이, 거기다가 상하까지 포함한다면 도무지 헤아릴 수 없을 것입니다.

不也世尊
불 야 세 존
"없습니다. 세존이시여."

須菩提 菩薩 無住相布施福德 亦不如是 不可思量[61]
수 보 리 보 살 무 주 상 보 시 복 덕 역 부 여 시 불 가 사 량
"수보리여! 보살이 상에 머무르지 않고 하는 보시의 복덕 또한 이와 같아서 헤아릴 수 없다."
相에 머무르지 않는 보시의 공덕을 부처님이 다시 강조합니다.

須菩提 菩薩但應如所教住[62]
수 보 리 보 살 단 응 여 소 교 주
"수보리여! 보살은 오직 당연히 가르친 바에 머물러야 한다."

그런데 이 문장은 조금 의문입니다. 어디에든 머무르지 말라(應無所住)고 했는데, 가르침에는 머물러야 하나요? 산스크리트어본에

---

61 亦 또 역
62 但 다만 단: 敎 가르칠 교

도 이 구절이 없고, 현장법사 한역본에도 이 부분이 없습니다. 산스크리트어본에는 '수보리야, 보살은 흔적을 남기겠다는 상을 가지지 말고 보시를 해라.'라고 되어 있습니다. 그런데 왜 구마라집은 가르침에는 머무르라고 했을까요?

'살불살조(殺佛殺祖, 부처를 만나면 부처를 죽이고 조사(祖師)를 만나면 조사를 죽여라.)라고 했고, 석가모니 부처님은 열반에 들기 전 제자들에게 "자등명법등명(自燈明法燈明, 자기 자신을 밝히고 진리를 밝혀라.)이라 하셨습니다. 성철 스님도 당신의 말을 믿지 말라고 하셨습니다.

그런데 가르침에는 머물러야 하나요? 여기서 방편(方便)의 딜레마가 있습니다. 언어가 불완전한 것을 알면서도 언어를 사용하지 않고는 가르침을 전달할 수 없듯이, 유위법의 세계에 머무르는 바가 없어도 가르치려면 유위법 세계의 수단을 사용할 수밖에 없습니다. 금강경은 샘 솟는 마음을 버리라(棄)고 하기보다는, 그것의 본질을 알고 그것을 활용하라(生)고 하는 가르침입니다. 구마라집도 이를 잘 이해하고 있습니다. 가르침은 유위법(有爲法)의 일이고, 무주(無住)는 무위법(無爲法)의 일이나, 무위법의 실천은 유위법의 방편으로 밖에 할 수 없다는 것이 금강경의 가르침인 것입니다.

5-0 須菩提 於意云何 可以身相見如來不 不也世尊 不可以身
　　 수보리 어의운하 가이신상견여래부 불야세존 불가이신
相得見如來 何以故 如來所說身相卽非身相 佛告須菩提 凡所有
상득견여래 하이고 여래소설신상즉비신상 불고수보리 범소유
相皆是虛妄 若見諸相非相則見如來
상개시허망 약견제상비상즉견여래

소명태자 분류 제5분 '여리실견분(如理實見分)' 부분입니다. '여리(如理)'는 '理와 같이' 혹은 '理에 맞게'라고 해석하면, 여리실견(如理實見)은 '이치에 맞게 참되게 보다.'로 해석됩니다.

부처님은 相에 머물지 않고 보시함으로써 그 마음을 항복 받으라고 했습니다. 그 이유는 무엇인가요? 부처님은 앞서 相에 머무르지 않고 보시를 해야 그 공덕이 무한하기 때문이라고 말씀하셨습니다. 그런데 보다 근본적인 이유가 있습니다. 바로 현실 세상에서 머무를 相이 없기 때문입니다. 아래의 논의는 왜 여러 가지 상(諸相)이 상이 아닌지(非相)에 대한 논의가 전개됨으로써 相에 머무르지 말라는 것이 행위론적인 명령일뿐 아니라, 相에 대하여 존재론적으로 고찰을 해도 그런 결론에 도달할 수밖에 없다는 것을 보여줍니다.

須菩提 於意云何 可以身相見如來不
수 보 리 어 의 운 하 가 이 신 상 견 여 래 부
"수보리여! 어떻게 생각하는가? 신상으로 여래를 볼 수 있는가?"

여기서도 '여래'는 현실 세상에 존재하는 '색신(色身)'의 여래가 아니라, 진리의 본체로서 '법신(法身)'으로서의 여래로 보아야 해석이 자연스럽습니다. 즉 몸의 상(身相), 몸의 특징이라는 색신의 특징으로서 여래라는 법신을 볼 수 있느냐는 질문입니다. 좀 더 쉽게 설명하면 여래가 일반인과 다른 모습을 지닌다는 32상 80종호(三十二相八十種好)가 있다고 견성성불(見性成佛)했다고 볼 수 있느냐, 눈 앞에 있는 저 사람을 온전한 법신(法身)의 구현체로 볼 수 있느냐 하는 질문이 될 것입니다. 32상에 대해서는 제3절 문장에 직접 나올 때 설명하겠습니다.

> **不也世尊 不可以身相得見如來**
> 불 야 세 존 불 가 이 신 상 득 견 여 래
> "없습니다. 세존이시여! 신상으로 여래를 볼 수 없습니다."

어찌 보면 당연한 대답입니다. '법신(法身)'은 무위법 세계의 영역에 속하는 것이고, '신상(身相)'은 유위법의 세계에 속하는 영역입니다. 유위법 세계에서 3차원의 도형을 2차원적 평면으로 나타내려 해도 왜곡이 일어나는데, 무위법 세계의 것을 유위법의 세계에 표현하는 것은 논할 필요도 없을 것입니다. 굳이 그렇게까지 설명하지 않더라도 '단지 겉모습만 갖추어진 것으로 진면목을 볼 수 없다.' 정도로 해도 충분히 설명됩니다. 상세한 이유는 '하이고(何以故)'로 시작하는 다음 문장에서 설명됩니다.

> **何以故 如來所說身相卽非身相**
> 하 이 고 여 래 소 설 신 상 즉 비 신 상
> "왜냐하면 여래께서 신상(身相)이라고 말씀하신 바가 신상이 아니기 때문입니다."

드디어 금강경에서 매우 자주 나오지만, 처음 금강경을 읽는 사람으로 하여금 금강경을 난해한 것으로 만들고, 해석하는 사람도 우리말로 옮기기에 힘들게 만드는 구문인 '즉비(卽非) 구조: A卽非A'가 등장했습니다. 반야심경의 '색즉시공 공즉시생(色卽是空 空卽是色)'에서 '색(色)'이 무엇인가, '공(空)'이 무엇인가가 어려운 것이 아니라, 정반대에 있을 것 같은 '색'과 '공'이 왜 '卽(즉)'으로 연결되는가를 설명하는 것이 어려운 문제이듯, 금강경에서도 왜 'A가 바로(卽) A가 아니다(非A)'가 되는지를 설명해야 하는 과제가 있는 것입니다. 금강경의 앞뒤 맥락을 다 무시하고, 아무 배경 없이 '所說身相卽非身相' 딱 이 8자만 만났다면 여러 가지로 생각할 수 있을 것입니다.

우선 '언어와 현실의 불일치를 나타낸 문장이다.'라고 설명할 수도 있습니다. 언어와 현실은 기본적으로 불일치가 일어날 수밖에 없습니다. 예를 들어, 우리 집 마당은 '마당'이라고 불리지만 단 한 번도 같은 모습인 적이 없습니다. '한강(漢江)'도 '한강'이라고 동일하게 불리지만, 한 번도 같은 물이 흐른 적은 없습니다. '나(我)'도 마찬가지입니다. 태어나면서부터 생물학적으로 나를 구성하는 나의 세포는 한 번도 같은 적이 없었고, 나의 머릿속은 한 번도 같은 적이 없었습니다. 그렇지만 '나'라는 언어적 명칭은 항상 동일합니다. 이렇게 생각하면, '所說身相卽非身相'의 문장은 '身相이라고 말하는 바가, 실제 현실의 身相과 일치하는 것은 아니다.'라는 의미로 해석될 수 있을 것입니다.

혹은 플라톤처럼 이데아론적으로 생각하는 것입니다. 우리가 머릿속으로는 정사각형을 생각하더라도 현실적으로 완벽한 정사각형을 그릴 수는 없습니다. 네 변의 길이와 두께가 완벽하게 동일한 선분을 그릴 수가 없기 때문입니다. 머릿속으로는 '1+1=2'라도 현실 세계에서 실제로 정확하게 양과 무게를 측정하여 1+1을 맞출 수가 없습니다. 이렇듯 이데아계의 相을 현실 세계에 그대로 구현하는 것

은 불가능합니다. 이런 의미에서 '所說身相卽非身相'을 해석하면
'현실 세계에서 身相이라고 말하는 것이, 이상(理想)적 세계의 身相
은 아니다.'라고 해석할 수도 있을 것입니다. 다만 'A卽非A'에서 앞
의 A는 현실에서의 A로, 뒤의 A는 이데아 세계에서의 A로 보아 현
실에서의 A가 이데아계의 A가 아니라는 식으로 이해한다면, 자칫
이데아계의 A의 실체성을 인정하는 말로 오해될 수 있으므로 주의
를 요합니다.

또는 언어로서 방편(方便)의 한계성을 설명했다고 할 수도 있습
니다. 예를 들어 말로 표현할 수 없는 진리를 설명해야 하는 상황이
있다고 가정해 봅니다. 말로 설명할 수 없지만 말로 설명하는 것 이
외에는 별다른 수단이 없는 딜레마에서 할 수 있는 바는, 말로 설명
하고 그것을 부정하는 방법밖에 없습니다. 그래서 '말로는 身相을
설명하지만, 달리 설명할 방법이 없어서 말이라는 수단을 사용하였
을 뿐이지 사실은 身相이 아니다.'라고 해석하는 것입니다. '개구즉
착(開口卽錯)'이라는 말이 있습니다. 말하는 순간 틀린 말이 될 수밖
에 없다는 뜻입니다.

그러나 금강경의 앞뒤 맥락을 가만히 살펴보면 이 '卽非구조'는
불교의 삼법인(三法印)인 제행무상(諸行無常)과 제법무아(諸法無
我)와 맥락이 닿아있다는 것을 알 수 있습니다.

불교에는 삼법인(三法印)이 있습니다. 문자 그대로 '세 개의 법
도장'인데, 이것이 찍혀있으면 진짜이고, 이것이 찍혀있지 않으면
가짜라는 것입니다. 처음에는 제행무상(諸行無常, 모든 현상은 변
한다)·일체개고(一切皆苦, 일체가 다 고통이다)·제법무아(諸法無

我, 일체법에는 我가 없다)를 삼법인이라 했습니다. 간단히 무상(無常)·고(苦)·무아(無我)라 합니다.

앞서 '만법귀일 일귀하처(萬法歸一 一歸何處)'에서 '法'은 존재를 의미한다고 하였습니다. '제법무아'의 法도 존재라고 보면, 제법(諸法)은 세상의 모든 존재라는 의미입니다. 색수상행식(色受想行識)의 오온(五蘊)도 제법에 속합니다. '제행무상'의 제행(諸行)도 같은 의미입니다. 오온의 세상은 연기(緣起)에 의해서 일어나는 세상입니다. 세상의 어느 法(존재)도 원인 없이 발생하지 않고, 다양한 요소의 결합체입니다. 핸드폰 하나도 수많은 부속품으로 이루어져 있고, 생명체도 다를 바 없습니다. 이렇게 제법은 연기에 의한 결합으로 이루어졌기에, 결합의 의미를 지닌 행(行)으로 표현하여 제행(諸行)이라고도 하는 것입니다. 이렇게 보면, 삼법인에서 제법, 제행, 일체는 의미상으로 차이가 없습니다.

후에는 일체개고를 열반적정(涅槃寂靜, 고요한 열반으로 벗어날 수 있다)으로 대체하여 제행무상·제법무아·열반적정을 삼법인이라고 하기도 하거나, 최초의 삼법인에 열반적정을 추가하여 일체개고·제행무상·제법무아·열반적정을 사법인(四法印)이라고 하기도 합니다.

'제행무상(諸行無常)'은 모든 것은 항상하지 않는다는 의미입니다. '우리 집 마당', '한강'이라고 말해도 현실 세계에서 '우리 집 마당'과 '한강'은 단 한 순간도 같은 적이 없었고, 단지 우리 머릿속에 '우리 집 마당'과 '한강'이라고 명명할 수 있는 개념적 동일성이 있기에 그렇게 부르는 것입니다. 그렇기에 '우리 집 마당이라고 부르지

만, 실제 우리 집 마당은 아닌 것입니다.' 그래서, '所說身相卽非身相'의 구문은 '身相이라고 말하는 바가, 실제 身相과 일치하는 것은 아니다.'로 해석할 수 있습니다.

'제법무아(諸法無我)'의 측면으로도 이 문장을 해석할 수 있습니다. 사실 불교의 혁신성은 '제행무상(諸行無常)'보다는 모든 존재에는 고정불변의 실체로서 '나(我)'가 없다는 무아론(無我論)에서 찾을 수 있습니다.

바다에서 파도치는 것을 보면, 파도라는 실체가 먼저 있어서 그것이 움직이는 것은 아니고, 바닷물이 바람에 의해 표면에 이는 현상을 파도라고 부르는 것일 뿐입니다. 파도가 따로 존재하는 것이 아니라, 바람에 바닷물이 오르락내리락하는 것을 그냥 파도라고 부르고 있는 것입니다. 즉 언어로는 '파도가 친다.'고 주부(主部)와 술부(述部)를 구분할 수 있지만, 실제로는 치지 않는 파도는 없어서 술부 안에서 주부가 존재하게 됩니다. 파도가 먼저 있고, 그것이 치는 것이 아니라, 바닷물과 바람이 이런저런 인연으로 조화를 이루는 현상을 '파도'라고 부르는 것이지 파도가 실체적으로 존재하는 것은 아닙니다. 즉, 파도는 바닷물, 바람, 중력, 기타 여러 가지 요소들의 작용 속에서 존재하는 것이지 단독으로 존재하지는 않습니다.

비도 마찬가지입니다. '비가 내린다.'라고 할 때, 비가 먼저 존재하고, 그 존재하는 비가 내리는 것이 아니라, 물방울이 중력과 기타 여러 가지 요소와 조화를 이루어 내리는 상태에서 존재하는 것이 '비'이지, 비가 먼저 존재하는 것은 아닙니다.

파도를 그릇에 담으면 그냥 바닷물이지 파도가 아니고, 비도 그릇에 받으면 그냥 물이지 비가 아닙니다. 파도나 비나 그 상황에서 있는 것이지 따로 존재하는 것이 아닙니다.

파도가 사실은 물과 바람의 조화로 있을 뿐이지 그 자체로는 존재하지 않고, 그렇다고 물과 바람이 파도는 아니라는 것이 '아공(我空)'이라고 이야기한다면, 살펴보니 물과 바람도 파도와 똑같이 그 자체로는 존재하지 않는다는 것이 '법공(法空)'이라 할 수 있습니다.

거칠게 이야기해서, '이렇듯 '나(我)'라는 것도 오온(五蘊)과 같은 여러 가지 요소들의 인연의 관계 속에서 있는 것이어서 따로 존재하지 않는데, 이 나를 구성하는 오온(五蘊)과 같은 것들도 나(我)는 아니구나.'라고 하는 것이 '아공(我空)'이라면, 좀 더 살펴보니 '이 오온이라는 것도 여러 가지 요소들의 인연의 관계 속에 있는 것이지 실제로 단독으로 존재하는 것은 아니구나.'하는 것이 '법공(法空)'이라는 것입니다. 이 아공과 법공을 다 초월하여 '공(空)'이라는 생각까지도 없어진 단계가 '구공(俱空)'입니다.

이렇게 아공(我空), 법공(法空), 구공(俱空)의 무아(無我)로써 '所說身相卽非身相'을 설명할 수 있습니다.
설 신 상 즉 비 신 상

佛告須菩提 凡所有相皆是虛妄 若見諸相非相則見如來[63]
불 고 수 보 리 범 소 유 상 개 시 허 망 약 견 제 상 비 상 즉 견 여 래
부처님께서 수보리에게 말씀하셨습니다.

"무릇 세상의 相은 모두 허망하니, 만약 이 모든 相이 相이 아님을 본다면 여래를 보리라."

---

63 凡 무릇 범; 妄 망령될 망

금강경에서 처음 나오는 사구게(四句偈)이기도 하고, 금강경에서 가장 유명한 구절 중의 하나입니다. '凡所有相皆是虛妄'은 제행무상(諸行無常)으로 설명이 됩니다. 무릇 세상의 상은 항상하지 않기 때문에 허망합니다.

문제는 '若見諸相非相則見如來' 부분입니다. 여기서도 여래를 '법신(法身)'으로 보아야 자연스럽지, 이를 '색신(色身)'으로 본다면 어색합니다. 여기서 여래를 색신으로 보고 해석한다면, '모든 相이 相이 아님을 알면 나를 볼 수 있다.'로 되어 버려서 어색하고, 법신으로 보아야 '모든 相이 相이 아님을 알면 진리의 본체를 볼 수 있다.'라고 해석되어 자연스럽기 때문입니다.

여러 해석 중에는 상(相)과 비상(非相)을 병렬구조로 보아, '모든 상(相)과 비상(非相)을 본다면 여래를 보리라.'는 해석도 있습니다. 산스크리트어본도 이와 유사하게 해석되고, 앞부분과 연결하면 '겉으로 드러나는 相뿐만 아니라, 보이지 않는 相까지 보아야 여래를 볼 수 있다.'로 해석되어 충분히 가능한 해석입니다.

그렇지만 그보다는 '모든 존재에는 고정불변의 실체로서 나(我)가 없다는 제법무아(諸法無我)를 알아야 진리의 실체를 보리라.' 정도로 해석하는 것이 좋을 것입니다. 일반적으로도 이렇게 해석하여 '만약 모든 相이 相이 아님을 본다면 여래를 보리라.'라고 해석합니다. 그렇다면 이 문장은 아공(我空)과 법공(法空)을 깨달아야 '법신'을 본다, 즉 견성(見性)을 한다는 의미로 해석됩니다.

6-0 須菩提白佛言 世尊 頗有衆生 得聞如是言說章句生實信
수보리백불언 세존 파유중생 득문여시언설장구생실신
不 佛告須菩提 莫作是說 如來滅後 後五百歲 有持戒修福者 於
부 불고수보리 막작시설 여래멸후 후오백세 유지계수복자 어
此章句 能生信心 以此爲實 當知是人 不於一佛二佛三四五佛
차장구 능생신심 이차위실 당지시인 불어일불이불삼사오불
而種善根 已於無量千萬佛所 種諸善根 聞是章句乃至一念生淨
이종선근 이어무량천만불소 종제선근 문시장구내지일념생정
信者 須菩提 如來 悉知悉見 是諸衆生 得如是無量福德 何以故
신자 수보리 여래 실지실견 시제중생 득여시무량복덕 하이고
是諸衆生 無復我相人相衆生相壽者相 無法相 亦無非法相 何以
시제중생 무부아상인상중생상수자상 무법상 역무비법상 하이
故 是諸衆生 若心取相 則爲着我人衆生壽者 若取法相 卽着我
고 시제중생 약심취상 즉위착아인중생수자 약취법상 즉착아
人衆生壽者 何以故 若取非法相 卽着我人衆生壽者 是故 不應
인중생수자 하이고 약취비법상 즉착아인중생수자 시고 불응
取法 不應取非法 以是義故 如來常說 汝等比丘 知我說法 如筏
취법 불응취비법 이시의고 여래상설 여등비구 지아설법 여벌
喩者 法尙應捨 何況非法
유자 법상응사 하황비법

소명태자 분류로 제6분 '정신희유분(正信希有分)'에 해당하는 부분입니다. '정신(正信)'은 바른 믿음이라고 해석해도 되고, 바르게 믿다라고 해석해도 상관없을 듯합니다. '희유(希有)'는 '드물다'라고 해석해도 되고, '希有世尊(희유세존)'에서 '경이롭습니다'라고 감탄의 의미로 해석한 것처럼 '경이롭다'로 해석해도 좋겠습니다. 바른 믿음은 드물기에 경이롭습니다. 이 '정신희유분'에서 부처님은 바른 믿음을 내는 것은 과거 숙세(宿世)에 선근(善根)을 쌓아야만 가능한 일이라고 이야기합니다. 그러니 바른 믿음을 가지는 것은 '드물다'라고 하기보다는 과거 선업(善業)이 원인이 되어 꽃을 피운 것이므로 '경이롭다'라고 하는 것이 더 좋겠습니다.

須菩提 白佛言 世尊 頗有衆生 得聞如是言說章句生實信不[64]
수보리 백불언 세존 파유중생 득문여시언설장구생실신부

수보리가 부처님께 여쭈었습니다.

"세존이시여! 이와 같은 말씀과 문장을 듣고 진실한 믿음을 내는 중생들이 자못 있겠습니까?"

佛告須菩提 莫作是說 如來滅後 後五百歲 有持戒修福者 於
불고수보리 막작시설 여래멸후 후오백세 유지계수복자 어
此章句 能生信心 以此爲實[65]
차장구 능생신심 이차위실

부처님이 수보리에게 말씀하셨습니다.

"그런 말 하지 말라. 여래가 열반에 든 오백 년 뒤에도 계를 지키고 복을 닦는 자가 있어, 이 문장에서 신심을 내고, 이것을 진실한 것으로 여기리라."

이 문장에서 여래가 사망한 후 오백세(如來滅後 後五百歲)가 언제를 의미하는가에 대한 논란이 있습니다. 그렇지만 이러한 논란이 중요한 것 같지는 않고, 그저 여래가 입멸한지 오래되어 세상이 혼탁한 때 정도로 보면 될 것입니다.

當知是人 不於一佛二佛三四五佛 而種善根 已於無量千萬佛
당지시인 불어일불이불삼사오불 이종선근 이어무량천만불
所 種諸善根 聞是章句乃至一念生淨信者[66]
소 종제선근 문시장구내지일념생정신자

"이 사람은 한 부처님이나 두 부처님, 서너 다섯 부처님께 선근

---

64 頗 자못 파; 得 얻을 득; 章 글 장; 句 글귀 구; 實 참될 실
65 莫 없을 막; 作 지을 작; 後 뒤 후; 歲 해 세; 戒 경계할 계
66 知 알 지; 種 심을 종; 根 뿌리 근; 乃 이에 내; 至 이를 지

을 심었을 뿐만 아니라 이미 한량없는 부처님께 여러 선근을 심었으므로 이 말씀을 듣고 일념으로 청정한 믿음을 내는 사람임을 알아야 한다."

부처님이 입멸한 후 오백세가 지나도 이 금강경을 믿고 따르고 금강경에서 바른 믿음을 내는 사람이 있는 이유에 대한 부분입니다. 금강경을 읽고 믿는다는 것은 과거 숙세에 선근공덕을 쌓아야 가능하기 때문에 선근공덕을 쌓는 사람이 있는 이상 금강경의 가르침은 전해진다는 이야기입니다.

이 부처님의 말씀은 여러 가지 의미가 있습니다. 먼저 금강경을 듣고 이해하고, 바른 믿음을 내는 것이 어지간한 숙세의 공덕이 없고서는 이루어지지 않는다는 것입니다. '선근공덕(善根功德)'이라고 합니다. '인과응보(因果應報)'라고 하듯이, 우리가 선한 씨앗을 뿌리면 선한 열매를 맺게 됩니다. 즉 선근은 공덕을 가져오는 씨앗이 되는 것입니다. 앞서 금강경 문구에서 신심을 내어 계를 지키고 복을 닦는 자가 있다고 했지만, 주위를 둘러보면 금강경이라는 이름을 들어본 사람은 많으나, 내용이 무엇인지 간단히라도 설명할 수 있는 사람은 드뭅니다. 어구 하나하나를 분석해서 그 뜻을 새기고 그로 인해 믿음을 내는 사람은 정말 희유(希有)합니다. 왜냐하면 이 정도에 도달하는 것은 단순한 공덕으로는 되지 않기 때문입니다. 이 분(分)의 제목 '정신희유분(正信希有分)'처럼 금강경의 가르침을 바르게 알고 믿는다는 것은 드물고 경이롭습니다. 숙세에 수많은 부처님을 만나 선근을 심은 공덕 정도는 되어야, 금강경의 구절을 듣고 일념으로 맑은 믿음을 낼 수 있는 것입니다.

　또 하나의 의미는 선근을 쌓으면 반드시 그 과보가 돌아온다는 것입니다. 부처님께서 세상이 혼탁해도 금강경의 법은 전해진다고 확신한 이유는 과거에 쌓은 선근의 공덕은 반드시 발하기 때문입니다.

須菩提 如來 悉知悉見 是諸衆生 得如是無量福德[67]
수보리 여래 실지실견 시제중생 득여시무량복덕
"수보리여! 여래는 이러한 중생들이 이와 같이 한량없는 복덕을 얻음을 다 알고 다 본다."

　금강경을 읽고 이해하고 바른 믿음을 내는 것이 숙세에 쌓은 공덕의 증명이라고 했습니다. 그런데 더욱 좋은 것은 이 금강경을 읽고 이해하고 바르게 믿으면 그것 자체가 또 원인이 되어 무량한 복덕을 쌓는다는 것입니다. 즉 금강경을 읽고 이해하고 믿는다는 것은 숙세 선업의 증명이면서 후세에 한량없는 복덕을 쌓는 원인이라는 것입니다. 금강경을 읽고 이해하고 믿는다는 것이 얼마나 위대한 일인지 나타냅니다.

何以故 是諸衆生 無復我相人相衆生相壽者相 無法相亦無非法相
하이고 시제중생 무부아상인상중생상수자상 무법상역무비법상
"왜냐하면 이러한 중생들은 또한 아상·인상·중생상·수자상이 없고, 법상과 비법상도 없기 때문이다."

67　悉 다 실

앞서 아상·인상·중생상·수자상(我相·人相·衆生相·壽者相)의 사상(四相)은 소개되었지만, 법상(法相), 비법상(非法相)은 처음 등장합니다. 그런데 사실 이 문장은 새로울 것이 없습니다. 사상(四相)이 없는 사람은 법상(法相)도 없고, 비법상(非法相)도 없다는 말로 아공(我空), 법공(法空), 구공(俱空)의 삼공(三空)을 설명한 말입니다.

법상(法相)을 어떠한 법을 고정불변의 실체로 여기는 유아론(有我論)으로 이해한다면, 비법상(非法相)은 법상(法相)이 잘못된 생각이라고 생각하는 것입니다. 그런데 생각해 보면 법상(法相)이 잘못되었다고 생각하는 것도 하나의 相을 가지는 것이므로 비법상(非法相)도 또 하나의 상일 수도 있습니다.

"바르게 말해도 30방
틀리게 말해도 30방"

덕산(德山宣鑑, 782~865) 스님이 말씀하셨습니다. 그대들이 바르게 말해도 30방을 때리고 틀리게 말해도 30방을 때리겠다. 선가에서는 이를 '덕산방(德山棒)'[68]이라 부릅니다. 말이 안 되는 것 같지만, 금강경의 세계에서는 모순이 아닙니다.

법상을 가져도 30방
비법상을 가져도 30방

---

68 '덕산은 몽둥이로 때리고, 임제는 큰소리를 지른다'는 의미의 유명한 '덕산방(德山棒) 임제할(臨濟喝)'이 있습니다.

법상(法相)과 비법상(非法相) 다 버려야 할 상이기 때문입니다. 숭산(崇山, 1927~ 2004)스님[69]에게도 비슷한 일화가 있습니다.[70]

"이 소리를 들었느냐?
이 막대기 소리와 너의 마음이 같으냐? 다르냐?"
제자가 답했습니다.
"같습니다."
"만약 같다고 해도 30방,
다르다고 해도 30방을 맞을 것이다. 왜냐?"
제자는 답을 못했습니다.
그러자, 스님은 "할!"을 외치고 말씀하십니다.
"봄이 오니 풀이 절로 푸르구나."

같다·다르다는 분별에 마음을 두지 않아야 세상을 바로 볼 수 있다는 의미일 것입니다. '無復我相人相衆生相壽者相 無法相 亦無非法相' 이 문장은 이러한 法相과 非法相을 넘어선, 아공(我空)과 법공(法空)에서도 벗어난 구공(俱空)의 단계를 이야기하고 있습니다. '나(我)'라고 하는 것도 사실은 相의 집합일뿐 취할 바가 없고(我空), 세상의 어떤 것도 고정불변의 실체가 있는 것이 없고(法空), 그러한 생각마저 놓아버려야 한다(俱空)는 것입니다.

69　1970년대부터 해외에서 활동하면서 한국의 선불교를 전파하셨고, 당시 해외에서는 달라이 라마, 마하 고사난다, 틱낫한 스님과 함께 세계 4대 生佛 중 한 사람으로 불릴 정도로 인지도가 높았습니다.
70　스티븐 미첼 편저, 권지연·김영재 옮김, '부처가 부처를 묻다', 물병자리

何以故 是諸衆生 若心取相 則爲着我人衆生壽者 若取法相
하 이 고   시 제 중 생   약 심 취 상   즉 위 착 아 인 중 생 수 자   약 취 법 상
卽着我人衆生壽者
즉 착 아 인 중 생 수 자

"왜냐하면 이러한 중생들이 마음에 상을 가지면 아·인·중생·수자에 집착하는 것이고, 법상을 가지면 아·인·중생·수자에 집착하는 것이기 때문이다."

앞선 설명에 대한 부연 설명입니다. 명제와 대우는 진릿값이 같다고 했습니다.

'是諸衆生 若心取相 則爲着我人衆生壽者'의 구문은 '이러한 중생들이 마음에 상을 가지면 아·인·중생·수자에 집착하는 것이다.'라는 명제입니다. 이 명제의 대우는 다음과 같습니다.

	기호	문장
명제	p→q	마음에 상을 가지면, 아·인·중생·수자에 집착하는 것이다.
대우	~q→~p	아·인·중생·수자에 집착하지 않으면, 마음에 상을 가지지 않는 것이다.

결국 위 문장은 '아상·인상·중생상·수자상을 가지지 마라.'와 같은 말이 됩니다.

다음 구절인 '若取法相 卽着我人衆生壽者'도 마찬가지입니다.
약 취 법 상   즉 착 아 인 중 생 수 자

'법상을 가지면 아·인·중생·수자에 집착하는 것이다.'라는 명제의 대우는 다음과 같습니다.

	기호	문장
명제	p→q	법상을 가지면, 아·인·중생·수자에 집착하는 것이다.
대우	~q→~p	아·인·중생·수자에 집착하지 않으면, 법상을 가지지 않는 것이다.

두 번째 구문도 '아상·인상·중생상·수자에 집착하지 마라.'와 같은 말이 됩니다. 또 하나의 메시지는 아상·인상·중생상·수자상을 가진다는 것을 다른 말로 하면 아·인·중생·수자에 집착하는 것과 같은 의미라는 것입니다.

何以故 若取非法相 卽着我人衆生壽者
하 이 고 약 취 비 법 상 즉 착 아 인 중 생 수 자

"왜냐하면 비법상을 가지면 아·인·중생·수자에 집착하는 것이기 때문이다."

이 명제의 대우도 다음과 같습니다.

	기호	문장
명제	p→q	비법상을 가지면, 아·인·중생·수자에 집착하는 것이다.

| 대우 | ~q→~p | 아·인·중생·수자에 집착하지 않으면, 비법상을 가지지 않는 것이다. |

    결국 이 구문도 '아상·인상·중생상·수자에 집착하지 마라.'와 같은 말이 됩니다.
    결론적으로 아상·인상·중생상·수자상을 가지지 않으면 법상과 비법상이 동시에 사라지게 됩니다.

是故 不應取法 不應取非法
시 고 불 응 취 법 불 응 취 비 법
"그러므로 법을 취해서도 안 되고, 비법을 취해서도 안 된다."

    어떻게 하면 법과 비법을 취하지 않을 수 있을까요? 법이라고 해도 30방, 법이 아니라고 해도 30방이라고 하면, 어떻게 해야 30방을 안 맞을 수 있을까요? 부처님의 답은 위에서 보았듯이 아상·인상·중생상·수자상을 가지지 않는 것입니다.
    아상·인상·중생상·수자상이 없으면 법상·비법상도 가지지 않습니다. 이 말은 아상·인상·중생상·수자상이 없으면 분별(分別)도 놓아버려 도(道)를 이룰 수 있다는 의미입니다. 중국 선종 3대 조사 승찬(僧璨) 스님이 지은 '신심명(信心銘)'의 앞 구절은 유명합니다.

至道無難 唯嫌揀擇
지 도 무 난 유 혐 간 택
但莫憎愛 洞然明白
단 막 증 애 통 연 명 백

지극한 도는 어렵지 않으니, 다만 간택함을 꺼릴 뿐이다.

다만 미워하거나 사랑하지만 않으면, 통연히 명백해진다.

'不應取法 不應取非法'이 아공(我空), 법공(法空)을 넘어선 구공
불응취법   불응취비법
(俱空)을 논하고 있음은 앞에서 설명한 바와 같습니다.

以是義故 如來常說 汝等比丘 知我說法 如筏喻者 法尚應捨
이 시 의 고   여 래 상 설   여 등 비 구   지 아 설 법   여 벌 유 자   법 상 응 사
何況非法[71]
하 황 비 법

"그러기에 여래는 늘 설했다. 너희 비구들이여! 나의 설법은 뗏목과 같은 줄 알아라. 법도 버려야 하거늘 하물며 법 아닌 것이랴!"

앞서 '菩薩但應如所教住, 보살은 오직 당연히 가르친 바에 머물
보 살 단 응 여 소 교 주
러야 한다.'에서 방편(方便)의 딜레마에 대해서 설명한 바가 있습니다. 여기서도 부처님은 설법은 방편일 뿐이니, 거기에 마음을 두지 말라고 말씀하십니다.

이 부분은 장자(莊者) 외물(外物) 편에서 유래한 '득어망전(得魚忘筌, 물고기를 잡으면 통발을 잊는다)'의 가르침과 일맥상통하여 소개해 봅니다.

망(筌)은 물고기를 잡기 위한 도구이다.

물고기를 잡으면 망을 잊는다.

---

71 以 써 이; 義 뜻 의; 故 연고 고; 常 항상 상; 等 무리 등; 筏 뗏목 벌; 喻 비유할 유; 尚 오히려 상; 捨 버릴 사; 況 하물며 황

덫은 토끼를 잡기 위한 도구이다.

토끼를 잡으면 덫을 잊는다.

말은 뜻을 전달하기 위한 도구이다.

뜻을 얻으면 말을 잊는다.

나는 어떻게 하면 말을 잊은 사람을 만나

더불어 말할 수 있을까?

筌者所以在魚, 得魚而忘筌 ; 蹄者所以在兔, 得兔而忘蹄 ;

言者所以在意, 得意而忘言。吾安得夫忘言之人而與之言哉!

7-0 須菩提 於意云何 如來得阿耨多羅三藐三菩提耶 如來有
수보리 어의운하 여래득아누다라삼먁삼보리야 여래유
所說法耶 須菩提言 如我解佛所說義 無有定法名阿耨多羅三藐
소설법야 수보리언 여아해불소설의 무유정법명아누다라삼먁
三菩提 亦無有定法如來可說 何以故 如來所說法 皆不可取 不
삼보리 역무유정법여래가설 하이고 여래소설법 개불가취 불
可說 非法 非非法 所以者何 一切賢聖 皆以無爲法 而有差別
가설 비법 비비법 소이자하 일체현성 개이무위법 이유차별

소명태자 분류로 제7분 '무득무설분(無得無說分)'에 해당하는 부분입니다. '얻은 것도(無得) 설한 것도 없다(無說)'는 의미입니다.

전반부에 '應云何住(어떻게 머무르고)', '云何降伏其心(그 마음을
 응운하주 운하항복기심
어떻게 항복 받을 것인가)'라는 두 개의 핵심 질문이 있다면 후반부에는 금강경 전체에서 계속 반복, 변주되는 또 하나의 중요한 질문 두 가지가 등장합니다. 1) 如來得阿耨多羅三藐三菩提耶(여래는 아
 여래득아누다라삼먁삼보리야
누다라삼먁삼보리를 얻었는가?) 2) 如來有所說法耶(여래가 법을 설
 여래유소설법야
한 바가 있는가?).

須菩提 於意云何 如來得阿耨多羅三藐三菩提耶 如來有所說
수 보 리   어 의 운 하   여 래 득 아 누 다 라 삼 먁 삼 보 리 야   여 래 유 소 설
法耶
법 야

"수보리여! 어떻게 생각하는가? 여래는 아누다라삼먁삼보리를 얻었는가? 여래가 법을 설한 바가 있는가?"

여기서 야(耶)는 의문 조사입니다.

須菩提言 如我解佛所說義 無有定法名阿耨多羅三藐三菩提
수 보 리 언 여 아 해 불 소 설 의 무 유 정 법 명 아 누 다 라 삼 먁 삼 보 리
亦無有定法如來可說
역 무 유 정 법 여 래 가 설

수보리가 대답하였습니다.

"제가 부처님께서 말씀하신 뜻을 이해하기로는 아누다라삼먁삼보리라 이름할 정해진 법도 없고, 또한 여래께서 설할 수 있는 정해진 법도 없습니다."

부처님의 질문이 얻었느냐(得), 있느냐(有)라는 유위법(有爲法) 세계에서의 가부(可否, Yes or No)로 물었다면, 수보리는 그에 대하여 유위법 차원에서의 답을 한 것이 아니라, 정해진 법(定法)은 없다는 식으로 무위법(無爲法)과 공(空)의 관점에서 답하고 있습니다.

부처님의 질문에 대해 있다(有)고 해도 틀린 답이 되고, 없다(無)고 해도 틀린 답이 됩니다. 또한 반면에 있다(有)고 해도 맞는 답이 되고, 없다(無)고 해도 맞는 답이 됩니다. 자칫 말장난으로 흐를 수 있는 이 말은 금강경을 다 읽고 음미해 보신 뒤 다시 돌아와서 이 부분을 생각해 보면 이해가 되실거라 생각합니다.

'아누다라삼먁삼보리(阿耨多羅三藐三菩提)'는 고고학자가 어렵

게 보물을 찾듯이 이 유위법(有爲法)의 세상에서 찾을 수 있는 실체가 있는 존재가 아닙니다. '아누다라삼먁삼보리'는 유위법에 세상의 제법(諸法)이 모두 무상(無常)하고 무아(無我)임을 알고, 분별과 모든 相을 놓아버릴 때, 무위법(無爲法)의 세계에서 드러나는 어떠한 상태를 의미합니다.

시·공간을 초월한 무위법의 세계에서 존재의 有·無을 초월하여 있기 때문에 있다고 하기도 어렵고(非有), 없다고 하기도 어려운(非無), 말로 표현하는 순간 어긋나 버리는 깨달음의 지혜를 말합니다. 말로 표현할 수 없지만, 전달은 해야 하겠기에 '아누다라삼먁삼보리'라고 일단 이름하기는 하지만, 이름을 할 정해진 법은 없다는 의미입니다.

'얻다(得했다)'고 표현하려면 이 세상 물건이어야 할 것인데, '아누다라삼먁삼보리'는 이 세상의 관념과 말로 표현할 수 있는 것이 아닙니다. 그래서 얻었다(得)고 할 수도 없고, 설명할 수 있는 정해진 방법도 없습니다.

何以故 如來所說法 皆不可取 不可說 非法 非非法 所以者何
하 이 고 여 래 소 설 법 개 불 가 취 불 가 설 비 법 비 비 법 소 이 자 하
一切賢聖 皆以無爲法 而有差別[72]
일 체 현 성 개 이 무 위 법 이 유 차 별

"왜냐하면 여래께서 법을 설하는 바는 모두 취할 수도 없고 설할 수도 없으며, 법도 아니고 비법도 아니기 때문입니다. 그것은 무엇 때문입니까? 일체 성현들은 모두 무위법으로써 차별이 있기 때문입니다."

---

72 賢 어질 현; 聖 성인 성; 差 다를 차; 別 나눌 별

여래가 법을 설하려고 하는 바는 이렇게 시·공간을 초월한 무위법의 세계에서 가져오는 것이라 유위법 세계의 물건처럼 취할 수도 없고(不可取), 설명할 수도 없고(不可說), 존재하는 것도 아니고(非法), 그렇다고 존재하지 않는 것도 아닙니다(非非法).

'일체현성(一切賢聖)'을 불교에만 국한하지 않는다면, 모든 현성은 이름이야 어떻게 되었든 시·공간을 초월한 무위법의 세계, 법신의 세계, 하느님 세계의 진리를 이 유위법의 세계에 드러내기 때문에 차별이 있는 것입니다.

The Son of Man has no place to lay his head.
인자(人子)는 머리 둘 곳이 없다.

마태복음에 나오는 예수님의 말씀입니다. 인자(人子)는 예수님 본인을 말합니다. 예수님도 현상계에 머리를 둘 곳이 없어 하느님의 세계에 머리를 두면서 진리를 세상에 구현합니다.

道也者 不可須臾離也 可離非道也
도 야 자 불 가 수 유 리 야 가 리 비 도 야
是故 君子戒愼乎其所不睹 恐懼乎其所不聞
시 고 군 자 계 신 호 기 소 부 도 공 구 호 기 소 불 문

道라는 것은 모름지기 잠시라도 떠날 수 없다.
떠날 수 있으면, 도가 아니다.
그러므로, 君子는 보이지 않는 바에 경계하고 삼가며,
들리지 않는 바에 두려워한다.

중용(中庸)에 나오는 말입니다. 군자(君子)도 유위법 세계의 바탕을 이루는 무위법 세계에서 떠날 수 없음을 자각하고 무위법에 항상 머리를 두고, 남이 보든 안 보든 평가가 어떻든 하늘의 도(道)를 인간 세상에 구현하려는 사람입니다.

보살은 육바라밀을 실천하는 사람이라고 했습니다. 단순한 보시, 인욕이 아니라, 相에 머무르지 않는, 즉 무위법에서 나오는 보시·인욕이어야 보시바라밀·인욕바라밀이 될 수 있는 것입니다.

대강의 의미는 이와 같지만, '而有差別'이라고 했으니, 문언 그대로 보자면, 차별할 비교의 대상이 있어야 합니다. 무엇과 무엇이 차별이 있다는 의미인가요?

일반적으로는 '一切賢聖 皆以無爲法 而有差別'의 문장을 '일체 모든 성현은 무위법의 세계에 그 머리를 두고 있기 때문에 유위법의 세계에서 찾으려는 일반 범부와는 차이가 있다.'라는 식으로 이해합니다.

그런데 범부 같은 일반사람은 당연히 유위법에서 진리를 구할 것이라는 고정된 相에서 이렇게 이 문장을 이해하였거나, 범부가 선재(先在)되어 있는 것으로 생각하고 이렇게 해석한 것이라면 금강경의 뜻에 어긋나게 됩니다. 제7절(소명태자 제25분)에 '凡夫者 如來說則非凡夫'라고 하여 '범부(凡夫)'도 원래 있는 것이 아님을 설하고 있는데, 여기서 현성과 범부가 원래 있는 것처럼 비교를 하면 체계적으로 모순이 될 수도 있습니다.

따라서 비교의 대상을 현성과 일반사람으로 보지 않고, 유위법에서 구현된 방편(方便)의 차이로 해석하는 것이 더 좋은 해석이 아닌가 생각합니다. 즉 '일체현성은 모두 무위법에 머리를 두고 진리를 구하지만, 유위법에서의 실현은 차이가 있다.'라고 해석하는 것입니다. 말하자면, 현성이라고 불리는 이들은 무위법에서 진리를 구하지만, 그 진리를 유위법의 세상에 현출할 때는 그 시간과 공간에 따라 차이가 날 수밖에 없다는 것입니다.

비유해서 설명하자면, 제가 누군가에게 방에 있는 리모콘을 가져오라고 시켰다면, 누가 가져와도 똑같은 것을 가져올 수밖에 없습니다. 유위법의 세계에서 유위의 물건을 가져오기 때문입니다. 그렇지만, 무위법의 세계에 있는 것을 가져올 때는 똑같은 것을 가져올 수 없습니다. 마치 샘에 있는 물을 손에 담아오라고 한다면 그 사람의 손에 따라 물이 달라질 수밖에 없고, 상황에 따라 가져오는 물의 양도 달라지는 것과 같습니다. 따라서 무위법 세계의 것을 가져와 유위법 세계에 구현하고 전달하는 방편은 차이가 날 수밖에 없는 것입니다. 때로는 말로 설명하기도 하고, 때로는 행동으로, 때로는 침묵으로도 도(道)를 전달할 수도 있는 것입니다.

'금강경오가해'의 주석가 중 한 명인 부대사(傅大士)는 양대삼대사(梁代三大師)[73]로 불릴 만큼 법력이 뛰어난 분으로 알려졌지만, 이름에서 드러나듯 수수께끼 같은 분입니다. 부대사는 출가하지 않고 백의(白衣)를 입고 머리를 기른 채 아내와 함께 농사를 짓고, 품팔이를 하면서 승(僧)과 속(俗)을 오가며, 번뇌가 즉 보리이며 생사가 곧 열반이라는 불이선(不二禪)을 강조하며 불법을 펼쳤습니다.

---
73 남조 양나라 시대의 유명한 스님 세 분, 달마대사, 지공화상, 부대사를 가리킵니다.

특히 금강경을 좋아했던 양무제를 위해 부대사가 황실의 법좌에 올랐는데 주먹으로 강단을 크게 치고 내려왔던 무설법문(無說法門)인 '양구하좌(良久下座)' 일화는 유명합니다. '양구(良久)'란 일부러 말하지 않고 침묵하는 것을 말합니다.

벽암록에 나오는 석가모니 부처님의 침묵(世尊良久)의 이야기도 유명합니다.

외도(外道)가 부처님께 여쭙니다.
"말 있음(有言)을 묻지도 않고, 말 없음(無言)을 묻지도 않겠습니다."
부처님은 아무런 말도 않고, 가만히 계십니다(良久).
외도가 찬탄하며 말합니다.
"세존께서 대자대비로 저의 미혹한 구름을 열어 저를 깨달음을 얻게 하셨습니다."
외도가 물러간 뒤에 아난이 부처님께 여쭙니다.
"외도가 어떤 것을 보았기에(所證) 깨달음을 얻었다고 말했습니까?"
부처님께서 말씀하시길, "세상의 훌륭한 말은 채찍 그림자만 보고도 가는 것과 같다."
外道問佛 不問有言不問無言 世尊良久 外道讚歎云 世尊大慈大悲開我迷雲令我得入 外道去後 阿難問佛 外道有何所證 而言得入 佛云 如世良馬見鞭影而行

사람의 근기 차이를 말에 비유하자면, 가장 상근기는 채찍 그림자만 보고도 움직입니다. 그 아래 단계는 채찍이 털에 스치기만 해도 움직입니다. 그 아래 단계는 몸에 채찍을 맞아야 움직입니다. 가장 아래 단계는 채찍이 뼛속까지 느껴져야 비로소 주인의 뜻을 알아챕니다. 가장 상근기의 사람도 아무 말씀 없는 데서(良久), 그 도리를 알아차리는 것이니 말이나 문자가 필요 없습니다.

이렇듯 대중의 근기에 따라 같은 곳에서 구하더라도 방편은 다를 수밖에 없습니다. 이런 의미에서 '一切賢聖 皆以無爲法 而有差別'을 '일체현성이 무위법에서 도(道)를 구하지만 방편은 차별이 있다.'라는 의미로 이해하는 것이 더 좋을 것입니다. 다만 어떻게 해석해도 일체현성은 무위법의 세계에서 道를 구한다는 의미이므로 맥락에 큰 차이는 없습니다.

분량상으로는 가장 긴 제1절 본문이 끝이 났습니다. 뒤의 나머지 절들은 제1절의 변주에 해당하기 때문에 제1절의 주제와 표현을 이해하면, 나머지 절들의 이해는 어렵지 않습니다.

II. 후렴

須菩提 於意云何 若人 滿三千大千世界七寶以用布施 是人
수보리 어의운하 약인 만삼천대천세계칠보이용보시 시인
所得福德 寧爲多不 須菩提言 甚多世尊 何以故 是福德 卽非福
소득복덕 영위다부 수보리언 심다세존 하이고 시복덕 즉비복
德性 是故 如來說福德多
덕성 시고 여래설복덕다

"수보리여! 어떻게 생각하는가? 어떤 사람이 삼천대천세계에 칠보를 가득 채워 보시한다면 이 사람이 복덕을 얻는 바가 많겠는가?"

수보리가 대답하였습니다.

"매우 많습니다. 세존이시여! 왜냐하면 이 복덕은 바로 복덕성이 아닙니다. 그래서 여래께서 복덕이 많다고 말씀하십니다."

若復有人 於此經中受持乃至四句偈等 爲他人說 其福勝彼 何
약부유인 어차경중수지내지사구게등 위타인설 기복승피 하
以故 須菩提 一切諸佛及諸佛阿耨多羅三藐三菩提法 皆從此經
이고 수보리 일체제불급제불아누다라삼먁삼보리법 개종차경
出 須菩提 所謂佛法者 卽非佛法
출 수보리 소위불법자 즉비불법

"다시 어떤 사람이 이 경을 받고 지녀서, 사구게 등을 다른 사람을 위해 설하여 주는데 이른다면 이 복이 저 복보다 더 뛰어나다. 왜냐하면 수보리여! 모든 부처와 모든 부처의 아누다라삼먁삼보리법은 모두 이 경에서 나왔기 때문이다. 수보리여! 소위 불법이라고 하는 것은 불법이 아니다."

8-0 須菩提 於意云何 若人 滿三千大千世界七寶以用布施 是
수 보 리 어 의 운 하   약 인   만 삼 천 대 천 세 계 칠 보 이 용 보 시   시
人 所得福德 寧爲多不 須菩提言 甚多世尊 何以故 是福德 卽非
인 소 득 복 덕 영 위 다 부 수 보 리 언 심 다 세 존 하 이 고 시 복 덕 즉 비
福德性 是故 如來說福德多 若復有人 於此經中受持乃至四句偈
복 덕 성 시 고 여 래 설 복 덕 다 약 부 유 인 어 차 경 중 수 지 내 지 사 구 게
等 爲他人說 其福勝彼 何以故 須菩提 一切諸佛及諸佛阿耨多
등   위 타 인 설   기 복 승 피   하 이 고   수 보 리   일 체 제 불 급 제 불 아 누 다
羅三藐三菩提法 皆從此經出 須菩提 所謂佛法者 卽非佛法
라 삼 먁 삼 보 리 법   개 종 차 경 출   수 보 리   소 위 불 법 자   즉 비 불 법

소명태자 분류 제8분 '의법출생분(依法出生分)' 부분입니다. '의법출생(依法出生)'은 '부처(佛)'와 '법(法)'이 모두 금강경의 법에 의존해서(依法) 나왔다(出生)'는 의미로 금강경의 찬양이 주된 내용입니다.

금강경을 읽다 보면 갑자기 복덕 이야기와 금강경의 공덕과 영험함을 찬양하는 부분이 나옵니다. 소명태자는 이 부분을 본문과 같은 비중으로 하여 독립된 분(分)으로 이름을 붙였습니다. 그러나 이런 내용은 주기적·점층적으로 반복·변주되므로 본문과 다른 후렴으로 처리하여 전체 금강경의 강약 조절과 리듬감을 살리는 것이 좋을 것입니다. 물론 그 자체로 중요한 메시지도 있습니다.

須菩提 於意云何 若人 滿三千大千世界七寶以用布施 是人
수 보 리 어 의 운 하   약 인   만 삼 천 대 천 세 계 칠 보 이 용 보 시   시 인
所得福德 寧爲多不[74]
소 득 복 덕 영 위 다 부

"수보리여! 어떻게 생각하는가? 어떤 사람이 삼천대천세계에 칠보를 가득 채워 보시한다면 이 사람이 복덕을 얻는 바가 많겠는가?"

---

74 滿 찰 만; 寶 보배 보; 用 쓸 용; 寧 여찌 녕

'삼천대천세계(三千大千世界)'는 금강경에서 계속 반복되기 때문에 그 의미를 살펴보겠습니다.

우선 가장 작은 단위인 '소세계(小世界)'가 있습니다. 소세계는 하나의 태양과 하나의 달, 그리고 그에 속하는 여러 행성을 포함하는 작은 우주 단위입니다. 소세계 안에는 수미산(須彌山)을 중심으로 한 사주(四洲, 동승신주, 남섬부주, 서우화주, 북구로주)와 그 주변의 여러 산, 강, 바다 등이 포함됩니다.

그보다 큰 '중세계(中世界)'는 1,000개의 소세계가 모여 이루어진 더 큰 우주 단위로 '천세계(千世界)'라고도 합니다. '대세계(大世界)'는 1,000개의 중세계가 모여 이루어진 우주 단위로 '대천세계(大千世界)'라고도 부릅니다.

'삼천대천세계(三千大千世界)'는 '대천세계'가 삼천(3,000)이라는 말이 아니라, 여기서 '삼천'은 세 번의 천(千), 1,000 x 1,000 x 1,000 = 1,000,000,000, 즉 10억을 의미합니다. 어차피 상상이 잘 안되기 때문에 어마어마한 넓이의 세계라고 생각하면 되겠습니다.

칠보(七寶)는 금(金), 은(銀), 유리(琉璃), 차거(車渠, 산호), 마노(瑪瑙), 호박(琥珀), 진주(眞珠)를 말합니다.

須菩提言 甚多世尊 何以故 是福德 卽非福德性 是故 如來說
수 보 리 언 심 다 세 존 하 이 고 시 복 덕 즉 비 복 덕 성 시 고 여 래 설
福德多
복 덕 다

수보리가 대답하였습니다. "매우 많습니다. 세존이시여! 왜냐하면 이 복덕은 바로 복덕성이 아닙니다. 그래서 여래께서 복덕이 많다고 말씀하십니다."

후렴이지만 대단히 중요하고 이해하기 어려운 메시지를 담고 있습니다. 어떤 사람이 어마어마한 재물로써 현실적인 보시를 합니다. 이 복덕이 많은지 부처님께서 수보리에게 질문합니다. 수보리는 많다(多)고 대답합니다. 그런데 단순히 아무런 조건 없이 많다고만 대답하면 이는 틀린 대답이 됩니다. 왜냐하면 지금까지 '무아(無我)'와 '색즉시공 공즉시색(色卽是空 空卽是色)'을 이야기하고 있는데, 단순히 '많다'라고만 하면 복덕의 '유아(有我)'를 인정하는 것이 되고, '空'에 바탕을 두지 않고, '色'의 기준에서만 이야기한 것이기 때문입니다.

금강경은 '空'을 이야기하지만 '色'을 부정하지 않아야 하고, '色'을 이야기하되 '空'에 그 바탕을 두어야 합니다. 수보리는 많다(多)고 이야기하되, 내가 많다(多)고 하는 것은 단순히 '色'의 측면에서만 바라본 많음(多)이 아니라, '空'에 바탕을 둔 많음(多)이라고 해야 어긋나지 않는 대답이 됩니다.

그래서 수보리가 부연 설명을 합니다. '是福德 卽非福德性 是故如來說福德多'. 이 복덕이 사실은 무아(無我)라는 것을 나는 알고 있고, 내가 많다(多)고 하는 것은, 여래께서 복덕의 속성을 알고서 많다(多)고 하는 것과 같은 경지의 많다(多)라는 것입니다. 다른 예를 들어서 설명하겠습니다.

벽암록에 '백장야압(百丈野鴨, 백장과 들오리)'이라는 화두가 있습니다. 백장회해(百丈懷海, 749~814) 선사가 스승 마조도일(馬祖道一, 709~788) 선사를 따라 걸어가다가 들오리가 날아가는 모습을 보았습니다. 마조 선사가 묻습니다.

"저것은 무엇인가?"

"들오리입니다."

"어디로 가는가?"

"날아갔습니다."

마조가 백장의 코를 잡아 고통스럽게 비틀며, 말합니다.

"언제 날아간 적이 있느냐?"

百丈懷海禪師, 隨馬祖行次, 見野鴨子飛過. 祖云,
"是什麼?" 師云, "野鴨子." 祖云, "什麼處去也?"
師云, "飛過去也." 祖遂扭師鼻頭, 師作忍痛聲.
祖云, "何曾飛過去?"

  스승이 제자의 코를 비튼 것은 '본성(本性)'을 놓아두고 '외물(外物)'에만 집착하여 날아갔다고 대답한 것에 대한 경고입니다. 날아갔다고 표현하더라도 나는 '본성'을 놓고 있지 않다는 표시를 해 주었다면 스승은 코를 비틀지 않았을 것입니다.

  이에 비해 금강경은 친절하게 설명하고 있습니다. 수보리가 처음 '많다(多)'라고 단순하게 대답했지만, 나의 많음(多)은 '色'만 보고 헤아린 '많음(多)'이 아니라 여래가 이해한 대로 '空'에 바탕을 둔 '많음(多)'이라 나도 여래와 같은 경지에서 문답할 수 있다고 하는 것입니다. 이는 제5절 후렴구에서 다시 변주되기 때문에 그 부분에서 더욱 상세히 설명하겠습니다.

若復有人 於此經中 受持乃至四句偈等 爲他人說 其福勝彼[75]
약 부 유 인 어 차 경 중 수 지 내 지 사 구 게 등 위 타 인 설 기 복 승 피

"다시 어떤 사람이 이 경을 받고 지녀서, 사구게 등을 다른 사람을 위해 설하여 준다면 이 복이 저 복보다 더 뛰어나다."

스님들 법문에 유루복(有漏福), 무루복(無漏福)이란 말이 자주 등장합니다. 유루복은 말 그대로 새는 복이라, 한계가 있어 언젠가는 없어지고 마는 복인 반면, 무루복은 새지 않는 복, 복덕이 영원히 연쇄반응을 일으켜 한계가 없는 복을 의미합니다. 재물로 아무리 보시를 한들 우주적으로 보면 기존 재화의 소유권이 변경된 것일 뿐이므로 재물 자체는 증가한 것은 아니라 언젠가는 소멸하겠지만, 금강경의 가르침을 세상에 전파하는 것은 진리가 증폭하는 것이므로 무한한 복이 늘어날 수밖에 없는 것입니다.

何以故 須菩提 一切諸佛及諸佛阿耨多羅三藐三菩提法 皆從
하 이 고 수 보 리 일 체 제 불 급 제 불 아 누 다 라 삼 먁 삼 보 리 법 개 종
此經出[76]
차 경 출

"왜냐하면 수보리여! 모든 부처님과 모든 부처님의 아누다라삼먁삼보리법은 모두 이 경에서 나왔기 때문이다."

여기서 '급(及)'은 '~와'란 의미의 접속사입니다. '불(佛)'도 이 금강경에서 나오고 '법(法)'도 금강경에서 나왔다고 합니다.

---

75 偈 게송 게; 勝 이길 승; 彼 저 피
76 及 미칠 급; 出 날 출

須菩提 所謂佛法者 卽非佛法
수 보 리 소 위 불 법 자 즉 비 불 법

"수보리여! 소위 불법이라고 하는 것은 불법이 아니다."

앞으로 계속 반복될 즉비(卽非) 구조의 반복입니다. 일반적인 해석은 '불법(佛法)'을 글자 하나하나 구분하지 않고, 불법(佛法)이라는 단어로 보아 '불법(佛法)이 아니다(卽非).'라고 해석합니다.

사실 불법(佛法)이라는 것은 먼저 존재하는 것이 아니고, 수많은 부처(佛)와 수많은 경전(法)에서 추출되어진 가르침을 사후에 집합적으로 이름 지은 것입니다. 마치 우리가 배운 각 가정의 언어가 공통의 지역과 문법적 특성으로 '한국어'라고 이름 지어지는 것과 같은 의미라고 하겠습니다. 우리는 한국어를 사용하고 있습니다만 한국어를 처음부터 배우는 것은 아닙니다. 우리가 배우는 언어는 어머니의 말, 아버지의 말, 혹은 나와 가장 가까이에 있는 사람의 말입니다. 그 말들이 한반도라는 지역에 모여 사는 사람들의 국가인 대한민국에서 유사성이 있으니 통칭하여 사후적으로 '한국어'라고 하는 것이지 한국어가 실체적으로 선재적으로 존재하는 것은 아닙니다.

불법도 아함경, 금강경, 법화경, 화엄경 등 부처님의 말씀을 기록한 경이나 부처님의 생각이 이럴 것이라는 논서나, 그걸 기억하는 사람의 말과 행동에서 공통적으로 보이는 집단적 유사성을 뽑아내어 사후적으로 불법이라고 부르는 것이지, 먼저 선재적으로 불법이라는 것이 존재하는 것은 아닙니다. 이러한 의미에서 불법의 실체성을 부정한 이 문장을 이해할 수 있습니다. 결국 불법(佛法)도 무아(無我)의 틀 안에 있다는 의미입니다.

또는 앞 문장과의 관계에 비추어 다르게 해석할 가능성도 충분히 있습니다. 앞 문장에서 모든 부처(佛)와 높은 가르침(法)이 이 금강경에서 나왔다고 했는데, 그러면 또 '佛'과 '法'이 실체가 있는 것으로 오해할 수 있기에(諸法無我), 글자 하나하나를 즉비(卽非) 구조에 집어넣어 無我論을 강조하는 것입니다.

말하자면, '所謂佛法者'를 佛과 法을 한 글자씩 분리하여, '소위(所謂) 佛이라는 것(者)', '소위(所謂) 法이라는 것(者)'을 '所謂佛法者'로 축약한 것으로 이해하는 것입니다. 그렇다면 '소위 佛이라는 것, 法이라는 것도 佛과 法이 아니다.'라고 해석될 것입니다.

佛法을 통으로 卽非 구조에 넣든, 佛과 法을 분리해서 卽非 구조에 넣든 큰 차이는 없을 것이므로, 여기서는 일반적인 해석에 따르기로 합니다.

제1절의 후렴답게 뒤이어 계속될 나머지 7개 절의 후렴에서 변주될 주제와 표현을 제시하고 있습니다. 이제 제1절이 본문과 후렴이 모두 마무리되었습니다. 나머지 7절은 제1절의 변주라고 보면 됩니다.

正宗分
第二節

I. 본문

須菩提 於意云何 須陁洹 能作是念 我得須陁洹果不 須菩提
수보리 어의운하 수다원 능작시념 아득수다원과부 수보리
言 不也世尊 何以故 須陁洹 名爲入流 而無所入 不入色聲香味
언 불야세존 하이고 수다원 명위입류 이무소입 불입색성향미
觸法 是明須陁洹
촉법 시명수다원

"수보리여! 그대 생각은 어떠한가? 수다원이 '나는 수다원과를 얻었다.'고 생각하겠는가?"

수보리가 대답하였습니다.

"아닙니다. 세존이시여! 왜냐하면 수다원은 '깨달음의 흐름에 든 자'라고 불리지만 들어간 바가 없고, 색성향미촉법에 들어가지 않으므로, 수다원이라 불립니다."

須菩提 於意云何 斯陁含 能作是念 我得斯陁含果不 須菩提
수보리 어의운하 사다함 능작시념 아득사다함과부 수보리
言 不也世尊 何以故 斯陁含 名一往來 而實無往來 是名斯陁含
언 불야세존 하이고 사다함 명일왕래 이실무왕래 시명사다함

"수보리여! 그대 생각은 어떠한가? 사다함이 '나는 사다함과를 얻었다.'고 생각하겠는가?"

수보리가 대답하였습니다.

"아닙니다. 세존이시여! 왜냐하면 사다함은 '인간 세상에 한 번 돌아올 자'라고 불리지만 실로 돌아옴이 없기에 사다함이라 합니다."

須菩提 於意云何 阿那含 能作是念 我得阿那含果不 須菩提言
수보리 어의운하 아나함 능작시념 아득아나함과부 수보리언

不也世尊 何以故 阿那含 名爲不來 而實無不來 是故 名阿那含
불야세존 하이고 아나함 명위불래 이실무불래 시고 명아나함

"수보리여! 그대 생각은 어떠한가? 아나함이 '나는 아나함과를 얻었다.'고 생각하겠는가?"

수보리가 대답하였습니다.

"아닙니다. 세존이시여! 왜냐하면 아나함은 '윤회계에 되돌아오지 않는 자'라고 불리지만 실로 되돌아오지 않음이 없기에 아나함이라 합니다."

須菩提 於意云何 阿羅漢 能作是念 我得阿羅漢道不 須菩提
수보리 어의운하 아라한 능작시념 아득아라한도부 수보리
言 不也世尊 何以故 實無有法名阿羅漢 世尊 若阿羅漢作是念
언 불야세존 하이고 실무유법명아라한 세존 약아라한작시념
我得阿羅漢道 卽爲着我人衆生壽者
아득아라한도 즉위착아인중생수자

"수보리여! 그대 생각은 어떠한가? 아라한이 '나는 아라한도를 얻었다.'고 생각하겠는가?"

수보리가 대답하였습니다.

"아닙니다. 세존이시여! 왜냐하면 실제 아라한이라 할 만한 법이 없기 때문입니다. 세존이시여! 아라한이 '나는 아라한도를 얻었다.'고 생각한다면 아·인·중생·수자에 집착하는 것이 됩니다."

世尊 佛說我得無諍三昧人中 最爲第一 是第一離欲阿羅漢 我
세존 불설아득무쟁삼매인중 최위제일 시제일이욕아라한 아
不作是念 我是離欲阿羅漢 世尊 我若作是念 我得阿羅漢道 世
부작시념 아시이욕아라한 세존 아약작시념 아득아라한도 세
尊 則不說須菩提是樂阿蘭那行者 以須菩提實無所行 而名須菩
존 즉불설수보리시요아란나행자 이수보리실무소행 이명수보

提 是樂阿蘭那行
리 시요아란나행

"세존이시여! 부처님께서 저를 다툼 없는 삼매를 얻는 사람 가운데 제일이고 욕망을 떠난 제일가는 아라한이라고 말씀하셨습니다. 저는 '나는 욕망을 떠난 아라한이다.'라고 생각하지 않습니다. 세존이시여! 제가 '나는 아라한도를 얻었다.'고 생각한다면 세존께서는 '수보리는 아란나행을 즐기는 사람이다.'라고 말씀하시지 않았을 것입니다. '수보리는 실로 행한 바가 없으므로 수보리는 아란나행을 즐긴다.'라고 말씀하신 것입니다."

佛告須菩提 於意云何 如來 昔在燃燈佛所 於法有所得不 不
불고수보리 어의운하 여래 석재연등불소 어법유소득부 불
也世尊 如來在燃燈佛所 於法實無所得
야세존 여래재연등불소 어법실무소득

부처님께서 수보리에게 말씀하셨습니다.

"그대 생각은 어떠한가? 여래가 옛적에 연등불 처소에서 법을 얻은 바가 있는가?"

"없습니다. 세존이시여! 여래께서 연등불 처소에서 실제로 법을 얻은 바는 없습니다."

須菩提 於意云何 菩薩 莊嚴佛土不 不也世尊 何以故 莊嚴佛
수보리 어의운하 보살 장엄불토부 불야세존 하이고 장엄불
土者 則非莊嚴 是名莊嚴
토자 즉비장엄 시명장엄

"수보리여! 그대 생각은 어떠한가? 보살이 불국토를 장엄하게 만

드는가?"

"아닙니다. 세존이시여! 왜냐하면 불국토를 장엄하게 만든다는 것은 장엄한 것이 아닙니다. 장엄이라고 불릴 뿐입니다."

是故 須菩提 諸菩薩摩訶薩 應如是生淸淨心 不應住色生心
시고 수보리 제보살마하살 응여시생청정심 불응주색생심
不應住聲香味觸法生心 應無所住而生其心
불응주성향미촉법생심 응무소주이생기심

"그러므로 수보리여! 모든 보살마하살은 이와 같은 청정심을 내어야 한다. 마땅히 색에 머무르지 않는 마음을 내어야 하고, 마땅히 성향미촉법에 머무르지 않는 마음을 내어야 한다. 마땅히 머무르는 바 없이 그 마음을 내어야 한다."

須菩提 譬如有人 身如須彌山王 於意云何 是身爲大不 須菩
수보리 비여유인 신여수미산왕 어의운하 시신위대부 수보
提言 甚大世尊 何以故 佛說非身 是名大身
리언 심대세존 하이고 불설비신 시명대신

"수보리여! 어떤 사람의 몸이 수미산 같다면 그대 생각은 어떠한가? 그 몸이 크지 않은가?"

수보리가 대답하였습니다.

"매우 큽니다. 세존이시여! 왜냐하면 부처님께서는 (큰)몸이 아니라고 말씀하십니다. 큰 몸이라 불릴 뿐입니다."

9-1 須菩提 於意云何 須陁洹 能作是念 我得須陁洹果不 須菩
수보리 어의운하 수다원 능작시념 아득수다원과부 수보
提言 不也世尊 何以故 須陁洹 名爲入流 而無所入 不入色聲香
리언 불야세존 하이고 수다원 명위입류 이무소입 불입색성향

味觸法 是明須陁洹 須菩提 於意云何 斯陁含 能作是念 我得斯
미촉법 시명수다원 수보리 어의운하 사다함 능작시념 아득사
陁含果不 須菩提言 不也世尊 何以故 斯陁含 名一往來 而實無
다함과부 수보리언 불야세존 하이고 사다함 명일왕래 이실무
往來 是名斯陁含 須菩提 於意云何 阿那含 能作是念 我得阿那
왕래 시명사다함 수보리 어의운하 아나함 능작시념 아득아나
含果不 須菩提言 不也世尊 何以故 阿那含 名爲不來 而實無不
함과부 수보리언 불야세존 하이고 아나함 명위불래 이실무불
來 是故 名阿那含 須菩提 於意云何 阿羅漢 能作是念 我得阿羅
래 시고 명아나함 수보리 어의운하 아라한 능작시념 아득아라
漢道不 須菩提言 不也世尊 何以故 實無有法名阿羅漢 世尊 若
한도부 수보리언 불야세존 하이고 실무유법명아라한 세존 약
阿羅漢作是念 我得阿羅漢道 卽爲着我人衆生壽者
아라한작시념 아득아라한도 즉위착아인중생수자

소명세자의 분류로 제9분 '일상무상분(一相無相分)'의 시작입니다. 어떠한 단계, 상황(一相)에서도 相이 없어야 함(無相)을 이야기하고 있습니다.

여기서는 소위 성문사과(聲聞四果)에 대한 지식이 있어야 이해가 되는 부분입니다. 소승 부파불교에서는 깨달음에 이르는 과정을 수다원, 사다함, 아나함, 아라한의 4단계로 구분하는데, 이를 성문사과(聲聞四果)라 합니다.

성문사과의 첫 단계를 수다원과(須陁洹果)라고 합니다. 한자로 입류과(入流果)라고 하여, 깨달음의 흐름(流)에 들어갔다(入)는 의미입니다. 일곱 번 이내로 인간 세상이나 천상계에 태어나 깨달음을 얻을 수 있다고 합니다.

두 번째 단계는 사다함과(斯陁含果)입니다. 한자로 일래과(一來果)라고 부르는데, 아직 번뇌를 완전히 끊지 못해 인간 세상에 한 번 더 태어난 후 깨달음을 얻는다고 합니다.

세 번째 단계는 아나함과(阿那含果)입니다. 한자로 불래과(不來果) 또는 불환과(不還果)라고 하는데, 윤회하는 세계에 다시 돌아오지 않는다는 의미입니다.

마지막 단계가 아라한과(阿羅漢果)입니다. 모든 번뇌를 완전히 끊어 열반에 도달한 경지로, 마땅히 공양을 받을 만하다는 의미에서 응공(應供)이라고 합니다. 절에 있는 나한전(羅漢殿)이 바로 이들에게 예배하는 공간입니다.

계위	명칭	의미	풀이
제1위	수다원	入流	깨달음의 흐름에 들어갔다.
제2위	사다함	一來	한 번 더 태어난 후 깨달음을 얻는다.
제3위	아나함	不來	윤회계에 다시 돌아오지 않는다.
제4위	아라한	應供	마땅히 공양을 받을 만하다.

제2절은 수다원, 사다함, 아나함, 아라한이 이름(名)이 주는 相에 머물지 않아서, 그 계위를 성취했으니, 보살도 相에 머무르지 말라는 것이 주 내용을 이룹니다.

須菩提 於意云何 須陁洹 能作是念 我得須陁洹果不[77]
수 보 리 어 의 운 하 수 다 원 능 작 시 념 아 득 수 다 원 과 부

---

77 能 능할 능; 作 지을 작; 念 생각할 념

"수보리여! 그대 생각은 어떠한가? 수다원이 '나는 수다원과를 얻었다.'고 생각하겠는가?"

須菩提言 不也世尊 何以故 須陁洹 名爲入流 而無所入 不入
수보리언 불야세존 하이고 수 다 원 명위입류 이무소입 불입
色聲香味觸法 是明須陁洹[78]
색성향미촉법 시명수다원

수보리가 대답하였습니다.

"아닙니다. 세존이시여! 왜냐하면 수다원은 '깨달음의 흐름에 든 자'라고 불리지만 들어간 바가 없고, 색성향미촉법에 들어가지 않으므로, 수다원이라 불립니다."

'수다원(須陁洹)'은 통상적으로도 깨달음의 흐름(流)에 들어갔다(入)는 의미에서 입류과(入流果)라고 한다고 했습니다. 그런데 만일 수다원이라고 불리는 자가 자신은 이제 깨달음의 흐름에 들어간 사람이라는 이름이 주는 相에 머물러 있으면 오히려 수다원이라 불릴 수 없습니다. 이름은 들어간 사람이라 하지만, 그러한 相에 머물지 않아야 오히려 수다원으로 불리고 그 경지를 성취할 수 있는 것입니다.

須菩提 於意云何 斯陁含 能作是念 我得斯陁含果不
수보리 어의운하 사다함 능작시념 아득 사다함 과부

"수보리여! 그대 생각은 어떠한가? 사다함이 '나는 사다함과를 얻었다.'고 생각하겠는가?"

須菩提言 不也世尊 何以故 斯陁含 名一往來 而實無往來 是
수보리언 불야세존 하이고 사다함 명일왕래 이실무왕래 시

---

78 名 이름 명; 爲 할 위; 流 흐를 류

名斯陁含
명 사 다 함

수보리가 대답하였습니다.

"아닙니다. 세존이시여! 왜냐하면 사다함은 '인간 세상에 한 번 돌아올 자'라고 불리지만 실로 돌아옴이 없기에 사다함이라 합니다."

'사다함(斯陁含)'에 대해서도 마찬가지입니다. 세상에 한 번 더 태어난 후 깨달음을 얻는다고 일래과(一來果)라고 불리지만, 이름이 주는 相에 머물러 정말 한 번만 세상에 더 태어나면 깨달음을 얻는다는 相을 가진다면 오히려 수다원이라 불릴 수 없습니다. 이름이 주는 相에 머물지 않아야 오히려 사다함으로 불리고, 그 경지를 성취할 수 있는 것입니다.

須菩提 於意云何 阿那含 能作是念 我得阿那含果不
수 보 리 어 의 운 하 아 나 함 능 작 시 념 아 득 아 나 함 과 부

"수보리여! 그대 생각은 어떠한가? 아나함이 '나는 아나함과를 얻었다.'고 생각하겠는가?"

須菩提言 不也世尊 何以故 阿那含 名爲不來 而實無不來 是故 名阿那含
수 보 리 언 불 야 세 존 하 이 고 아 나 함 명 위 불 래 이 실 무 불 래 시 고 명 아 나 함

수보리가 대답하였습니다.

"아닙니다. 세존이시여! 왜냐하면 아나함은 '윤회계에 되돌아오지 않는 자'라고 불리지만 실로 되돌아오지 않음이 없기에 아나함이라 합니다."

'아나함(阿那含)'에 대해서도 같은 말을 할 수 있습니다. 윤회하는 세계에 다시 돌아오지 않는다는 의미에서 불래과(不來果) 또는 불환과(不還果)라고 하지만, 이름이 주는 相에 머문다면 아나함이라 불릴 수 없습니다. 이름이 주는 相에 머물지 않아야 오히려 아나함으로 불리고, 그 경지를 성취할 수 있는 것입니다.

> 須菩提 於意云何 阿羅漢 能作是念 我得阿羅漢道不
> 수보리 어의운하 아라한 능작시념 아득아라한도부

"수보리여! 그대 생각은 어떠한가? 아라한이 '나는 아라한도를 얻었다.'고 생각하겠는가?"

앞서 수다원, 사다함, 아나함은 '과(果)'을 얻었다고 표현하였으나, 아라한의 경우에만 '도(道)'를 얻었다고 표현하고 있습니다. 앞선 3위와는 달리 아라한은 소승불교의 목표이기도 하고 '나한전'에서 공경을 받을 정도로 차별이 있기 때문에 '득도(得道)'의 표현을 쓴 것으로 보입니다.

> 須菩提言 不也世尊 何以故 實無有法名阿羅漢 世尊 若阿羅漢作是念 我得阿羅漢道 卽爲着我人衆生壽者
> 수보리언 불야세존 하이고 실무유법명아라한 세존 약아라한작시념 아득아라한도 즉위착아인중생수자

수보리가 대답하였습니다.
"아닙니다. 세존이시여! 왜냐하면 실제 아라한이라 할 만한 법이 없기 때문입니다. 세존이시여! 아라한이 '나는 아라한도를 얻었다.'고 생각한다면 아·인·중생·수자에 집착하는 것이 됩니다."

모든 번뇌를 완전히 끊어 열반에 도달한 경지가 아라한(阿羅漢)입니다. 제1절에서 '若心取相 則爲着我人衆生壽者'라고 했습니다. 마음에 相이 있으면 아·인·중생·수자에 집착하는 것입니다. '내가 아라한이다.'라는 相이 있으면, 이는 아·인·중생·수자에 집착하는 것입니다. 그러기에 여기 제2절에서도 '若阿羅漢作是念 我得阿羅漢道 卽爲着我人衆生壽者'라고 표현하는 것입니다. 아라한이라고 불리는 법이 따로 있다고 생각하고, 본인이 그러한 도를 성취했다고 생각하는 순간 相을 취하게 되고, 相을 취하면 아라한일 수 없습니다.

성문승(聲聞僧)을 수행계위에 따라 성문사과(聲聞四果)로 분류하였지만, '보살'도 그 수행과 법력의 단계에 따라 구분이 됩니다. 특히 '화엄경'에서 보살을 10단계로 구분합니다. 화엄경과 보살의 계위를 살펴보겠습니다.

'화엄경'의 본래 명칭은 '대방광불화엄경(大方廣佛華嚴經)'입니다. 인도의 용수(龍樹, 150~250)보살[79]이 용궁에 가서 가져왔다고 전설이 전해질 정도로 대승불교에서 신비하고 귀한 경전으로 인정받는 대승경전입니다. 학자들은 화엄경이 한 번에 쓰여진 것으로는 보지 않고, 각각의 품(品)들이 개별적으로 존재하면서 여러 가지 이름으로 유통되다가 나중에 집대성된 것으로 보고 있습니다. 이렇게 집대성되어 오늘날까지 한문으로 번역된 화엄경은 60화엄, 80화엄, 40화엄의 3가지 본이 있습니다.

---

79 산스크리트어로 '나가르주나'이고, 중관(中觀)을 주창하고, 대승불교의 논리를 창시했기 때문에 '제2의 석가모니' 또는 '대승불교의 아버지'라고 불립니다.

가장 빠른 화엄경은 동진(東晋)의 불타발타라(佛馱跋陀羅)가 번역한 '대방광불화엄경' 60권 34품이 있습니다. 의상(義湘)대사의 법성게(法性偈)는 60화엄의 핵심 사상을 간추려서 노래한 것입니다. 불타발타라는 인도 승려로 구마라집의 파계를 문제 삼으며 엄격한 규율을 강조하는 강남의 여산혜원(廬山慧遠, 334~416)의 교단으로 가서, 412년부터 남경 도량사에서 '대방광불화엄경' 60권을 비롯하여 13부 125권을 번역합니다.

60화엄이 한문으로 나온 뒤, 측천무후(則天武后)에 의해 80화엄이 나오게 됩니다. 측천무후는 대승불교의 신봉자로서 60화엄이 불비한 것을 알고 완전한 화엄경의 원본을 구하고, 한역할 수 있는 고승 실차난타(實叉難陀)를 초빙하였습니다. 실차난타는 산스크리트어본을 가지고 중국에 와서, 서역에서 온 보리류지(菩提流支)와 중국 의정(義淨)의 도움을 받아 80화엄을 한역하였습니다. 이런 의미에서 60화엄을 구역(舊譯), 80화엄을 신역(新譯)이라고 부릅니다. '화엄경약찬게(華嚴經略纂偈)'는 그중 80화엄의 핵심을 엮은 게송입니다. 80화엄경은 39품(品)으로 이루어져 있습니다.

80화엄이 번역된 지 1백 년 뒤에 남천축(南天竺)에서 보내온 산스크리트어본을 반야(般若)가 한역한 것이 40화엄입니다.

화엄경의 품(品) 중에서 특히 중요한 품이 '십지품(十地品)'과 '입법계품(入法界品)'인데, '십지품'이 바로 보살 수행의 단계와 그 도달하는 경지를 일지(一地)부터 십지(十地)까지 단계적으로 설명한 품입니다.

계위	명칭	의미
1地	환희지(歡喜地)	큰 환희심을 내는 경지
2地	이구지(離垢地)	번뇌의 때를 벗고 청정한 계율을 지키는 단계
3地	발광지(發光地)	지혜의 광명이 나타나는 단계
4地	염혜지(焰慧地)	지혜로써 번뇌를 태우는 단계
5地	난승지(難勝地)	누구에게도 지지 않는 견고한 경지
6地	현전지(現前地)	진리가 바로 앞에 나타나는 경지
7地	원행지(遠行地)	세상에 들어가서 중생을 제도하는 단계
8地	부동지(不動地)	흔들림이 없는 단계
9地	선혜지(善慧地)	언제 어디서나 지혜의 설법을 할 수 있게 되는 단계
10地	법운지(法雲地)	지혜의 구름이 널리 감로의 비를 내리게 하는 경지

'십지품'과 더불어 화엄경에서 매우 유명한 품이 '입법계품'입니다. 입법계품은 선재동자(善財童子)가 선지식을 두루 찾으며 가르침을 받는 구도 이야기입니다. 선재동자는 문수보살을 포함하여 55곳과 53명의 선지식을 방문하여 가르침을 구하게 되는데, 이 선지식

에는 보살도 있지만, 바라문, 의사, 외도, 장자, 왕, 야차, 비구니, 창녀 등 다양한 군상이 등장합니다. 입법계품은 영화나 각종 문학에 중요한 모티브를 제공하였는데, 일본 애니메이션 '은하철도 999'도 화엄경 입법계품을 모티브로 한 애니메이션으로 알려져 있습니다.

화엄경의 이해에 금강경의 가르침을 응용하자면, '보살'도 성문사과와 마찬가지로 이름이 주는 相에 머무른다면 환희지(歡喜地), 이구지(離垢地) 등으로 불릴 수 없고, 그 이름에 맞는 경지에 이를 수도 없다 할 것입니다.

환희지(歡喜地)는 큰 환희심을 내는 경지라 환희지라 불리지만 이름이 주는 相에 머물러 있지 않아야 오히려 환희지라는 보살의 계위를 성취한다 할 것이고, 마찬가지로 이구지(離垢地)도 번뇌의 때를 벗어났다고 이구지이지만 이름이 주는 相에 머물지 않아야 이구지 보살의 계위를 성취한다 할 것입니다.

9-2~10-1 世尊 佛說我得無諍三昧人中 最爲第一 是第一離欲
세존 불설아득무쟁삼매인중 최위제일 시제일이욕
阿羅漢 我不作是念 我是離欲阿羅漢 世尊 我若作是念 我得阿
아라한 아부작시념 아시이욕아라한 세존 아약작시념 아득아
羅漢道 世尊 則不說須菩提 是樂阿蘭那行者 以須菩提實無所行
라한도 세존 즉불설수보리 시요아란나행자 이수보리실무소행
而名須菩提是樂阿蘭那行 佛告須菩提 於意云何 如來昔在燃燈
이명수보리시요아란나행 불고수보리 어의운하 여래석재연등
佛所 於法有所得不 不也世尊 如來在燃燈佛所 於法實無所得
불소 어법유소득부 불야세존 여래재연등불소 어법실무소득

소명태자는 제9분과 제10분으로 구분하였는데, 제9분과 제10분은 내용이 연결되기 때문에 중간에 구분해서는 안 된다고 봅니다.

제2절의 전개는 도입부에 수다원, 사다함, 아나함, 아라한의 일반적인 이야기가 나오고, 뒤이어 수보리가 본인의 이야기를 하고, 부처님이 수보리의 이야기에 화답하는 식으로 하기 때문에 수보리의 이야기와 부처님의 화답을 分으로 구분하여 나누어 버리면, 글의 호흡이 끊어지기 때문입니다.

거칠게 이야기하자면, 일반적인 성문사과(聲聞四果)도, 수보리 본인도 따로 그 이름에 맞게 구하는 法이 없었다고 하니 부처님이 나도 연등불 처소에서 따로 얻은 法이 없었다고 화답하는 구조입니다. 즉, '부처도 따로 얻은 法이 없고 相이 없는데, 하물며 성문사과나 수보리는 말하면 무엇하겠느냐.'와 같은 느낌인 것입니다.

소명태자는 제10분을 '장엄정토분(莊嚴淨土分)'으로 이름 지었는데, 굳이 구분하고자 하면 부처님의 답이 끝난 뒤 '장엄불토(莊嚴佛土)'에 대한 이야기를 시작하는 부분에서 구분했어야 합니다. 물론 이 책의 주장은 제1절과 마찬가지로, 제2절도 구분하지 말고 한 번에 읽어야 합니다.

왜냐하면 금강경은 보살의 길에 관한 경전이고, 성문사과, 수보리, 부처의 이야기를 앞부분에서 길게 한 것은 결국 보살에게 '불토(佛土)를 장엄(莊嚴)하게 만든다는 相을 가지지 말라.'는 이야기를 하기 위한 도입부이기 때문입니다.

世尊 佛說我得無諍三昧人中 最爲第一 是第一離欲阿羅漢 我
세 존 불 설 아 득 무 쟁 삼 매 인 중 최 위 제 일   시 제 일 이 욕 아 라 한 아
不作是念 我是離欲阿羅漢[80]
부 작 시 념 아 시 이 욕 아 라 한

---

80 諍 다툴 쟁; 三 석 삼; 昧 어두울 매; 最 가장 최; 離 떠날 리; 欲 욕심 욕

"세존이시여! 부처님께서 저를 다툼 없는 삼매를 얻는 사람 가운데 제일이고 욕망을 떠난 제일가는 아라한이라고 말씀하셨습니다. 저는 '나는 욕망을 떠난 아라한이다.'라고 생각하지 않습니다."

이제 수다원, 사다함, 아나함, 아라한에 대한 일반적인 이야기에서 수보리 본인에 대한 이야기로 들어옵니다. 앞선 문장의 논리구조와 동일합니다. 내가 욕망을 떠난 아라한이라는 相에 집착하지 않았기에 욕망을 떠난 제일가는 아라한으로 불릴 수 있었고 그 경지를 성취할 수 있었다는 의미입니다.

삼매(三昧)는 산스크리트어 사마디(Samādhi)의 한역어로 집중과 명상의 깊은 상태를 의미합니다.

世尊 我若作是念 我得阿羅漢道 世尊 則不說須菩提 是樂阿
세 존 아약작시념 아득아라한도 세존 즉불설수보리 시요아
蘭那行者 以須菩提 實無所行 而名須菩提 是樂阿蘭那行
란 나 행 자 이 수 보 리 실 무 소 행 이 명 수 보 리 시 요 아 란 나 행

"세존이시여! 제가 '나는 아라한도를 얻었다.'라고 생각한다면 세존께서는 수보리는 아란나행을 즐기는 사람이라고 말씀하시지 않았을 것입니다. '수보리는 실로 행한 바가 없으므로 수보리는 아란나행을 즐긴다.'라고 말씀하신 것입니다."

'樂阿蘭那行者'와 '得無諍三昧人'은 같은 의미입니다. '樂阿蘭那
요 아 란 나 행 자   득 무 쟁 삼 매 인   요 아 란 나
行者'는 음역, '得無諍三昧人'은 의역으로 봅니다.[81] 수보리도 실제로
행 자   득 무 쟁 삼 매 인
무엇을 한다는 相에 머무르지 않기에(實無所行), '요아란나행자(樂

---

81 김용옥, 앞의 책, 240면.

阿蘭那行者)' 혹은 '득무쟁삼매인(得無諍三昧人)'으로 불릴 수 있는 것입니다. 즉, 相이 없어서 아라한도를 얻을 수 있었고, 실제로 무엇을 행한다는 相에 머무르지 않기에 이렇게 불릴 수 있는 것입니다.

佛告須菩提 於意云何 如來 昔在燃燈佛所 於法有所得不[82]
불 고 수 보 리 어 의 운 하 여 래 석 재 연 등 불 소 어 법 유 소 득 부
부처님께서 수보리에게 말씀하셨습니다.
"그대 생각은 어떠한가? 여래가 옛적에 연등불 처소에서 법을 얻은 바가 있는가?"

이 문장을 이해하려면, 석가모니 전생 이야기인 '연등불수기 본생담(燃燈佛授記 本生譚)'을 알아야 합니다. 이 본생담은 석가모니가 전생에 바라문의 수행자 수메다(Sumedha)였을 때, 연등불(燃燈佛, Dipakara)에게 연꽃을 산화 공양하고 진흙 위에 자신의 사슴 가죽옷과 머리카락을 깔아 연등불이 밟고 지나갈 수 있도록 하자, 연등불이 '너는 미래에 부처가 될 것이다.'라는 예언을 했다는 내용입니다.

不也世尊 如來在燃燈佛所 於法實無所得
불 야 세 존 여 래 재 연 등 불 소 어 법 실 무 소 득
"아닙니다. 세존이시여! 여래께서 연등불 처소에서 실제로 법을 얻은 바는 없습니다."

이 부분은 수보리에 대한 부처님의 화답으로 보면 된다고 했습니다. 지금까지의 논리대로 수보리가 여기서 실제로 얻은 법이 있다고

---

82 昔 예 석; 在 있을 재; 燃 불탈 연; 燈 등 등

대답하면 안 될 것입니다. 수보리가 아라한 道를 얻었다는 相에 머물지 않아 아라한 道를 얻은 것처럼 석가모니도 法을 얻었다는 相에 머물지 않아 法을 얻을 수 있었다는 것입니다. 이 이야기는 제5절에서 좀 더 펼쳐집니다.

10-2 須菩提 於意云何 菩薩 莊嚴佛土不 不也世尊 何以故 莊嚴佛土者 則非莊嚴 是名莊嚴 是故 須菩提 諸菩薩摩訶薩 應如是生淸淨心 不應住色生心 不應住聲香味觸法生心 應無所住而生其心 須菩提 譬如有人 身如須彌山王 於意云何 是身爲大不 須菩提言 甚大世尊 何以故 佛說非身 是名大身
수보리 어의운하 보살 장엄불토부 불야세존 하이고 장엄불토자 즉비장엄 시명장엄 시고 수보리 제보살마하살 응여시생청정심 불응주색생심 불응주성향미촉법생심 응무소주이생기심 수보리 비여유인 신여수미산왕 어의운하 시신위대부 수보리언 심대세존 하이고 불설비신 시명대신

소명태자가 제9분을 '장엄정토분(莊嚴淨土分)'으로 이름 지었는데, 내용상 실질적인 장엄정토분의 시작입니다.

須菩提 於意云何 菩薩 莊嚴佛土不[83]
수보리 어의운하 보살 장엄불토부

"수보리여! 그대 생각은 어떠한가? 보살이 불국토를 장엄하게 만드는가?"

不也世尊 何以故 莊嚴佛土者 則非莊嚴 是名莊嚴
불야세존 하이고 장엄불토자 즉비장엄 시명장엄

"아닙니다. 세존이시여! 왜냐하면 불국토를 장엄하게 만든다는 것은 장엄한 것이 아닙니다. 장엄이라 이름할 뿐입니다."

---

83 莊 단정할 장; 嚴 엄할 엄

제2절 앞부분에 성문사과, 수보리, 부처의 이야기를 길게 한 것은 결국 보살에게 '불토(佛土)를 장엄(莊嚴)하게 만든다는 相을 가지지 마라.'는 이야기를 하기 위한 도입부입니다.

'莊嚴佛土'도 즉비(卽非) 구조에 집어넣어 무아(無我)를 설파하고 있습니다. 절대적으로 무엇을 장엄하게 한다는 것은 없습니다. 상대적인 세상에서 같은 행위라도 어떨 때는 장엄하다고 불리고, 어떨 때는 반대의 평가가 따라붙는 것입니다. 여기서는 존재론적으로 無我에만 그치는 것이 아니라, 행위론적으로도 절대적인 평가를 받는 것은 없다는 無我를 펼치면서, 相에 머무르지 않는 실천을 이야기하고 있습니다. 누군가를 돕고자 하는 행위가 받는 사람 입장에서는 방해가 될 수 있고, 어느 곳에서는 예의 바른 행동이 다른 곳에서는 무례한 행동이 될 수도 있습니다.

'보살이 불국토를 장엄하게 만드는가?'는 질문에 수보리는 아니(不也)라고 부정으로 대답했지만, 긍정의 대답(也)을 했어도 틀린 답이 아닐 것입니다. 장엄(莊嚴)이 無我임을 알고 相에 머무르지 않는 사람이어야 장엄이라 이름할 수 있고(是名莊嚴), 공(空)에 뿌리를 두고 색(色)의 相에 머무르지 않는 사람은 긍정으로 대답할 수도 있고, 부정으로 대답할 수도 있기 때문입니다.

是故 須菩提 諸菩薩摩訶薩 應如是生淸淨心 不應住色生心
시고 수보리 제보살마하살 응여시생청정심 불응주색생심
不應住聲香味觸法生心 應無所住而生其心
불응주성향미촉법생심 응무소주이생기심

"그러므로 수보리여! 모든 보살마하살은 이와 같은 청정심을 내어야 한다. 마땅히 색에 머무르지 않는 마음을 내어야 하고, 마땅히 성향미촉법에 머무르지 않는 마음을 내어야 한다. 마땅히 머무르는 바 없이, 그 마음을 내어야 한다."

제1절에서의 수보리의 두 가지 질문 1) 應云何住(어디에 마음을 둘 것인가?) 2) 云何降伏其心(어떻게 그 마음을 항복 받을 것인가?) 은 금강경을 관통하는 질문이라고 하였습니다.

이 질문에 대하여 부처님은 제1절에서 '我皆令入無餘涅槃而滅度之 如是滅度無量無數無邊衆生 實無衆生得滅度者'와 '於法應無所住 行於布施'로 대답하면서 각각의 질문에 대답하는 것 같지만, 한 번에 대답을 하고 있다고 말씀드렸습니다.

제2절에서의 이 문장도 제1절의 부처님의 답에 대한 변주입니다. 제1절에서의 '於法應無所住 行於布施'는 제2절에서 '應如是生淸淨心'으로 바뀌고, 제1절에서의 '所謂不住色布施 不住聲香味觸法布施'는 '不應住色生心 不應住聲香味觸法生心'으로 바뀝니다. 제1절의 '應如是布施 不住於相'도 제2절에서는 '應無所住 而生其心'으로 바뀌었습니다.

제1절	제2절
於法應無所住 行於布施	應如是 生淸淨心
所謂不住色布施 不住聲香味觸法布施	不應住色生心 不應住聲香味觸法生心

| 應如是布施 不住於相 | 應無所住 而生其心 |
| 응여시보시 부주어상 | 응무소주 이생기심 |

　전반적으로 제1절의 '보시(布施)'가 제2절에서는 '생심(生心)'으로 바뀌었다는 것을 확인할 수 있습니다. 여기서 '淸淨心'은 '相에 머무르지 않고 육바라밀을 실천하는 마음'을 의미하고, '應無所住 而生其心'의 의미도 '마땅히 相에 머무르지 않고, 육바라밀을 실천하라.'는 의미가 될 것입니다.

　'應無所住 而生其心'도 앞부분이 空이라면 뒷부분은 色(五蘊)에 해당되고, 금강경의 실천관에서는 어느 한 부분만을 떼어서 강조할 수 없다는 것은 앞서 설명한 바와 같습니다. 정리하면 다음과 같습니다.

질문	應云何住? 응운하주	云何降伏其心? 운하항복기심
보살의 덕목	空 공	色(五蘊) 색 오온
	上求菩提 상구보리	下化衆生 하화중생
제1절	實無衆生得滅度者 실무중생득멸도자	我皆令入無餘涅槃而滅度之 아개영입무여열반이멸도지
	應無所住 응무소주	行於布施 행어보시
	不住色 부주색	布施 보시
	不住聲香味觸法 부주성향미촉법	布施 보시
	不住於相 부주어상	布施 보시

제2절	不應住色 불응주색	生心 생심
	不應住聲香味觸法 불응주성향미촉법	生心 생심
	應無所住 응무소주	生其心 생기심
	應如是生淸淨心 응여시생청정심	

제1절에서 '凡所有相皆是虛妄 若見諸相非相則見如來'가 가장
유명한 구절이라면, 제2절에서는 '應無所住而生其心'이 가장 유명
한 구절입니다. 특히 이 구절은 육조 혜능 선사가 나무꾼으로 지내
다가 이 '應無所住而生其心' 구절을 우연히 듣고 크게 느낀 바가 있
어 오조 홍인 선사를 찾아간 이야기로 유명합니다.

須菩提 譬如有人身如須彌山王 於意云何 是身爲大不
수 보 리 비 여 유 인 신 여 수 미 산 왕 어 의 운 하 시 신 위 대 부
"수보리여! 비유해서 말해서 어떤 사람의 몸이 수미산과 같다면
그대 생각은 어떠한가? 그 몸이 크지 않은가?"

須菩提言 甚大世尊 何以故 佛說非身 是名大身
수 보 리 언 심 대 세 존 하 이 고 불 설 비 신 시 명 대 신
수보리가 대답하였습니다.
"매우 큽니다. 세존이시여! 왜냐하면 부처님께서는 (큰)몸이 아니
라고 말씀하십니다. 큰 몸이라 불릴 뿐입니다."

제1절 후렴에서 수보리가 삼천대천세계에 칠보로 보시한 공덕이
많은가에 대답으로 '많습니다(多). 하지만 제가 많다고 하는 것은 그

냥 色의 눈으로 보아 많은 것이 아니라, 無我와 空의 이치를 알고 많다(多)고 말하는 것입니다.'와 유사한 논리구조로 '수미산 같은 큰 몸'이라는 비유를 통하여 조금 더 쉽게 설명하려고 합니다. 동일한 내용이 제5절(소명태자 분류 제17분)에 나옵니다. 제5절에서는 '譬如人身長大(비유하자면 사람의 몸이 큰 것과 같다.)', '如來說人身長大 則爲非大身 是名大身(여래가 사람의 몸이 크다고 하지만 큰 몸이 아니라, 크다고 불릴 뿐이다.)'으로 되어 있습니다. 이 절의 '佛說非身'은 '佛說非大身'을 의미한다고 보아야 합니다.

　막연하게 '무아(無我)'를 설명한다고 해 봅시다. '네가 들고 있는 연필은 연필이 아니다.'라고 無我를 설명하면 도무지 이해하기 쉽지 않습니다. 그런데 '어떤 사람의 몸이 수미산만큼 크다 하더라도 비교의 대상이 있을 때 크다고 할 수 있는 것이지 절대적으로 크다고 할 수는 없다. 모든 사람의 몸이 수미산보다 크다면 이 사람은 오히려 작다고 불릴 것이다. 즉 크다·작다는 것은 선재적·절대적으로 존재하는 실체적 개념이 아니라(無我), 동일한 집단 내에서 상대적으로 비교할 때 비로소 발생하는 개념이어서 크다·작다고 불릴 뿐이지 실제로 크고 작은 것은 아니다. '몸이 크다(大身)'라고 하지만 이는 상대적 세계에 존재할 때만 '몸이 큰(大身)' 것이지 실체가 따로 있는 것은 아니다. 마치 비가 내리는 도중에 비인 것이지 비의 실체가 따로 있는 것이 아닌 것과 마찬가지이다.'라고 설명하면 조금 더 쉽게 無我가 이해가 될 수 있을 것입니다.

　'莊嚴佛土者 則非莊嚴 是名莊嚴'도 마찬가지입니다. 장엄하게 한다·더럽게 한다는 것은 그 상황에서 발생하는 비교적 개념이지 먼저 선재하는 절대적 개념이 아닙니다.

II. 후렴

須菩提 如恒河中所有沙數 如是沙等恒河 於意云何 是諸恒河
수보리 여항하중소유사수 여시사등항하 어의운하 시제항하
沙 寧爲多不 須菩提言 甚多世尊 但諸恒河 尙多無數 河況其沙
사 영위다부 수보리언 심다세존 단제항하 상다무수 하황기사

"수보리여! 항하의 모래 수만큼 항하가 있다면 그대 생각은 어떠한가? 이 모든 항하의 모래 수는 많지 않은가?"

수보리가 대답하였습니다.

"매우 많습니다. 세존이시여! 항하들만 해도 헤아릴 수 없이 많은데 하물며 그것의 모래이겠습니까?"

須菩提 我今實言告汝 若有善男子善女人 以七寶滿爾所恒河
수보리 아금실언고여 약유선남자선여인 이칠보만이소항하
沙數三千大千世界 以用布施 得福多不 須菩提言 甚多世尊
사수삼천대천세계 이용보시 득복다부 수보리언 심다세존

"수보리여! 내가 지금 진실한 말로 그대에게 말하노니, 선남자선여인이 그 항하 모래 수만큼의 삼천대천세계에 칠보를 가득 채워 보시한다면 그 복덕이 많겠는가?"

수보리가 대답하였습니다.

"매우 많습니다. 세존이시여!"

佛告須菩提 若善男子善女人 於此經中乃至受持四句偈等 爲
불고수보리 약선남자선여인 어차경중내지수지사구게등 위
他人說 而此福德 勝前福德
타인설 이차복덕 승전복덕

부처님께서 수보리에게 말씀하셨습니다.

"선남자선여인이 이 경에서 사구게 등을 받아 지니고 다른 사람을 위해 설해준다면 이 복이 저 복보다 더 뛰어나다."

復次 須菩提 隨說是經乃至四句偈等 當知 此處一切世間天人
부 차 수 보 리 수 설 시 경 내 지 사 구 게 등 당 지 차 처 일 체 세 간 천 인
阿修羅 皆應供養 如佛塔廟 何況有人盡能受持讀誦
아 수 라 개 응 공 양 여 불 탑 묘 하 황 유 인 진 능 수 지 독 송

"또한 수보리여! 이 경이 설해지는 곳을 따라 사구게 등에 이른다면, 이곳은 일체세간의 하늘·인간·아수라가 마땅히 공양할 부처님의 탑묘임을 당연히 알아야 한다. 하물며 이 경 전체를 받아 지녀서 읽고 외우는 사람이랴!"

須菩提 當知 是人成就最上第一希有之法 若是經典所在之處
수 보 리 당 지 시 인 성 취 최 상 제 일 희 유 지 법 약 시 경 전 소 재 지 처
則爲有佛若尊重弟子
즉 위 유 불 약 존 중 제 자

"수보리여! 이 사람은 가장 높고 가장 희유한 법을 성취할 것이고, 이 경전이 있는 곳이 부처님과 존경받는 제자들이 계시는 곳임을 당연히 알아야 한다."

11-0 須菩提 如恒河中所有沙數 如是沙等恒河 於意云何 是
　　　　수 보 리 여 항 하 중 소 유 사 수 여 시 사 등 항 하 어 의 운 하 시
諸恒河沙 寧爲多不 須菩提言 甚多世尊 但諸恒河 尙多無數 河
제 항 하 사 영 위 다 부 수 보 리 언 심 다 세 존 단 제 항 하 상 다 무 수 하
況其沙 須菩提 我今實言告汝 若有善男子善女人 以七寶滿爾所
황 기 사 수 보 리 아 금 실 언 고 여 약 유 선 남 자 선 여 인 이 칠 보 만 이 소
恒河沙數三千大千世界 以用布施 得福多不 須菩提言 甚多世尊
항 하 사 수 삼 천 대 천 세 계 이 용 보 시 득 복 다 부 수 보 리 언 심 다 세 존

佛告須菩提 若善男子善女人 於此經中乃至受持四句偈等 爲他
불고수보리 약선남자선여인 어차경중내지수지사구게등 위타
人說 而此福德 勝前福德
인설 이차복덕 승전복덕

    소명태자 분류 제11분 '무위복승분(無爲福勝分)' 부분입니다. 제1절의 후렴과 마찬가지로 금강경의 공덕을 찬양하고 있습니다. '무위복승(無爲福勝)'은 무위(無爲)의 복(福)이 유위(有爲)의 복을 이긴다(勝)는 의미입니다.

須菩提 如恒河中所有沙數 如是沙等恒河 於意云何 是諸恒河
수보리 여항하중소유사수 여시사등항하 어의운하 시제항하
沙 寧爲多不[84]
사 영위다부

    "수보리여! 항하의 모래 수만큼 항하가 있다면 그대 생각은 어떠한가? 이 모든 항하의 모래 수는 많지 않은가?"

    제1절의 후렴보다 그 스케일이 더 커집니다. 제1절의 후렴이 '삼천대천세계'에 칠보를 가득 채운 공덕과 금강경의 공덕을 비교했다면, 제2절의 후렴은 '항하수 모래 수만큼의 삼천대천세계'에 칠보를 가득 채운 공덕과 금강경의 공덕을 비교합니다. 이 문장대로 항하의 모래 수만큼의 항하가 있다면, 그 전체의 모래 수는 어마어마할 것입니다. 항하(恒河)는 인도의 갠지스강을 말합니다.

須菩提言 甚多世尊 但諸恒河 尙多無數 河況其沙
수보리언 심다세존 단제항하 상다무수 하황기사
    수보리가 대답하였습니다.

---

84 恒 항상 항; 河 물 하; 沙 모래 사; 數 셀 수

"매우 많습니다. 세존이시여! 항하들만 해도 헤아릴 수 없이 많은데 하물며 그것의 모래이겠습니까?"

須菩提 我今實言告汝 若有善男子善女人 以七寶滿爾所恒河
수보리 아금실언고여 약유선남자선여인 이칠보만이소항하
沙數三千大千世界 以用布施 得福多不
사수삼천대천세계 이용보시 득복다부

"수보리여! 내가 지금 진실한 말로 그대에게 말하노니, 선남자선여인이 그 항하 모래 수만큼의 삼천대천세계에 칠보를 가득 채워 보시한다면 그 복덕이 많겠는가?"

須菩提言 甚多世尊
수보리언 심다세존

수보리가 대답하였습니다.

"매우 많습니다. 세존이시여!"

佛告須菩提 若善男子善女人 於此經中 乃至受持四句偈等 爲
불고수보리 약선남자선여인 어차경중 내지수지사구게등 위
他人說 而此福德 勝前福德
타인설 이차복덕 승전복덕

부처님께서 수보리에게 말씀하셨습니다.

"선남자선여인이 이 경에서 사구게 등을 받아 지니고 다른 사람을 위해 설해준다면 이 복이 저 복보다 더 뛰어나다."

12-0 復次 須菩提 隨說是經乃至四句偈等 當知 此處一切世
부차 수보리 수설시경내지사구게등 당지 차처일체세
間天人阿修羅 皆應供養 如佛塔廟 何況有人盡能受持讀誦 須菩
간천인아수라 개응공양 여불탑묘 하황유인진능수지독송 수보
提 當知 是人成就最上第一希有之法 若是經典所在之處 則爲有
리 당지 시인성취최상제일희유지법 약시경전소재지처 즉위유

佛若尊重第子
불 약 존 중 제 자

소명태자 분류 제12분 '존중정교분(尊重正敎分)'입니다. 바른 가르침(正敎)을 존중(尊重)한다는 의미입니다. 여전히 금강경의 공덕을 찬양하는 후렴구로 볼 수 있습니다. 앞선 공덕에 더욱더 금강경의 공덕을 덧붙입니다.

復次 須菩提 隨說是經乃至四句偈等 當知 此處一切世間天人
부 차 수 보 리 수 설 시 경 내 지 사 구 게 등 당 지 차 처 일 체 세 간 천 인
阿修羅 皆應供養 如佛塔廟 何況有人盡能受持讀誦[85]
아 수 라 개 응 공 양 여 불 탑 묘 하 황 유 인 진 능 수 지 독 송

"또한 수보리여! 이 경이 설해지는 곳을 따라 사구게 등에 이른다면, 이곳은 일체세간의 하늘·인간·아수라가 마땅히 공양할 부처님의 탑묘임을 당연히 알아야 한다. 하물며 이 경 전체를 받아 지녀서 읽고 외우는 사람이랴!"

금강경에서 '부차(復次)'가 있으면, 앞 내용을 그대로 받기 때문에 끊어서는 안 된다고 하였습니다. 앞의 문장에서 이어지는 금강경의 공덕을 찬양하는 문장입니다.

'천인아수라(天人阿修羅)'는 육도윤회에서 천상계, 인간계, 아수라계에 속하는 존재를 의미합니다.

須菩提 當知 是人成就最上第一希有之法 若是經典所在之處
수 보 리 당 지 시 인 성 취 최 상 제 일 희 유 지 법 약 시 경 전 소 재 지 처

---
85 隨 따를 수; 世 인간 세; 間 사이 간; 供 이바지할 공; 養 기를 양; 塔 탑 탑; 廟 사당 묘; 讀 읽을 독; 誦 욀 송

則爲有佛若尊重第子[86]
즉 위 유 불 약 존 중 제 자

"수보리여! 이 사람은 가장 높고 가장 희유한 법을 성취할 것이고, 이 경전이 있는 곳이 부처님과 존경받는 제자들이 계시는 곳임을 당연히 알아야 한다."

금강경의 사구게 등에만 이르러도 그곳은 부처님의 탑묘가 있는 곳인데, 금강경 전체를 받아 지녀서 읽고 외우면(受持讀誦) 그 사람은 최상의 법을 성취하는 사람이고, 그 경전이 있는 곳에는 부처님이나 존경받는 제자가 있다는 이야기입니다. '佛若尊重第子'에서
불 약 존 중 제 자
'若'은 혹은(or)이라는 뜻이라고 합니다.[87]

---

86 成 이룰 성; 就 나아갈 취; 尊 높을 존; 重 무거울 중
87 김용옥, 앞의 책, 262면.

正宗分
第三節

Ⅰ. 본문

爾時 須菩提白佛言 世尊 當何名此經 我等云何奉持 佛告須
이시 수보리백불언 세존 당하명차경 아등운하봉지 불고수
菩提 是經名爲金剛般若波羅蜜 以是名字 汝當奉持 所以者何
보리 시경명위금강반야바라밀 이시명자 여당봉지 소이자하
須菩提 佛說般若波羅蜜 則非般若波羅蜜 是名般若波羅蜜
수보리 불설반야바라밀 즉비반야바라밀 시명반야바라밀

이때 수보리가 부처님께 여쭈었습니다.

"세존이시여! 이 경을 어떻게 불러야 하며 저희들이 어떻게 받들어 지녀야 합니까?"

부처님께서 수보리에게 말씀하셨습니다.

"이 경의 이름은 '금강반야바라밀'이니, 이 이름으로 너희들은 받들어 지녀야 한다. 그 까닭은 무엇인가? 수보리여! 부처는 반야바라밀이 반야바라밀이 아니라고 설한다. 다만 반야바라밀이라 불릴 뿐이다."

須菩提 於意云何 如來有所說法不 須菩提白佛言 世尊 如來
수보리 어의운하 여래유소설법부 수보리백불언 세존 여래
無所說
무소설

"수보리여! 그대 생각은 어떠한가? 여래가 법을 설한 바가 있는가?"

수보리가 부처님께 말씀드렸습니다.

"세존이시여! 여래께서 설한 바는 없습니다."

須菩提 於意云何 三千大千世界 所有微塵 是爲多不 須菩提
言 甚多世尊 須菩提 諸微塵 如來說非微塵 是名微塵 如來說世
界 非世界 是名世界

"수보리여! 어떻게 생각하느냐? 삼천대천세계를 이루고 있는 티끌이 많지 않느냐?"

수보리가 대답하였습니다.

"매우 많습니다. 세존이시여."

"수보리여! 여래는 티끌을 티끌이 아니라고 설한다. 티끌이라 부를 뿐이다. 여래는 세계를 세계가 아니라고 설한다. 세계라고 이를 뿐이다."

須菩提 於意云何 可以三十二相見如來不 不也世尊 不可
以三十二相得見如來 何以故 如來說三十二相 卽是非相 是名
三十二相

"수보리여! 그대 생각은 어떠한가? 32상으로 여래를 볼 수 있는가?"

"없습니다. 세존이시여! 32상으로 여래를 볼 수 없습니다. 왜냐하면 여래께서는 32상이 상이 아니라고 설하십니다. 32상으로 이름할 뿐입니다."

13-1 爾時 須菩提白佛言 世尊 當何名此經 我等云何奉持 佛
　　　이시 수보리백불언 세존 당하명차경 아등운하봉지 불
告須菩提 是經名爲金剛般若波羅蜜 以是名字 汝當奉持 所以者
고수보리 시경명위금강반야바라밀 이시명자 여당봉지 소이자
何 須菩提 佛說般若波羅蜜 則非般若波羅蜜 是名般若波羅蜜 須
하 수보리 불설반야바라밀 즉비반야바라밀 시명반야바라밀 수
菩提 於意云何 如來有所說法不 須菩提白佛言 世尊 如來無所說
보리 어의운하 여래유소설법부 수보리백불언 세존 여래무소설

소명태자 분류 제13분 '여법수지분(如法受持分)'이 시작됩니다. 법에 맞게(如法) 금강경을 받아서 지닌다(受持)는 의미입니다.

爾時 須菩提白佛言 世尊 當何名此經 我等云何奉持
　이시 수보리백불언 세존 당하명차경 아등운하봉지
이때 수보리가 부처님께 여쭈었습니다.

"세존이시여! 이 경을 어떻게 불러야 하며 저희들이 어떻게 받들어 지녀야 합니까?"

'이시(爾時)'는 앞에서 설명하였듯이 금강경에서 주위를 환기하며 새로운 절로 들어가는 중요한 도입부 역할을 합니다. 여기서도 새로운 절이 시작하는 신호의 역할을 합니다.

佛告須菩提 是經名爲金剛般若波羅蜜 以是名字 汝當奉持
　불고수보리 시경명위금강반야바라밀 이시명자 여당봉지
부처님께서 수보리에게 말씀하셨습니다.

"이 경의 이름은 '금강반야바라밀'이니, 이 이름으로 너희들은 받들어 지녀야 한다."

所以者何 須菩提 佛說般若波羅蜜 則非般若波羅蜜 是名般若
소 이 자 하 수 보 리 불 설 반 야 바 라 밀 즉 비 반 야 바 라 밀 시 명 반 야
波羅蜜
바 라 밀

"그 까닭은 무엇인가? 수보리여! 부처는 반야바라밀이 반야바라밀이 아니라고 설한다. 반야바라밀이라 이름할 뿐이다."

'반야바라밀'조차도 유위법(有爲法)의 세계에 이름을 가지고 등장하면, 무아(無我)의 예외일 수 없음을 이야기합니다. '반야바라밀'은 지혜의 궁극이라는 의미입니다. 부처님이 이 경을 반야바라밀이라고 규정하면, 반야바라밀이 이 경이라는 실체로 고착화되고, 하나의 相이 생겨 버립니다. 금강경이 영험하기는 하나, 이 금강경이 세상 최고의 진리이네, 유일한 진리이네 하는 相을 가지는 것을 경계하는 말이기도 합니다. 금강경은 이런 식으로 相을 가질만한 말이 등장하면, 즉비(卽非) 구조로 그 말의 相을 깨는 패턴이 반복됩니다.

제1절 후반부(소명태자 분류 제7분)에서 1) 如來得阿耨多羅三藐三菩提耶 (여래가 아누다라삼먁삼보리를 얻었는가?) 2) 如來有所說法耶 (여래가 법을 설한 바가 있느냐?)라고 질문을 하였습니다.

제1절에서는 첫 번째 질문에 대하여 '無有定法名阿耨多羅三藐三菩提(아누다라삼먁삼보리라 할 정해진 법이 없다.)'고 답하였습니다. 그런데 아누다라삼먁삼보리를 달리 이름 지을 수 없어 '아누다라삼먁삼보리'라고 부르듯이, 반야바라밀도 그 실체를 잡을 수는 없고 다만 '반야바라밀'이라고 부를 뿐입니다. 결국 이 절의 '般若波羅蜜 則非般若波羅蜜 是名般若波羅蜜'의 구문은 제1절의 '無有定法名阿耨多羅三藐三菩提'의 변용입니다.

제1절에서 두 번째 질문에 대해서는 '無有定法如來可說(여래께서 설할 수 있는 정해진 법이 없습니다.)'고 대답했습니다. 이에 대한 제3절에서의 변용은 바로 다음 구문에 나옵니다.

須菩提 於意云何 如來有所說法不 須菩提白佛言 世尊 如來無所說
수보리 어의운하 여래유소설법부 수보리백불언 세존 여래무소설

"수보리여! 그대 생각은 어떠한가? 여래가 법을 설한 바가 있는가?"

수보리가 부처님께 말씀드렸습니다.

"세존이시여! 여래께서 설한 바는 없습니다."

'여래가 법을 설한 바가 있는가?'라는 질문에 제1절에서는 '無有定法如來可說(여래가 설할 수 있는 정해진 법은 없습니다.)'라고 답하여 직접적인 답을 하지 않고 비껴서 대답한 데 비하여, 제3절에서는 '如來無所說(여래께서는 설한 바가 없습니다.)'로 단도직입적으로 대답합니다.

제7절(소명태자 분류 제25분)에서 '實無有衆生如來度者 若有衆生如來度者 如來則有我人衆生壽者(실로 여래가 제도한 중생은 없다. 만약 여래가 제도한 중생이 있다면 여래는 아·인·중생·수자가 있는 것이다.)'라고 하였습니다. 이러한 감각으로 이 문장을 읽으면 됩니다.

여래가 제도한 중생이 있다고 말한다면 여래라도 아·인·중생·수자가 있는 것입니다. 마찬가지로 여래가 설한 바가 있다고 말한다면

여래라도 아·인·중생·수자가 있는 것입니다. 여래가 법을 설한다는 相을 가지고 설한다면, 법을 설하는 것이 아닙니다. 법을 설한다는 相이 없기에 법을 설하는 것입니다.

그런데 사실 여래가 설한 바가 있다는 의미로 '如來有所說(여래유소설)'이라고 대답하였어도 틀린 대답은 아닙니다. 다만 '如來有所說(여래유소설)'이라고 대답한다면 바로 뒤에 이렇게 대답하는 것은 '無我'와 '空'에 근거한 '있다(有)'라는 단서를 금강경은 붙여 줍니다. '如來無所說(여래무소설)'이라고 대답하였기에 뒤에 별다른 단서를 붙이지 않고 있습니다. 있다(有)는 대답도, 없다(無)는 대답도 모두 정답이 될 수 있다는 것은 제7절에서 상세히 설명됩니다.

수보리의 입장에서도 여래가 법을 설한다는 相을 가지고 배움에 임한다면, 자신의 관념에서 여래가 법(法)을 설한다고 생각하는 부분만큼만 배우게 되고 다른 부분은 모두 놓치게 됩니다. 이런 相을 놓아버리면 일체 모든 것에서 배우게 되고, 무주상보시의 공덕이 무량한 것처럼 무주상배움의 범위도 무한해지는 것입니다.

무위법의 세계에 있는 아누다라삼먁삼보리, 반야바라밀을 유위법의 세계에 구현하는데, 구현한다는 相이 있으면 왜곡될 수밖에 없습니다. 가르치는 사람도 배우는 사람도 相에 머물지 않고 가르치고 배워야 유위법의 세계에서 무위법의 진리가 전달될 수 있습니다.

위대한 성현의 가르침은 특별히 가르치려는 의도를 가지고 하는 말과 행동보다는 전인격적인 자연스러운 노출에서 드러납니다. 공자님도 나의 모든 것을 보여줌으로써 제자들을 가르친다는 자신감을 '논어'의 '술이편(述而篇)'에서 표현하였습니다.

"너희들은 내가 숨기는 게 있다고 여기느냐?
나는 너희에게 숨기는 것이 없다.
나는 행하고서 너희들에게 가르쳐 주지 않는 것이 없다.
이것이 바로 나 구(丘, 공자의 이름)다."

二三子以我爲隱乎 吾無隱乎爾
이 삼 자 이 아 위 은 호 오 무 은 호 이
吾無行而不與二三子者 是丘也.
오 무 행 이 불 여 이 삼 자 자 시 구 야

배우는 사람도 배움에 대한 고정관념, 相을 두지 않는다면, 일체 모든 것에서 배울 수 있습니다. 소동파(蘇東坡, 1037~1101)가 상총(東林常總, 1025~1091) 선사의 "그대는 무정설법(無情說法)은 듣지 않고 유정설법(有情說法)만 들으려 하시오?"란 말에 말문이 막혔다가 폭포 소리에 깨달음을 얻은 시는 유명합니다.

溪聲便是廣長說　계곡 물소리가 곧 넓고 큰 법문이고
계 성 변 시 광 장 설
山色豈非淸淨身　산빛이 어찌 청정법신이 아니겠느냐
산 색 기 비 청 정 신
夜來八萬四千偈　밤새 내려온 팔만사천 게송을
야 래 팔 만 사 천 게
他日如何擧似人　다른 날 다른 이에게 전할 수 있겠는가?
타 일 여 하 거 사 인

13-2 須菩提 於意云何 三千大千世界 所有微塵 是爲多不 須
　　　　수보리 어의운하 삼천대천세계 소유미진 시위다부 수
菩提言 甚多世尊 須菩提 諸微塵 如來說非微塵 是名微塵 如來
보리언 심다세존 수보리 제미진 여래설비미진 시명미진 여래
說世界 非世界 是名世界
설세계 비세계 시명세계

須菩提 於意云何 三千大千世界 所有微塵 是爲多不 須菩提
수보리 어의운하 삼천대천세계 소유미진 시위다부 수보리
言 甚多世尊[88]
언 심다세존

"수보리여! 어떻게 생각하느냐? 삼천대천세계를 이루고 있는 티끌이 많지 않느냐?"

수보리가 대답하였습니다.

"매우 많습니다. 세존이시여."

須菩提 諸微塵 如來說非微塵 是名微塵 如來說世界 非世界
수보리 제미진 여래설비미진 시명미진 여래설세계 비세계
是名世界
시명세계

"수보리여! 여래는 티끌을 티끌이 아니라고 설한다. 티끌이라 부를 뿐이다. 여래는 세계를 세계가 아니라고 설한다. 세계라고 이를 뿐이다."

갑자기 뜬금없이 티끌(微塵)과 세계(世界)가 등장했다고 생각할 수 있습니다. 여기서는 티끌(微塵)과 세계(世界)로서 無我를 설명합니다. 아무리 작은 티끌이라고 내부(內部)가 있기 때문에 가장 작다고 할 수 없습니다. 그래서 극미(極微, paramāṇu 더 이상 분할이 되지 않는 최소 단위)는 상상의 단위이지 실제로 존재하는 것은 아닙니다. 그냥 가장 작은 것으로 불릴 뿐입니다.

마찬가지의 설명을 세계(世界)에 대해서도 할 수 있습니다. 아무리 세계가 커도 외부(外部)가 있는 이상 가장 크다고 할 수 없습니다. 가장 크다는 것은 상상의 세상이지 실제로 존재하는 것이 아닙

---

88 微 작을 미; 塵 티끌 진

니다. 그래서 그냥 가장 크다고 불릴 뿐입니다.

'가장 작은 것', 혹은 '가장 큰 것' 모두 머릿속의 개념일 뿐, 실제로 존재하는 실체는 아니라는 無我를 설명하고 있는 구절입니다. 이 부분은 제8절에 다시 반복됩니다.

13-3 須菩提 於意云何 可以三十二相見如來不 不也世尊 不
　　　수보리 어의운하 가이삼십이상견여래부 불야세존 불
可以三十二相得見如來 何以故 如來說三十二相 卽是非相 是名
가이삼십이상득견여래 하이고 여래설삼십이상 즉시비상 시명
三十二相
삼십이상

제1절의 '可以身相見如來不 (신상으로 여래를 볼 수 있는가)?'의 변주입니다. 제1절의 '신상(身相)'이 이 절에서 '삼십이상(三十二相)'으로 구체화된 것 이외에는 동일합니다. 다만 제1절에서는 '如來所說身相 卽非身相'으로 구문이 끝났지만 제3절에서는 '是名三十二相'이 첨부되어 있습니다.

제1절	제3절
可以身相 見如來不 가 이 신 상 견 여 래 부	可以三十二相 見如來不 가 이 삼 십 이 상 견 여 래 부
如來所說身相 卽非身相 여 래 소 설 신 상 즉 비 신 상	如來說三十二相 여 래 설 삼 십 이 상 卽是非相 是名三十二相 즉 시 비 상 시 명 삼 십 이 상

須菩提 於意云何 可以三十二相見如來不
_{수 보 리 어 의 운 하 가 이 삼 십 이 상 견 여 래 부}

"수보리여! 그대 생각은 어떠한가? 32상으로 여래를 볼 수 있는가?"

부처의 32상(三十二相)은 불교 경전에 나오는 부처님의 32가지 신체적 특징을 의미합니다.[89]

---

89 ①족하안평립상(足下安平立相): 발바닥이 평평해 안정적이다, ②족하이륜상(足下二輪相): 발바닥에 두 개의 바퀴 모양의 무늬가 있다, ③장지상(長指相): 손가락이 길다, ④족근광평상(足跟廣平相): 발꿈치가 넓고 평평하다, ⑤수족지만망상(手足指縵網相): 손가락과 발가락 사이에 막이 있다, ⑥수족유연상(手足柔軟相): 손발이 부드럽다, ⑦족부고만상(足趺高滿相): 발등이 높고 원만하다, ⑧이니연천상(伊泥延䏶相): 장딴지가 이니연(伊泥延, 검은 털이 나고 긴 다리를 가진 사슴왕(鹿王))의 것 같다, ⑨정립수마슬상(正立手摩膝相): 팔을 펴면 손이 무릎까지 내려간다, ⑩음장상(陰藏相): 성기가 몸 안에 감추어져 있다, ⑪신광장등상(身廣長等相): 몸이 넓고 길다, ⑫모상향상(毛上向相): 털이 위로 향해 있다, ⑬일일공일모생상(一一孔一毛生相): 털구멍마다 하나의 털이 있다, ⑭금색상(金色相): 몸이 금빛이다, ⑮장광상(丈光相): 몸에서 나오는 빛이 두루 비춘다, ⑯세박피상(細薄皮相): 피부가 얇다, ⑰칠처륭만상(七處隆滿相): 일곱 부분(두 발바닥과 두 손바닥, 두 어깨와 정수리)이 두텁고 풍만하다. ⑱양액하륭만상(兩腋下隆滿相): 양쪽 겨드랑이가 두텁고 풍만하다, ⑲상신여사자상(上身如師子相): 상반신이 사자와 같다, ⑳대직신상(大直身相): 몸이 곧고 바르다, ㉑견원만상(肩圓滿相): 어깨가 원만하다, ㉒사십치상(四十齒相): 치아가 마흔 개다, ㉓치제상(齒齊相): 치아가 가지런하다, ㉔아백상(牙白相): 어금니가 희다, ㉕사자협상(師子頰相): 턱이 사자와 같다, ㉖미중득상미상(味中得上味相): 맛을 잘 느낀다, ㉗대설상(大舌相): 혀가 크다, ㉘범성상(梵聲相): 음성이 맑다, ㉙진청안상(眞靑眼相): 눈동자가 검푸르다, ㉚우안첩상(牛眼睫相): 속눈썹이 소와 같다, ㉛정계상(頂髻相): 정수리가 상투 모양으로 돋아나 있다, ㉜백호상(白毫相): 이마에 하얀 털이 있다.

不也世尊 不可以三十二相 得見如來 何以故 如來說三十二相
_{불야세존 불가이삼십이상 득견여래 하이고 여래설삼십이상}
卽是非相 是名三十二相
_{즉시비상 시명삼십이상}

"없습니다. 세존이시여! 32상으로 여래를 볼 수 없습니다. 왜냐하면 여래께서는 32상이 상이 아니라고 설하십니다. 32상으로 이름할 뿐입니다."

제1절의 '신상(身相)'으로 여래를 볼 수 없다는 말과 제3절의 '32상(三十二相)'으로 여래를 볼 수 없다는 말은 같은 말입니다. 가장 눈에 먼저 보이는 것이 시각적인 색(色)의 모습이라, 신상, 32상으로 여래를 볼 수 있는지만 이야기했지만, 그럴듯하게 세상을 달관하고 초월한 것 같은 말과 태도로도 여래를 볼 수 없습니다. 유위법의 대표적인 예로서 신상, 32상을 이야기했다고 보면 됩니다. 이러한 변주는 다음 절에서도 계속됩니다.

II. 후렴

> 須菩提 若有善男子善女人 以恒河沙等身命布施 若復有人 於
> 수보리 약유선남자선여인 이항하사등신명보시 약부유인 어
> 此經中乃至受持四句偈等 爲他人說 其福甚多
> 차경중내지수지사구게등 위타인설 기복심다
>
> "수보리여! 어떤 선남자선여인이 항하의 모래 수만큼 목숨을 보시한다고 하자. 또 어떤 사람이 이 경에서 사구게 등을 받아 지니고 다른 사람을 위해 설한다면 이 복이 저 복보다 많다."

13-4 須菩提 若有善男子善女人 以恒河沙等身命布施 若復有
　　　수보리 약유선남자선여인 이항하사등신명보시 약부유
人 於此經中乃至受持四句偈等 爲他人說 其福甚多[90]
인 어차경중내지수지사구게등 위타인설 기복심다

"수보리여! 어떤 선남자선여인이 항하의 모래 수만큼 목숨을 보시한다고 하자. 또 어떤 사람이 이 경에서 사구게 등을 받아 지니고 다른 사람을 위해 설한다면 이 복이 저 복보다 많다."

　제3절은 본문과 후렴이 모두 소명태자 분류 제13분에 포함될 만큼 짧은 절입니다. 제3절의 후렴은 짧지만 그 내용은 강렬합니다. 앞서 제1절과 제2절에서 재물로 보시를 하는 정도였다면, 제3절에서는 보시의 목적물이 '목숨'으로 더욱 강렬해졌습니다. 금강경의 공덕이 재물을 넘어서 목숨을 보시하는 것보다 많다는 후렴입니다.

90　身 몸 신; 命 목숨 명

正宗分
第四節

I. 본문

爾時 須菩提 聞說是經 深解義趣 涕淚悲泣 而白佛言 希有世
이시 수보리 문설시경 심해의취 체루비읍 이백불언 희유세
尊 佛說如是 甚深經典 我從昔來所得慧眼 未曾得聞如是之經
존 불설여시 심심경전 아종석래소득혜안 미증득문여시지경
世尊 若復有人 得聞是經 信心淸淨 則生實相 當知 是人成就第
세존 약부유인 득문시경 신심청정 즉생실상 당지 시인성취제
一希有功德 世尊 是實相者 則是非相 是故 如來說名實相
일희유공덕 세존 시실상자 즉시비상 시고 여래설명실상

이때 수보리가 이 경의 설함을 듣고 깊이 그 뜻을 이해하여 감격의 눈물을 흘리며 부처님께 말씀드렸습니다.

"경이롭습니다, 세존이시여! 부처님께서 이와 같이 깊은 경전을 설하신다는 것이. 제가 지금까지 얻은 혜안으로는 이와 같은 경은 얻어들은 적이 없습니다. 세존이시여! 만일 어떤 사람이 이 경을 듣고 신심이 청정해지면 바로 실상(實相)이 일어날 것이니, 이 사람은 가장 희유한 공덕을 성취한 줄 알겠습니다. 세존이시여! 이 실상이라는 것도 실상이 아닙니다. 그런 이유로 여래는 실상이라 이름합니다."

世尊 我今得聞如是經典 信解受持 不足爲難 若當來世 後
세존 아금득문여시경전 신해수지 부족위난 약당래세 후
五百歲 其有衆生 得聞是經 信解受持 是人則爲第一希有 何以
오백세 기유중생 득문시경 신해수지 시인즉위제일희유 하이
故 此人 無我相人相衆生相壽者相 所以者何 我相卽是非相 人
고 차인 무아상인상중생상수자상 소이자하 아상즉시비상 인
相衆生相壽者相卽是非相 何以故 離一切諸相 則名諸佛
상중생상수자상즉시비상 하이고 이일체제상 즉명제불

"세존이시여! 제가 지금 이와 같은 경전을 듣고 믿고 이해하고 받

아 지니기는 어렵지 않습니다. 만약 미래 오백세 뒤에도 어떤 중생이 이 경전을 듣고 믿고 이해하고 받아 지닌다면 이 사람은 가장 희유할 것입니다. 왜냐하면 이 사람은 아상·인상·중생상·수자상이 없기 때문입니다. 무슨 이유에서입니까? 아상은 곧 상이 아니고, 인상·중생상·수자상도 상이 아닙니다. 왜냐하면 일체 모든 상을 떠나야 부처라고 부를 수 있기 때문입니다."

佛告須菩提 如是如是 若復有人 得聞是經 不驚不怖不畏 當知 是人 甚爲希有 何以故 須菩提 如來說第一波羅蜜 非第一波羅蜜 是名第一波羅蜜
불고수보리 여시여시 약부유인 득문시경 불경불포불외 당지 시인 심위희유 하이고 수보리 여래설제일바라밀 비제일바라밀 시명제일바라밀

부처님께서 수보리에게 말씀하셨습니다.

"그렇다, 그렇다. 만일 어떤 사람이 이 경을 듣고 놀라지도 않고 무서워하지도 않고 두려워하지도 않는다면 이 사람은 매우 희유하다는 것을 알아야 한다. 왜냐하면 수보리여! 여래는 제일바라밀을 제일바라밀이 아니라고 설한다. 제일바라밀이라고 이름할 뿐이다."

須菩提 忍辱波羅蜜 如來說非忍辱波羅蜜 何以故 須菩提 如我昔爲歌利王割截身體 我於爾時 無我相 無人相 無衆生相 無壽者相 何以故 我於往昔節節支解時 若有我相人相衆生相壽者相 應生瞋恨 須菩提 又念過去於五百歲 作忍辱仙人 於爾所世 無我相 無人相 無衆生相 無壽者相
수보리 인욕바라밀 여래설비인욕바라밀 하이고 수보리 여아석위가리왕할절신체 아어이시 무아상 무인상 무중생상 무수자상 하이고 아어왕석절절지해시 약유아상인상중생상수자상 응생진한 수보리 우념과거어오백세 작인욕선인 어이소세 무아상 무인상 무중생상 무수자상

"수보리여! 인욕바라밀을 여래는 인욕바라밀이 아니라고 한다. 왜냐하면 수보리여! 내가 전생에 가리왕에게 온몸이 마디마디 잘렸을 때, 이때 나는 아상·인상·중생상·수자상이 없었기 때문이다. 왜냐하면 내가 옛날 마디마디 사지가 잘렸을 때, 아상·인상·중생상·수자상이 있었다면 성내고 원망하는 마음이 생겼을 것이기 때문이다. 수보리여! 나는 또 과거 오백세 동안 인욕선인이었던 것을 기억한다. 그때 아상·인상·중생상·수자상이 없었다."

是故 須菩提 菩薩 應離一切相 發阿耨多羅三藐三菩提心 不
시고 수보리 보살 응리일체상 발아누다라삼먁삼보리심 불
應住色生心 不應住聲香味觸法生心 應生無所住心 若心有住 則
응주색생심 불응주성향미촉법생심 응생무소주심 약심유주 즉
爲非住 是故 佛說菩薩 心不應住色布施 須菩提 菩薩 爲利益一
위비주 시고 불설보살 심불응주색보시 수보리 보살 위이익일
切衆生 應如是布施 如來說一切諸相 卽是非相 又說一切衆生
체중생 응여시보시 여래설일체제상 즉시비상 우설일체중생
則非衆生
즉비중생

"그러므로 수보리여! 보살은 일체상을 떠나 아누다라삼먁삼보리심을 내어야 한다. 색에 머물러 마음을 내어서는 안 되고, 성향미촉법에 머물러 마음을 내어서도 안 된다. 마땅히 머무는 바 없는 마음을 내어야 한다. 만일 마음이 머무는 바가 있으면 머무름이 아니다. 그러므로 부처는 '보살은 마땅히 색에 머무르지 말고, 보시해야 한다.'고 말한다. 수보리여! 보살은 일체중생이 이익이 되게 하기 위해 마땅히 이와 같이 보시해야 한다. 여래는 일체 모든 상이 상이 아니라고 말한다. 또한 일체중생은 중생이 아니라고 설한다."

須菩提 如來 是眞語者 實語者 如語者 不誑語者 不異語者 須
수보리 여래 시진어자 실어자 여어자 불광어자 불이어자 수
菩提 如來 所得法 此法 無實無虛
보리 여래 소득법 차법 무실무허

"수보리여! 여래는 바른말을 하는 이고, 참된 말을 하는 이며, 이치에 맞는 말을 하는 이고, 속임 없이 말하는 이며, 기이하지 않게 말하는 이다. 수보리여! 여래가 법을 얻은바, 이 법은 무실무허하다."

須菩提 若菩薩 心住於法 而行布施 如人入闇 則無所見 若菩
수보리 약보살 심주어법 이행보시 여인입암 즉무소견 약보
薩 心不住法 而行布施 如人有目 日光明照 見種種色
살 심부주법 이행보시 여인유목 일광명조 견종종색

"수보리여! 만약 보살의 마음이 법에 머물러 보시를 행하면 마치 사람이 어둠 속에 들어가 아무것도 보지 못하는 것과 같고, 만약 보살의 마음이 법에 머무르지 않고 보시를 행하면 마치 사람이 눈이 있고 햇빛이 밝게 비추어 갖가지 색을 보는 것과 같다."

須菩提 當來之世 若有善男子善女人 能於此經 受持讀誦 則
수보리 당래지세 약유선남자선여인 능어차경 수지독송 즉
爲如來 以佛智慧 悉知是人 悉見是人 皆得成就無量無邊功德
위여래 이불지혜 실지시인 실견시인 개득성취무량무변공덕

"수보리여! 앞으로 오는 세상에 만약 어떤 선남자선여인이 이 경을 받아 지니고 읽고 외운다면, 여래는 부처의 지혜로 이 사람은 모두 무량무변공덕을 성취할 수 있음을 다 알고 다 본다."

14-1 爾時 須菩提 聞說是經 深解義趣 涕淚悲泣 而白佛言 希
이시 수보리 문설시경 심해의취 체루비읍 이백불언 희
有世尊 佛說如是甚深經典 我從昔來所得慧眼 未曾得聞如是之
유세존 불설여시심심경전 아종석래소득혜안 미증득문여시지
經 世尊 若復有人得聞是經 信心淸淨 則生實相 當知 是人成就
경 세존 약부유인득문시경 신심청정 즉생실상 당지 시인성취
第一希有功德 世尊 是實相者則是非相 是故 如來說名實相
제일희유공덕 세존 시실상자즉시비상 시고 여래설명실상

소명태자 분류 제14분 '이상적멸분(離相寂滅分)'의 부분입니다. 소명태자 분류로도 가장 긴 분(分)이고, 한 분 전체가 제4절의 본문을 이룹니다. '이상적멸(離相寂滅)'은 '상을 떠나서(離相) 적멸에 들다(寂滅).'로 해석됩니다.

爾時 須菩提 聞說是經 深解義趣 涕淚悲泣 而白佛言[91]
이시 수보리 문설시경 심해의취 체루비읍 이백불언

이때 수보리가 이 경의 설함을 듣고 깊이 그 뜻을 이해하여 감격의 눈물을 흘리며 부처님께 말씀드렸습니다.

'이시(爾時)'가 사용됨으로써 새로운 절(節)에 들어간다는 것을 알리고 있습니다.

希有世尊 佛說如是甚深經典 我從昔來所得慧眼 未曾得聞如是之經[92]
희유세존 불설여시심심경전 아종석래소득혜안 미증득문여시지경

"경이롭습니다, 세존이시여! 부처님께서 이와 같이 깊은 경전을 설하신다는 것이. 제가 지금까지 얻은 혜안으로는 이와 같은 경을

---
91 深 깊을 심; 解 풀 해; 趣 뜻 취; 涕 눈물 체; 淚 눈물 루; 悲 슬플 비; 泣 울 읍
92 從 좇을 종; 慧 슬기 혜; 眼 눈 안; 未 아닐 미; 曾 일찍 증

얻어들은 적이 없습니다."

'희유세존(希有世尊)'이 또 등장하였습니다. 제1절 초반부에서의 '희유세존'이 부처님의 일상생활을 보고 감탄한 수보리의 '희유세존'이었다면, 지금의 '희유세존'은 부처님의 설명을 듣고 감탄하여 눈물을 흘리는 수보리의 '희유세존'이라고 할 수 있습니다.

世尊 若復有人得聞是經 信心淸淨 則生實相 當知 是人成就
세존 약부유인득문시경 신심청정 즉생실상 당지 시인성취
第一希有功德
제일희유공덕

"세존이시여! 만일 어떤 사람이 이 경을 듣고 신심이 청정해지면 바로 실상이 일어날 것이니, 이 사람은 가장 희유한 공덕을 성취한 줄 알겠습니다."

금강경의 가르침을 체득하면 '실상(實相)'을 체득할 수 있다고 합니다. 그런데 문제가 있습니다. 실상(實相)은 無我의 밖에 있나요? 그렇지 않다는 것이 바로 다음 구절에 나옵니다.

世尊 是實相者 則是非相 是故 如來說名實相
세존 시실상자 즉시비상 시고 여래설명실상

"세존이시여! 이 실상이라는 것도 실상이 아닙니다. 그런 이유로 여래는 실상이라 이름합니다."

제3절에서 '반야바라밀(般若波羅蜜)'이란 말이 등장하자 즉비(卽非) 구조에 집어넣어(佛說般若波羅蜜 則非般若波羅蜜 是名般若波
불설반야바라밀 즉비반야바라밀 시명반야바

羅蜜) 반야바라밀이 고정된 실체가 있다는 생각을 가지지 않게 주의
라 밀
를 환기시켰습니다.

이 절에서도 '실상(實相)'이라는 말이 등장하자마자 즉비(卽非) 구조로 실상(實相)도 같은 주의를 하여야 한다고 이야기합니다. 재미있는 것은 '是實相者'라고 하여 실상(實相) 뒤에 '者'를 붙임으로
시 실 상 자
써 읽는 사람으로 하여금 '실상이라는 것'도 별수 없다. 세상이 허상이라고 실상을 찾아보았자 '실상이라는 것'도 無我의 틀에서 벗어나지 못한다는 느낌을 줍니다.

14-2 世尊 我今得聞 如是經典 信解受持 不足爲難 若當來世
　　　세존 아금득문 여시경전 신해수지 부족위난 약당래세
後五百歲 其有衆生 得聞是經 信解受持 是人 則爲第一希有 何
후오백세 기유중생 득문시경 신해수지 시인 즉위제일희유 하
以故 此人 無我相人相衆生相壽者相 所以者何 我相卽是非相
이고 차인 무아상인상중생상수자상 소이자하 아상즉시비상
人相衆生相壽者相卽是非相 何以故 離一切諸相 則名諸佛
인상중생상수자상즉시비상 하이고 이일체제상 즉명제불

世尊 我今得聞 如是經典 信解受持 不足爲難
세존 아금득문 여시경전 신해수지 부족위난
"세존이시여! 제가 지금 이와 같은 경전을 듣고 믿고 이해하고 받아 지니기는 어렵지 않습니다."

若當來世 後五百歲 其有衆生 得聞是經 信解受持 是人 則爲
약 당래세 후오백세 기유중생 득문시경 신해수지 시인 즉위
第一希有
제 일 희 유
"만약 미래 오백세 뒤에도 어떤 중생이 이 경전을 듣고 믿고 이해하고 받아 지닌다면 이 사람은 가장 희유할 것입니다."

제1절의 '如來滅後 後五百歲 有持戒修福者 於此章句 能生信心 以此爲實(여래가 열반에 든 오백 년 뒤에도 계를 지키고 복을 닦는 자가 있어, 이 문장에서 신심을 내고, 이것을 진실한 것으로 여긴다.)'의 변주입니다.

제1절에서 숙세에 무수한 부처님께 선근을 심었기에 아·인·중생·수자에 집착하지 않고, 법상·비법상을 가지지 않기 때문에 진실한 믿음을 낼 수 있다고 했습니다. 이 절의 이 부분도 같은 내용입니다.

何以故 此人 無我相人相衆生相壽者相
하 이 고 차 인 무 아 상 인 상 중 생 상 수 자 상
"왜냐하면 이 사람은 아상·인상·중생상·수자상이 없기 때문입니다."

所以者何 我相卽是非相 人相衆生相壽者相卽是非相 何以故 離一切諸相 則名諸佛
소 이 자 하 아 상 즉 시 비 상 인 상 중 생 상 수 자 상 즉 시 비 상 하 이 고
이 일 체 제 상 즉 명 제 불
"무슨 이유에서입니까? 아상은 곧 상이 아니고, 인상·중생상·수자상도 상이 아닙니다. 왜냐하면 일체 모든 상을 떠나야 바로 부처라 부를 수 있기 때문입니다."

제1절에 비하여 이 절에서 그 내용이 심화되었다는 것을 알 수 있습니다. 아상이 없다(無我相), 인상이 없다(無人相), 중생상이 없다(無衆生相), 수자상이 없다(無壽者相)라고 말하면, 자칫 아상·인상·중생상·수자상의 실체가 있는 것으로 오해하기 쉽습니다. 용(龍)은 세상에 없지만, 용(龍)이라는 말이 존재함으로써 용이 존재한다고

생각할 수 있습니다. 마찬가지로 아상·인상·중생상·수자상은 본래 없는 것인데, 말이 존재함으로써 이 사상(四相)이 존재한다고 생각할 수 있습니다. 이러한 오해를 막기 위해 이 절에서는 이러한 아상·인상·중생상·수자상도 즉비(卽非) 구조에 넣어서 앞서 '반야바라밀(般若波羅蜜)'과 '실상(實相)'의 예처럼 無我의 주의를 환기시킵니다.

앞서 혜능 스님이 지은 다음의 게송을 소개하였습니다.

菩堤本無樹 보리는 본래 나무가 아니고,
보리본무수
明鏡亦非臺 명경 또한 틀이 아니다.
명경역비대
本來無一物 본래 한 물건이 없는데
본래무일물
何處惹塵埃 어느 곳에 먼지가 일 것인가.
하처야진애

아상(我相)에서 벗어나라고 금강경은 얘기합니다. 그렇다면 '아상'이 무엇인지 찾고, 그 후에 찾은 이 '아상'을 없애야 하는 건가요? 그렇지 않다는 것입니다. 혜능 스님의 게송처럼 '本來無一物 何處惹塵埃'. 본래 없는 물건은 찾을 수 없다는 것이 금강경의 태도입니다. 아상에서 벗어나라고 했다고 해서 아상을 찾는 것은 '제법무아(諸法無我)'에서 벗어난 행동으로 相에서 벗어나지 못한 행위임을 금강경은 설하고 있습니다.

부처님이 이 일체제상에서 떠남으로써 부처라고 불리듯이(離一切諸相 則名諸佛), 아상을 하나의 실존하는 상으로 생각하면 안 됩니다(我相卽是非相). 마찬가지 이유로 인상중생상수자상도 상이 아닙니다(人相衆生相壽者相卽是非相).

14-3 佛告須菩提 如是如是 若復有人得聞是經 不驚不怖不畏 當知 是人甚爲希有 何以故 須菩提 如來說第一波羅蜜 非第一波羅蜜 是名第一波羅蜜

佛告須菩提 如是如是 若復有人得聞是經 不驚不怖不畏 當知 是人 甚爲希有[93]

부처님께서 수보리에게 말씀하셨습니다.

"그렇다, 그렇다. 만일 어떤 사람이 이 경을 듣고 놀라지도 않고 무서워하지도 않고 두려워하지도 않는다면 이 사람은 매우 희유하다는 것을 알아야 한다."

왜 이 금강경을 듣고 놀라고 무서워하고 두려워하나요?

만약 라면 받침으로 쓴 책이 국보급 '훈민정음 한글 해례본'이라는 것을 알았다면, 개밥그릇으로 사용하는 그릇이 알고 보니 고려청자였다면 놀라고 두려울 수밖에 없을 것입니다. 마찬가지로 우연히 손에 잡혀서 읽은 경이 최고의 지혜(제일바라밀)를 알려주는 경전이라면 놀라고 무섭고 두려울 수밖에 없습니다. 라면 받침이 훈민정음 한글 해례본이란 걸 알아도, 개밥그릇이 고려청자인 것을 알아도 내가 읽고 있는 경이 제일바라밀의 무한한 공덕을 가지고 있는 경임을 알아도 놀라지 않고 무서워하지 않고 두려워하지 않는다면 이 사람은 매우 희유한 사람입니다.

그럼 왜 금강경을 듣고도 놀라지도, 무서워하지도, 두려워하지도

---

93 驚 놀랄 경; 怖 두려울 포; 畏 두려워할 외

않나요? 그 이유는 '제일바라밀(第一波羅蜜)'은 하나의 相일 뿐이라는 것을 알고 그 相에 머무르지 않기 때문입니다.

何以故 須菩提 如來說第一波羅蜜 非第一波羅蜜 是名第一波羅蜜
하이고 수보리 여래설제일바라밀 비제일바라밀 시명제일바라밀

"왜냐하면 수보리여! 여래는 제일바라밀을 제일바라밀이 아니라고 설한다. 제일바라밀이라고 이름할 뿐이다."

'제일바라밀(第一波羅蜜)'도 無我임을 이야기하고 있습니다. 그런데 제일바라밀이 무엇인가요? 보살이 실천해야 하는 육바라밀(六波羅密)에는 보시(布施)·지계(持戒)·인욕(忍辱)·정진(精進)·선정(禪定)·반야(般若)가 있습니다. 그중에 반야바라밀(般若波羅蜜)은 다른 바라밀의 바탕이 되므로 제일바라밀이라 할 수 있습니다. 결국 '반야바라밀'이 '제일바라밀'이니, 제3절에서 반야바라밀의 無我를 강조한 것의 변주로 볼 수 있습니다.

제3절	佛說 般若波羅蜜 則非般若波羅蜜 是名般若波羅蜜 불설 반야바라밀 즉비반야바라밀 시명반야바라밀
제4절	如來說 第一波羅蜜 非第一波羅蜜 是名第一波羅蜜 여래설 제일바라밀 비제일바라밀 시명제일바라밀

14-4 須菩提 忍辱波羅蜜 如來說非忍辱波羅蜜 何以故 須菩提 如我昔爲歌利王割截身體 我於爾時 無我相無人相無衆生相無壽者相 何以故 我於往昔節節支解時 若有我相人相衆生相壽
수보리 인욕바라밀 여래설비인욕바라밀 하이고 수보리 여아석위가리왕할절신체 아어이시 무아상무인상무중생상무수자상 하이고 아어왕석절절지해시 약유아상인상중생상수

者相 應生瞋恨 須菩提 又念過去於五百歲 作忍辱仙人 於爾所
자상 응생진한 수보리 우념과거어오백세 작인욕선인 어이소
世 無我相 無人相 無衆生相 無壽者相
세 무아상 무인상 무중생상 무수자상

須菩提 忍辱波羅蜜 如來說非忍辱波羅蜜[94]
수보리 인욕바라밀 여래설비인욕바라밀
"수보리여! 인욕바라밀을 여래는 인욕바라밀이 아니라고 한다."

육바라밀(六波羅密) 중 인욕바라밀(忍辱波羅密)에 대한 가르침입니다. 인욕바라밀을 즉비(卽非) 구조에 넣어 보시바라밀(布施波羅密), 제일바라밀(第一波羅密)의 논의를 그대로 가져오면 됩니다.

'인욕(忍辱)'은 한마디로 참는 것입니다. 그렇지만 막연히 잘 참는다고 '바라밀'을 붙이지는 않습니다. '보시바라밀'이 단순히 보시가 아니라, 相이 없는 보시가 되어야 '바라밀'을 붙일 수 있는 것처럼, '인욕바라밀'도 相이 없는 인욕, 無我와 空에 바탕을 둔 인욕이 되어야 인욕바라밀이라 할 수 있기에, 인욕바라밀을 卽非 구조에 넣어 버립니다.

즉, 보시바라밀이라고 불리려면, 단순히 준다는 것(布施)을 넘어서 '삼륜공적(三輪空寂)'이라 하여 보시하는 사람(施者)·보시를 받는 사람(受者)·보시하는 물건(施物)에 모두 相이 없어야 한다고 했습니다. 마찬가지로 인욕바라밀이 되려면 참는 주체에 대한 相, 참는 대상에 대한 相, 내가 참고 있다는 相 모두가 없는 '무주상인욕(無住相忍辱)'이 되어야 인욕바라밀이 되는 것입니다.

---

94 忍 참을 인; 辱 욕될 욕

何以故 須菩提 如我昔爲歌利王割截身體[95]
하 이 고   수 보 리   여 아 석 위 가 리 왕 할 절 신 체

"왜냐하면 수보리여! 내가 전생에 가리왕에게 온몸이 마디마디 잘렸을 때"

이 부분은 석가모니가 전생에 찬제파리(羼提波梨)라는 인욕선인(忍辱仙人)이었을 때의 본생담을 이용하고 있습니다. 현우경(賢愚經) 찬제파리품(羼提波梨品)에 나오는 이야기입니다. 단순한 인욕을 넘어선 '인욕바라밀'로 승화된 인욕을 부처님은 자신의 전생 경험을 통해서 이야기하고 있습니다.

　　석가모니 부처님께서 왕사성(王舍城)의 죽림정사(竹林精舍)에 계실 때의 이야기입니다. 부처님께서 교진여(憍陳如)를 포함한 다섯 비구를 제자로 삼으시고, 여러 제자들을 가르치시자 많은 이들이 감탄하고 부러워했습니다.
　"교진여와 네 명의 비구는 정말 복이 많다. 그들은 전생에 부처님과 어떤 인연이 있었기에 다른 이들보다 먼저 부처님의 가르침을 듣고 진리의 맛을 느끼게 되었을까?"
　비구들이 이러한 말을 듣고 부처님께 이 사실을 여쭈자, 부처님께서 말씀하셨습니다.
　"나는 과거에 내가 깨달음을 이루면 저들을 먼저 제도하겠다는 서원을 세웠다. 아주 오랜 옛날, 염부제(閻浮提)에 바라나(波羅奈)라는 큰 나라가 있었고, 그 당시 왕의 이름은 가리(迦

95　割 벨 할; 截 끊을 절; 體 몸 체

梨)였다. 그 나라에는 찬제파리(羼提波梨)라는 수행자가 있었고, 그는 500명의 제자와 함께 숲속에서 인욕(忍辱)을 수행하고 있었다.

어느 날, 가리왕이 신하와 부인, 그리고 궁녀들과 함께 그 숲에 들어가 놀다가 잠이 들었다. 궁녀들은 왕의 곁을 떠나 숲을 산책하던 중, 단정히 앉아 있는 찬제파리를 보고 존경하는 마음으로 꽃을 따서 그에게 뿌리고 그의 앞에 앉아 설법을 들었다. 잠에서 깬 왕은 궁녀들이 보이지 않자, 네 명의 신하와 함께 궁녀들을 찾아 나섰다가, 그들이 선인 앞에 앉아 있는 것을 발견하고 선인에게 물었다.

'너는 네 가지 공의 선정(四空定)을 얻었는가?'

'아직 얻지 못했습니다.'

'네 가지 무량심(四無量心)은 얻었는가?'

'아직 얻지 못했습니다.'

'네 가지 선정(四禪定)은 얻었는가?'

'아직 얻지 못했습니다.'

화가 난 왕은 말했다.

'네가 그런 공덕을 얻지 못했다면 평범한 사람에 불과하다. 그런 네가 이런 으슥한 곳에 여인들과 있으니 어떻게 믿을 수 있겠는가.'

왕은 다시 물었다.

'너는 무엇을 수행하는가?'

'저는 인욕을 수행하고 있습니다.'

그러자 왕은 칼을 빼 들며 말했다.

'그렇다면 네가 정말 잘 참는지 내가 확인해 보겠다.'

왕은 그의 두 손, 두 다리, 귀와 코까지 베어 버리고 물었다.

'이래도 인욕한다고 말할 수 있겠는가?'

그는 얼굴빛도 변하지 않았다. 왕은 다시 물었다.

'너는 인욕한다고 말하지만 무엇으로 증명하겠는가?'

선인은 대답했다.

'만일 나의 인욕이 진실이요 거짓이 아니라면, 피는 젖이 되고 몸은 전처럼 회복될 것입니다.'

그 말이 끝나자 피가 젖이 되고 몸은 전처럼 회복되었다. 왕은 그 인욕의 증명을 보고 두려워하며 말했다.

'아, 내 잘못으로 위대한 선인을 비방하고 욕보였습니다. 원컨대 가엾이 여겨 저의 참회를 받아 주소서.'

선인은 말했다.

'왕은 여자로 말미암아 칼로 내 몸을 해쳤지만 나의 참음은 땅과 같습니다. 나는 뒤에 부처가 되면 먼저 지혜의 칼로 당신의 세 가지 독을 끊을 것입니다.'

그때 산중에 있던 여러 용과 신들은 가리왕이 인욕선인을 해친 것을 보고 모두 걱정하여 큰 구름과 안개를 일으키고 뇌성벽력을 치면서 왕과 그 권속들을 해치려 했다. 그러자 선인은 하늘을 우러러 말했다.

'만일 나를 위하여 그런다면 저 왕을 해치지 마시오.'

가리왕은 참회하였고, 그런 뒤에는 늘 선인을 궁중으로 청하여 공양하였다. 그때 수천 명의 범지(梵志)[96]들은 왕이 찬제파리를 공경히 대우하는 것을 보고 매우 시기하여 그가 앉을 곳에 티끌과 흙과 더러운 물건들을 뿌렸다. 선인은 그런 모습을 보고 곧 서원을 세웠다.

'나는 지금의 이 인욕을 계속하여 중생들을 위해 쉬지 않고 수행하면 장차 반드시 부처가 될 것이다. 불도를 성취하면 먼저 법의 물(法水)로써 티끌과 때를 씻어내고 탐욕의 더러움을 없애어 영원히 청정하게 하리라.'

그때의 찬제파리가 바로 나요, 가리왕과 네 명의 신하가 지금의 교진여 등 다섯 비구이며 내게 티끌을 끼얹던 천명의 범지가 천명의 비구이니라. 나는 그때 인욕행을 하면서 저들을 먼저 제도하리라고 서원을 세웠기에 내가 도를 이루자 그들이 먼저 제자가 된 것이다."

我於爾時 無我相無人相無衆生相無壽者相 何以故 我於往昔
아 어 이 시   무 아 상 무 인 상 무 중 생 상 무 수 자 상   하 이 고   아 어 왕 석
節節支解時 若有我相人相衆生相壽者相 應生瞋恨[97]
절 절 지 해 시   약 유 아 상 인 상 중 생 상 수 자 상   응 생 진 한

"이때 나는 아상·인상·중생상·수자상이 없었기 때문이다. 왜냐하면 내가 옛날 마디마디 사지가 잘렸을 때, 아상·인상·중생상·수자상이 있었다면 성내고 원망하는 마음이 생겼을 것이기 때문이다."

단순히 참는 것은 '인욕'이지 인욕바라밀이 아닙니다. '我相人相

---

96 고대 인도의 출신 성분을 뜻하는 사종성(四種姓: ①범지(梵志) ②찰리(刹利) ③거사(居士) ④공사(工師)) 중 하나입니다.
97 節 마디 절; 瞋 성낼 진; 恨 한할 한

衆生相壽者相'이 없는 인욕이 '인욕바라밀'입니다. '인욕'이라는 것은 성내고 원망하는 마음(瞋恨)을 참는 것이지만, 相이 없으면 성내고 원망하는 마음이 생기지 않으므로 참을 대상도 없는 것입니다.

須菩提 又念過去於五百歲 作忍辱仙人 於爾所世 無我相 無
수보리 우념과거어오백세 작인욕선인 어이소세 무아상 무
人相 無衆生相 無壽者相
인상 무중생상 무수자상

"수보리여! 나는 또 과거 오백세 동안 인욕선인이었던 것을 기억한다. 그때 아상·인상·중생상·수자상이 없었다."

결국 육바라밀 실천의 시작은 아상·인상·중생상·수자상을 없애는 것입니다.

14-5 是故 須菩提 菩薩 應離一切相 發阿耨多羅三藐三菩提
시고 수보리 보살 응리일체상 발아누다라삼먁삼보리
心 不應住色生心 不應住聲香味觸法生心 應生無所住心 若心有
심 불응주색생심 불응주성향미촉법생심 응생무소주심 약심유
住 則爲非住 是故 佛說菩薩心不應住色布施 須菩提 菩薩 爲利
주 즉위비주 시고 불설보살심불응주색보시 수보리 보살 위이
益一切衆生 應如是布施 如來說一切諸相 卽是非相 又說一切衆
익일체중생 응여시보시 여래설일체제상 즉시비상 우설일체중
生 則非衆生
생 즉비중생

이 문장의 내용은 앞 절의 반복이라 이해하기 어렵지 않으나, 각 절 간의 변주의 형태를 체크하는 것이 필요합니다.

제1절에서의 '於法應無所住 行於布施'가 제2절에서 '應如是生淸淨心'으로 변주되고, 제1절에서의 '所謂不住色布施 不住聲香味觸

法布施'는 제2절에서 '不應住色生心 不應住聲香味觸法生心'으로 변주되고, 제1절의 '應如是布施 不住於相'은 제2절에서 '應無所住 而生其心'으로 변주되었다는 것을 일단 기억해 보겠습니다.

제1절	제2절
於法應無所住 行於布施 어 법 응 무 소 주 행 어 보 시	應如是 生淸淨心 응 여 시 생 청 정 심
所謂不住色布施 소 위 부 주 색 보 시 不住聲香味觸法布施 부 주 성 향 미 촉 법 보 시	不應住色生心 불 응 주 색 생 심 不應住聲香味觸法生心 불 응 주 성 향 미 촉 법 생 심
應如是布施 不住於相 응 여 시 보 시 부 주 어 상	應無所住 而生其心 응 무 소 주 이 생 기 심

제4절은 위 제1절과 제2절의 위 구문을 절묘하게 변주시켜서 합하고, 제4절만의 특징을 덧붙이고 있습니다.

제1절	제2절	제4절
於法應無所住 어 법 응 무 소 주 行於布施 행 어 보 시	應如是 응 여 시 生淸淨心 생 청 정 심	應離一切相 응 리 일 체 상 發阿耨多羅三藐三菩 발 아 누 다 라 삼 먁 삼 보 提心 리 심

		不應住色生心 불응주색생심 不應住聲香味觸法 불응주성향미촉법 生心 생심
所謂不住色布施 소위부주색보시 不住聲香味觸法 부주성향미촉법 布施 보시	不應住色生心 불응주색생심 不應住聲香味觸法 불응주성향미촉법 生心 생심	心不應住色布施 심불응주색보시
應如是布施 응여시보시 不住於相 부주어상	應無所住 而生其心 응무소주 이생기심	應生無所住心 응생무소주심
		爲利益一切衆生 위이익일체중생 應如是布施 응여시보시
		若心有住 則爲非住 약심유주 즉위비주
		如來說一切諸相 여래설일체제상 卽是非相 즉시비상 又說一切衆生 우설일체중생 卽非衆生 즉비중생

是故 須菩提 菩薩 應離一切相 發阿耨多羅三藐三菩提心 不
시고 수보리 보살 응리일체상 발아누다라삼먁삼보리심 불
應住色生心 不應住聲香味觸法生心 應生無所住心
응주색생심 불응주성향미촉법생심 응생무소주심
"그러므로 수보리여! 보살은 일체상을 떠나 아누다라삼먁삼보리심을 내어야 한다. 색에 머물러 마음을 내어서는 안 되고, 성향미촉법에 머물러 마음을 내어서도 안 된다. 마땅히 머무는 바 없는 마음을 내어야 한다."

　이 절의 '菩薩 應離一切相 發阿耨多羅三藐三菩提心(보살은 일체상을 떠나 최상의 마음을 내라.)'의 구문은 제2절의 '諸菩薩摩訶薩 應如是生淸淨心(모든 보살마하살은 이와 같이(相에 머물지 말고) 청정심을 내라.)'는 구절의 변주입니다.
　이 절의 '不應住色生心 不應住聲香味觸法生心(색성향미촉법에 머무르지 마라.)'는 말은 제2절에도 동일하게 나옵니다.
　이 절의 '應生無所住心(마땅히 머무는 바 없는 마음을 내어야 한다.)'은 제2절의 '應無所住 而生其心'의 변주라고 보면 됩니다.

若心有住 則爲非住
"만일 마음이 머무는 바가 있으면, 머무름이 아니다."

　'若心有住 則爲非住' 구절은 제4절에 새로이 첨부되었습니다. 새로이 첨부된 만큼 설명이 필요할 것으로 보입니다.
　앞 문장에서 계속 相에서 떠나라, 相에 머무르지 말라고 하고 있습니다. 마음이 혹 머무르는 바가 있다면(若心有住) 여기서 벗어나야 합니다. 그런데 벗어나는 가장 좋은 방법은 무엇일까요? 망상에 사로잡혀 있는데, 망상에서 벗어나겠다고 마음속으로 '망상에서 벗어나야지'하고 계속 마음을 먹으면 오히려 더 망상에 사로잡힐 뿐입니다. 금강경식 해결은 망상을 즉비(卽非) 구조에 넣어서 사실은 망상도 無我임을 알고 아예 관심도 안 두는 것입니다.

머무름도 마찬가지입니다. '마음이 머물러서는 안 되지'라고 계속 되뇌면, 이 자체가 어디에 머무르는 것입니다. 이 마음의 머무름(心有住)도 無我의 틀에 집어넣어 버리는 것(非住)이 머무름을 없애는 가장 좋은 방법임을 금강경은 이야기합니다.

그런데 '菩薩 應離一切相 發阿耨多羅三藐三菩提心(보살은 일체 보 살 응 리 일 체 상 발 아 누 다 라 삼 먁 삼 보 리 심 상을 떠나 아누다라삼먁삼보리심을 발한다.)'는 말은 제4절 14-2 문장의 '離一切諸相 則名諸佛(일체 모든 상을 떠난 이를 부처라 불린 이 일 체 제 상 즉 명 제 불 다.)'는 문장과 연결이 됩니다.

금강경을 읽다 보면 '여래도 이렇거늘 하물며 보살이야'는 식의 문장이 간간이 보입니다. '여래도 법을 얻은 바가 없거늘 하물며 보살이야'라는 투라든지, '여래도 相에 머물지 않는데 하물며 보살이 相에 머물 것이냐'는 식의 문투입니다.

이 말은 결국 '보살의 길을 알고 싶으냐? 그럼 여래를 보아라. 여래를 보살의 모범(role model)으로 삼아라.'라는 말이 됩니다. 여래가 相에 머물지 않듯이 보살도 相에 머물지 말라는 것입니다. 여래는 중생에 대한 아무런 相이 없기에 차별 없이 모든 중생을 위해서 무주상보시를 펼칠 수 있습니다. 마치 여래가 달처럼 아무런 차별 없이 천 개의 강에 달빛을 비추듯, 보살도 여래의 道를 따른다면 차별 없이 모든 중생을 위해(爲利益一切衆生) 보시할 수 있기에 바로 다음 문장에 '爲利益一切衆生 應如是布施'의 구절이 연결됩니다.

是故 佛說菩薩 心不應住色布施 須菩提 菩薩 爲利益一切衆
시고 불설보살 심불응주색보시 수보리 보살 위이익일체중
生 應如是布施[98]
생 응여시보시

"그러므로 부처는 '보살은 마땅히 색에 머무르지 말고, 보시해야 한다.'고 말한다. 수보리여! 보살은 일체중생이 이익되게 하기 위해 마땅히 이와 같이 보시해야 한다."

보살이 여래의 道를 따르면 相에 머물지 않기에 무주상보시를 하게 되고, 일체중생을 위하여 보시하게 됩니다. '心不應住色布施(마땅히 色에 머무르지 않고 보시해야 한다.)'로 색(色)에 대해서만 문장에 표현되어 있으나, 성향미촉법(聲香味觸法)도 생략되어 있을 뿐, 마땅히 보살은 성향미촉법에도 머무르지 말고 보시해야 할 것입니다.

흔히 '원수를 사랑하라'라는 제목으로 알려진 마태복음 제5장이 있습니다.

> You have heard that it was said, 'Love your neighbor and hate your enemy.' But I tell you, love your enemies and pray for those who persecute you, that you may be children of your Father in heaven. He causes his sun to rise on the evil and the good, and sends rain on the righteous and the unrighteous. If you love those who love you, what reward will you get? Are not even the tax

---

98 利 이로울 리; 益 더할 익

collectors doing that? And if you greet only your own people, what are you doing more than others? Do not even pagans do that?

　Be perfect, therefore, as your heavenly Father is perfect.

　'이웃을 사랑하고, 원수를 미워하라.'라는 말을 들었으나, 나는 너희에게 이르노니, 너희의 원수를 사랑하고 너희를 박해하는 자를 위해 기도하라. 그래야 하늘에 계신 너희 아버지의 자녀가 될 것이다. 하느님은 악한 자와 선한 자에게 해가 떠오르게 하시고, 의로운 자와 불의한 자에게 비를 내리게 하신다. 너희를 사랑하는 사람들만 사랑한다면 무슨 상을 받겠느냐? 세리들도 그렇게 하지 않느냐? 너희 형제에게만 인사한다면 남보다 더 나은 것이 무엇이냐? 이방인들도 그렇게 하지 않느냐?
　그러므로 하늘에 계신 너희 아버지가 완전하신 것처럼 너희도 완전하라.

　굳이 영어를 먼저 쓴 이유는 영어로 읽을 때 의미가 더 와닿기 때문입니다. 이 문단 전체보다는 '원수를 사랑하라.'는 한 구절이 더 유명하고, 이 문단의 방점은 '원수를 사랑하라.'는데 있는 것으로 이해됩니다. 하지만, 제가 보기에는 이 문단 전체의 방점은 '하늘을 닮아라.'라는 마지막 문장에 있습니다. 하늘은 아무런 차별 없이 누구에게 간다는 相도 없이 빛을 주고, 비를 내립니다. 그러니 악인(惡人)

도 선인(善人)도 빛을 받고, 의인(義人)도 불의인(不義人)도 비를 같이 맞습니다. 그러니 사람도 하늘의 도(道)를 온전히 받아서 실천한다면 相이 없는 사랑을 세상에 뿌리게 되고, 그 사랑에 이웃이 걸릴 수도 있고, 원수가 걸릴 수도 있다는 것입니다.

즉 처음부터 이웃이 존재하고 원수가 존재하는 것이 아니라(無我), 대상에 대한 相을 두지 않고, 하늘의 道를 실천하면 자연스럽게(無爲) 원수가 나의 사랑의 파장에 걸린다는 의미이지 억지로 인위적(人爲的)으로 원수를 사랑하는 인욕(忍辱)을 실천하라는 의미는 아닌 것입니다. 예수님이 강조하는 것은 원수를 사랑하라는 억지로의 인욕(忍辱)이 아니라, 어디에도 相을 두지 않는 하늘의 道를 받아들이면 인욕바라밀(忍辱波羅密)이 자연스럽게 성취된다는 것입니다.

그래서 예수님 말씀의 방점은 '원수를 사랑하라.'라는 첫 번째 문장이 아니라, '하늘에 계신 아버지처럼 완벽해져라.'라는 마지막 문장에 있고, 이러한 하늘의 道를 체득하면, 원수를 사랑하는 것은 무위(無爲)의 道를 따랐을 때 자연히 따라오는 인위적(人爲的) 실천의 하나의 예에 지나지 않는 것입니다. '一切賢聖 皆以無爲法 而有差別'
일 체 현 성 개 이 무 위 법 이 유 차 별
이라고 하듯이 부처님의 말씀과 예수님의 말씀이 차이가 없습니다.

'菩薩 爲利益一切衆生 應如是布施'에서의 '일체중생(一切衆生)'
보 살 위 이 익 일 체 중 생 응 여 시 보 시
이 사람에만 국한되는 것이 아니라는 것은 굳이 설명할 필요가 없을 것입니다. 제1절에서 보살은 중생을 구제하되, 그 중생의 범위는 사람에만 국한되는 것이 아니라, '所有一切衆生之類 若卵生 若胎
소 유 일 체 중 생 지 류 약 난 생 약 태
生 若濕生 若化生 若有色 若無色 若有想 若無想 若非有想非無想'
생 약 습 생 약 화 생 약 유 색 약 무 색 약 유 상 약 무 상 약 비 유 상 비 무 상
이라 하여 생각할 수 있는 모든 중생을 구제하라는 문장이 기억나실

것입니다.

법신(法身)으로서의 여래는 무차별적으로 이 사바세계를 위해 보시를 합니다. 여래는 사람을 가리지 않고, 사람과 동물을 가리지도 않고, 동물과 식물도 가리지 않고, 생명이 있는 것과 생명이 없는 것도 가리지 않고(無我人衆生壽者) 빛을 주고, 비를 내립니다. 보살도 여래의 道를 따르면 자연히 '일체중생'을 위해서 무주상보시를 할 수밖에 없게 됩니다.

如來說一切諸相 卽是非相 又說一切衆生 則非衆生
여 래 설 일 체 제 상 즉 시 비 상   우 설 일 체 중 생   즉 비 중 생
"여래는 일체 모든 상이 상이 아니라고 말한다. 또한 일체중생도 중생이 아니라고 설한다."

금강경의 특징은 어떤 말이 相에 빠질 위험이 있으면, 그 말을 즉비(卽非) 구조에 넣어서 실체성을 부정시켜 버린다는 것입니다. 예를 들어 '실상(實相)'이라는 말을 사용했다고 하면, '실상'을 卽非 구조에 넣어서 혹시라도 여래가 '실상'이라는 말을 사용했다고 하여, 중생이 '실상'이 실체성이 있다고 오해할까 봐 즉시 부정을 합니다.

위 문장도 마찬가지입니다. 앞서서 '應離一切相(일체의 상에서
                                            응 리 일 체 상
떠나라)' 혹은 '爲利益一切衆生(일체중생을 위하여)'라는 말을 사용
        위 이 익 일 체 중 생
함으로써, '일체의 상에서 떠나라고 했으니 일체제상이 있는 것 아닌가?' 혹은 '일체중생을 위하여라고 했으니 일체중생이 있는 것 아닌가?' 하는 생각을 할 수 있습니다. 그러자 금강경은 '일체제상(一切諸相)'과 '일체중생(一切衆生)'을 卽非 구조에 넣어 즉시 바로잡

아 줍니다.

'아상(我相)에서 벗어나라.'라고 반복하면, 듣는 사람은 '아상'이 뭔가하고 찾다가 정말 '아상'에 빠져 버립니다. '일체제상'도 마찬가지입니다. 부처님이 일체제상에서 벗어나라 말씀하시니(說) 그 말에 의해서 일체제상이 진짜 있나 보다, 일체제상을 없애야겠다고 하면서 정말 일체제상에 빠져 버립니다. 그렇다고 말을 하지 않고 가르침을 전파할 수는 없는 법이니, 이러한 말들은 다 방편인 것입니다. 유위법의 세계에서 대중들에게 설명하기 위해 '아상'도 얘기하고 '일체제상'도 얘기하고 '중생'도 얘기하지만, 모두 다 이름 지어진 말일 뿐이라는 것입니다.

14-6 須菩提 如來 是眞語者 實語者 如語者 不誑語者 不異語者 須菩提 如來 所得法 此法 無實無虛 須菩提 若菩薩 心住於法 而行布施 如人入闇 則無所見 若菩薩 心不住法 而行布施 如人有目 日光明照 見種種色 須菩提 當來之世 若有善男子善女人 能於此經 受持讀誦 則爲如來 以佛智慧 悉知是人 悉見是人 皆得成就無量無邊功德
수보리 여래 시진어자 실어자 여어자 불광어자 불이어자 수보리 여래 소득법 차법 무실무허 수보리 약보살 심주어법 이행보시 여인입암 즉무소견 약보살 심부주법 이행보시 여인 유목 일광명조 견종종색 수보리 당래지세 약유선남자선여인 능어차경 수지독송 즉위여래 이불지혜 실지시인 실견시인 개 득성취무량무변공덕

須菩提 如來 是眞語者 實語者 如語者 不誑語者 不異語者[99]
수보리 여래 시진어자 실어자 여어자 불광어자 불이어자
"수보리여! 여래는 바른말을 하는 이고, 참된 말을 하는 이며, 이치에 맞는 말을 하는 이고, 속임 없이 말하는 이며, 기이하지 않게 말

---

99 眞 참 진; 語 말씀 어; 者 놈 자; 誑 속일 광; 異 다를 이

하는 이다."

　일반적인 해설서는 위 문장을 여래의 말은 하나도 그릇된 바가 없으니, 의심 없이 받아들이라는 뉘앙스로 해석합니다. 이렇게 해석해도 좋겠으나, 제가 처음 이 문장을 읽었을 때는 갑작스레 여래가 자기 자랑을 하는 것인가 싶어 어색하게 느껴졌습니다. 앞에서는 여래는 설한 바가 없다고 할 정도로 무아론(無我論)을 펴고 있는데, 갑자기 여래의 말은 다 진실되니 다 믿으라는 말인가 하는 의문이 들었습니다.

　일반적 해석과 본질적 차이는 없겠지만, 이 구절에서 초점을 맞추어야 할 글자는 '眞', '實', '如', '不誑', '不異'이 아니라 '語'가 아닌가 합니다. 여래가 하는 말이 이렇게 진실되더라도 말에만 초점을 맞추면 안 된다는 것입니다. 제1절에서 말하듯 '無有定法如來可說(여래가 설하는 정해진 법이 없다)'의 의미입니다. 여래가 하는 말이 다 진실된 말일지라도 여래가 설하는 것은 반드시 말로만 하는 것이 아닙니다. 드러나는 말과 행동(實)으로 할 수도 있지만, 드러나지 않는 방법(虛)으로도 할 수 있습니다. 다음 구절과 연결해서 보면, '여래의 말이 다 맞는 말이라 하더라도 말(語)만 보면 안 된다. 여래가 설하는 정해진 법은 없다. 드러나는 것도 아니고(無實), 그렇다고 드러나지 않는 것도 아니다(無虛).'라고 해석되어 자연스럽게 연결되기 때문입니다. 물론 일반적 해석을 따라, 여래의 말은 다 맞다는 식으로 해석해도 큰 어긋남은 없습니다.

須菩提 如來所得法 此法 無實無虛
　수보리 여래소득법 차법 무실무허
"수보리여! 여래가 법을 얻은바, 이 법은 무실무허하다."

　금강경이 어렵게 느껴지는 이유 중의 하나는 비슷한 말들이 반복되는 것 같은데, 여기서는 이 말 하는 것 같고, 저기서는 저 말 하는 것 같아 보이기 때문입니다. 저는 금강경을 음악의 변주곡처럼 본문과 후렴의 구조로 8절로 구분합니다. 금강경의 유사한 문구들이 어느 특정한 하나의 상황을 다양하게 묘사하고 다양하게 변주를 한다고 한다면, 도대체 이 구문은 어떤 상황을 변주하고 있는 것일까요?

爲學日益 爲道日損
　위학일익 위도일손
損之又損 以至於無爲
　손지우손 이지어무위

學을 하는 것은 하루하루 쌓아 가는 것이고,
道를 닦는 것은 하루하루 비워 가는 것이다.
비우고 또 비워 무위(無爲)에 이른다.

　노자(老子) 도덕경(道德經)에 나오는 말입니다. 제1절에서 '一切賢聖 皆以無爲法 而有差別'이라고 했으니, 표현하는 방법에 차이가 있어서 그렇지 일체현성은 다 무위법에서 道를 구합니다. 노자가 비우고 비워서 무위(無爲)에 이르듯이 여래도 분별과 相을 버려서 아누다라삼먁삼보리, 반야바라밀, 제일바라밀에 이릅니다.

道可道 非常道 名可名 非常名
도가도 비상도 명가명 비상명
無名 天地之始 有名 萬物之母
무명 천지지시 유명 만물지모

말할 수 있는 道는 常道가 아니고,
이름할 수 있는 이름은 常名이 아니다.
無名은 천지의 시작이고, 有名은 만물의 어머니이다.

    도덕경의 시작입니다. 아누다라삼먁삼보리라 이름할 수 있는 경지는 무위법(無爲法)의 세계에서 시·공간을 초월하여 체험할 수 있는 경지이지, 유위법(有爲法)의 세계에서의 물건처럼 얻거나 할 수 있는 물건이 아니라고 했습니다. 그러니 얻는다(得)는 표현을 쓰기도 애매하고, 존재하는 물건이 아니니 있다고 하기도 애매하지만(非法), 그렇다고 있는 것이 아니라고 표현하기도 애매합니다(非非法). 마찬가지로 실체가 있는 것도 아니지만(無實), 그렇다고 비워져 있다고 하기도 애매합니다(無虛). 그래서 비워져 있지만 뭔가 묘하게 있는 것 같기도 하다는 의미에서 '진공묘유(眞空妙有)'라는 표현도 있습니다. 이는 언어를 초탈한 세계이기도 하지만, 존재를 초월한 세계이기도 합니다.

    그런데 문제는 이것을 설명하고자 할 때, 혹은 무위법(無爲法) 세계의 것을 유위법(有爲法)의 세계에 현출하고자 할 때 발생하는 필연적 왜곡을 어떻게 처리해야 하는가 하는 것입니다. 도덕경은 '내가 지금 어쩔 수 없이 말로 설명하고 이름을 붙여야 하기는 하지만, 왜곡이 된다는 걸 반드시 명심해야 한다(道可道 非常道 名可名 非

常名).'라고 주의를 주면서 시작합니다. 기독교 구약성경에서도 하느님을 이름 지을 수가 없어 당신이 누구냐는 모세의 질문에 "I am who I am."이라고 처리합니다.

금강경도 이러한 무위법 세계의 지고지상(至高至上)의 경지·진리를 아누다라삼먁삼보리, 반야바라밀, 제일바라밀 등 다양하게 표현하지만 어쩔 수 없는 상황과 고민에서 표현한 말일 뿐이니 여기에 相을 두지 말라고 하고 즉비(卽非) 구조의 틀에 집어넣어 주의를 줍니다.

이러다 보니, 무위법 세계의 것을 유위법 세계에 설명하는 것은 유위법 세계의 것을 유위법 세계에 설명하는 것과 다를 수밖에 없습니다. 유위법 세계의 것은 개념이든 존재이든 거기에 매칭(matching)되는 언어나 기호를 대응시킬 수 있습니다. 물론 세상은 항상 변해서 변수(變數)인데, 이에 대응하는 언어는 상수(常數)여서 상수로 변수를 설명하면 어긋날 수밖에 없는 어쩔 수 없는 어려움은 있지만, 그나마 유위법이라는 같은 차원에서의 문제입니다. 그런데 무위법에서 아누다라삼먁삼보리, 반야바라밀, 제일바라밀 등으로 불리는 경지는 상대방에게 그러한 경지에 가도록 도와줄 수는 있을지언정 줄 수 있는 물건도 아니고 설명해 줄 수 있는 그 무엇도 아닙니다. 어쩔 수 없이 그 상태를 상대방이 느끼고 알게 하려면 상대방과 상황에 맞춘 방편이 있을 뿐이지 정해진 방법이 있을 수가 없습니다.

이러한 상황에서 제1절에서는 '如來得阿耨多羅三藐三菩提耶 如來有所說法耶'라는 질문에 얻은 바(得)나 설법한 바(說)가 '있다

(有)' 혹은 '없다(無)'라고 대답을 할 수가 없는 것입니다. 있다고 대답하면 실체를 인정하게 되어 어긋나고, 없다고 하면 없다고 할 수 없는 것을 없다고 하여 어긋나는 것입니다.

제1절에서는 이런 난처한 상황에서 '無有定法名阿耨多羅三藐三菩提 亦無有定法如來可說'이라고 해서 '정해진 법이 없다'는 식으로 다른 차원의 대답을 합니다.

제2절에서도 여래는 연등불 처소에서 法을 얻는다는 相이 없어서 法을 얻었다는 식으로 답을 합니다.

제3절에서는 반야바라밀을 卽非 구조에 넣어 버리고, 여래는 法을 설한 바가 없다(如來無所說)고 하여, 제2절에서 法을 얻는다는 相이 없기에 法을 얻는다고 한 것처럼, 法을 설한다는 相이 없어서 법을 설할 수 있었다고 이야기합니다.

여기 제4절에서는 여래가 얻은 법은 무실무허(無實無虛)라고 이야기합니다. 이는 여래가 무위법의 세계에서 얻은 아누다라삼먁삼보리, 반야바라밀, 제일바라밀(이름은 어쩔 수 없이 지은 것입니다)의 설명이면서, 유위법 세계에 현출하는 방편(方便)의 방법이기도 합니다. 무위법에서 얻은 法의 성질이 무실무허(無實無虛)하니, 전달하는 방편도 '무실무허' 한 것입니다.

일반적으로 '무실무허(無實無虛)'를 참됨도 거짓됨도 없다고 해석합니다. 그런데 이렇게 해석하면 앞의 구절과 연결이 되지 않습니다. 앞의 구절에서는 여래는 진실한 말만 하는 이로 해석해 놓고, 이제 와서 참됨도 거짓됨도 없다고 하면 어느 말이 맞는 건가요?

여기 '無實無虛'의 실(實)과 허(虛)는 實이 드러남이면 虛는 감추어짐으로, 實이 채워짐이면 虛는 비움이라는 식으로 상대적 대립을 나타내는 말로 이해해야 합니다. 부처님이 얻은 법(如來所得法)은 있다고도 할 수 없고(無實), 없다고도 할 수 없고(無虛), 방편(方便)이 드러나는 것도 아니고(無實), 드러나지 않는 것도 아니다(無虛). 이런 식으로 이해해야 할 것입니다. 이는 곧 일체법이 곧 불법(一切法 皆是佛法)이라는 제5절의 구문과 연결이 됩니다.

제5절에서는 이러한 모든 설명이 종합되고, 제6절에서도 같은 내용이 반복됩니다.

須菩提 若菩薩 心住於法 而行布施 如人入闇 則無所見 若菩薩 心不住法 而行布施 如人有目 日光明照 見種種色[100]
수보리 약보살 심주어법 이행보시 여인입암 즉무소견 약보살 심부주법 이행보시 여인유목 일광명조 견종종색

"수보리여! 만약 보살의 마음이 법에 머물러 보시를 행하면, 마치 사람이 어둠 속에 들어가 아무것도 보지 못하는 것과 같고, 만약 보살의 마음이 법에 머무르지 않고 보시를 행하면, 마치 사람이 눈이 있고 햇빛이 밝게 비추어 갖가지 색을 보는 것과 같다."

부처님이 얻은 법은 '無實無虛'라 했습니다. 이는 法인 것도 아니고, 法이 아닌 것도 아니니, 法에 머물러 육바라밀을 펼친다면 반쪽만 볼 수 있는 것이니 어둠 속에 있는 것과 같다고 표현합니다.

須菩提 當來之世 若有善男子善女人 能於此經 受持讀誦 則
수보리 당래지세 약유선남자선여인 능어차경 수지독송 즉

---

100 闇 어두울 암; 目 눈 목; 日 날 일; 光 빛 광; 明 밝을 명; 照 비출 조; 種 씨 종

爲如來 以佛智慧 悉知是人 悉見是人 皆得成就無量無邊功德
위 여래 이 불 지 혜 실 지 시 인 실 견 시 인 개 득 성 취 무 량 무 변 공 덕

"수보리여! 앞으로 오는 세상에 만약 어떤 선남자선여인이 이 경을 받아 지니고 읽고 외운다면, 여래는 부처의 지혜로 이 사람은 모두 무량무변공덕을 성취할 수 있음을 다 알고 다 본다."

이 절의 앞부분에 수보리가 미래 오백세 뒤에도 어떤 중생이 이 경전을 듣고 믿고 이해하고 받아 지닌다면 이 사람은 가장 희유할 것이라고 찬탄하는 것(當來世 後五百歲 其有衆生 得聞是經 信解受持 是人卽爲第一希有)에 대응하여, 부처님도 앞으로 오는 세상(當來之世)에 선남자선여인이 이 경을 받아 지니고 읽고 외운다면, 무량무변공덕을 성취할 수 있다고 화답합니다.

II. 후렴

須菩提 若有善男子善女人 初日分 以恒河沙等身布施 中日分 復以恒河沙等身布施 後日分 亦以恒河沙等身布施 如是無量百千萬億劫 以身布施 若復有人 聞此經典 信心不逆 其福勝彼 何況書寫受持讀誦 爲人解說
수보리 약유선남자선여인 초일분 이항하사등신보시 중일분 부이항하사등신보시 후일분 역이항하사등신보시 여시무량백천만억겁 이신보시 약부유인 문차경전 신심불역 기복승피 하황서사수지독송 위인해설

"수보리여! 어떤 선남자선여인이 아침나절에 항하의 모래 수만큼 몸을 보시하고 점심나절에 항하의 모래 수만큼 몸을 보시하며 저녁나절에 항하의 모래 수만큼 몸을 보시하며 무량백천만억겁 동안 이와 같이 몸을 보시한다고 하자. 만약 또 어떤 사람이 이 경전을 듣고 신심이 거슬리지 않는다면 이 복이 저 복을 이긴다. 하물며 이 경전을 베껴 쓰고 받아 지니고 읽고 외우고 남에게 해설해 주는 사람에게 있어서야."

須菩提 以要言之 是經有不可思議 不可稱量無邊功德 如來爲發大乘者說 爲發最上乘者說 若有人 能受持讀誦 廣爲人說 如來 悉知是人 悉見是人 皆得成就不可量不可稱無有邊不可思議功德 如是人等 則爲荷擔如來阿耨多羅三藐三菩提 何以故 須菩提 若樂小法者 着我見人見衆生見壽者見 則於此經 不能聽受讀誦 爲人解說
수보리 이요언지 시경유불가사의 불가칭량무변공덕 여래위발대승자설 위발최상승자설 약유인 능수지독송 광위인설 여래 실지시인 실견시인 개득성취불가량불가칭무유변불가사의 공덕 여시인등 즉위하담여래아누다라삼먁삼보리 하이고 수보리 약요소법자 착아견인견중생견수자견 즉어차경 불능청수독송 위인해설

"수보리여! 요약하여 말하자면 이 경은 불가사의하고 헤아릴 수

없는 가없는 공덕을 가지고 있다. 여래는 대승을 발한 자를 위하여 설하고 최상승을 발한 자를 위하여 설한다. 만약 어떤 사람이 이 경을 받아 지니고 읽고 외우고 널리 사람들을 위하여 설하면, 여래는 이 사람이 헤아릴 수 없고 말할 수 없고 한없고 불가사의한 공덕을 성취할 것임을 다 알고 다 본다. 이와 같은 사람들은 여래의 아누다라삼먁삼보리를 감당하게 될 것이다. 왜냐하면 수보리여! 작은 법을 즐기는 자는 아견·인견·중생견·수자견에 집착하여 이 경을 듣고 받아 읽고 외우고 사람들에게 해설할 수가 없기 때문이다."

須菩提 在在處處 若有此經 一切世間 天人阿修羅 所應供養
수보리 재재처처 약유차경 일체세간 천인아수라 소응공양
當知 此處則爲是塔 皆應恭敬 作禮圍繞 以諸華香 而散其處
당지 차처즉위시탑 개응공경 작례위요 이제화향 이산기처

"수보리여! 어느 곳이든 이 경이 있는 곳이 일체세간의 하늘·인간·아수라에게 마땅히 공양받는 곳이다. 이곳이 탑이 된다는 것을 당연히 알아야 한다. 모두 마땅히 공경하고 예를 드리고 주위를 돌면서 온갖 꽃과 향기로 그곳을 흩뿌려야 한다."

復次 須菩提 善男子善女人 受持讀誦此經 若爲人輕賤 是人
부차 수보리 선남자선여인 수지독송차경 약위인경천 시인
先世罪業 應墮惡道 以今世人輕賤故 先世罪業 則爲消滅 當得
선세죄업 응타악도 이금세인경천고 선세죄업 즉위소멸 당득
阿耨多羅三藐三菩提
아 누 다 라 삼 먁 삼 보 리

"또한 수보리여! 선남자선여인이 이 경을 받아 지니어 읽고 외운다 하더라도 만약 사람들에게서 경시당하고 천시당한다면, 이 사람

은 선세 죄업으로 응당 악도에 떨어질 것이나, 현세에 사람들에게서 경시당하고 천시당하는 것으로 선세죄업은 소멸되고 아누다라삼먁삼보리를 당연히 얻게 된다."

須菩提 我念過去無量阿僧祇劫 於燃燈佛前 得值八百四千萬
수보리 아념과거무량아승기겁 어연등불전 득치팔백사천만
億那由他諸佛 悉皆供養承事 無空過者 若復有人 於後末世 能
억나유타제불 실개공양승사 무공과자 약부유인 어후말세 능
受持讀誦此經 所得功德 於我所供養諸佛功德 百分不及一 千萬
수지독송차경 소득공덕 어아소공양제불공덕 백분불급일 천만
億分乃至算數譬喩 所不能及
억분내지산수비유 소불능급

"수보리여! 나는 과거 무량한 아승기겁 동안 팔백사천만억 나유타의 부처님들을 만나 모두 공양하고 섬김에 헛되이 지나친 바가 없었다. 만약 어떤 사람이 오는 말세에 이 경을 받아 지니어 읽고 외울 수 있어서 얻는 공덕에 비하면, 내가 여러 부처님을 공양한 공덕에서 얻은 공덕은 백분의 일에 미치지 못하고, 천분의 일, 만분의 일, 억분의 일에도 미치지 못하고, 산수나 비유로도 미치지 못한다."

須菩提 若善男子善女人 於後末世 有受持讀誦此經 所得功德
수보리 약선남자선여인 어후말세 유수지독송차경 소득공덕
我若具說者 或有人聞 心則狂亂 狐疑不信 須菩提 當知 是經義
아약구설자 혹유인문 심즉광란 호의불신 수보리 당지 시경의
不可思議 果報亦不可思議
불가사의 과보역불가사의

"수보리여! 선남자선여인이 오는 말세에 이 경전을 받아 지니어 읽고 외워서 얻을 공덕을 내가 자세히 말하는 것을 혹 어떤 사람이 듣는다면, 마음은 미친 듯이 어지럽고 의심하고 믿지 않을 것이다.

> 수보리여! 이 경의 뜻은 불가사의하며 그 과보도 불가사의함을 마땅히 알아야 한다."

15-1 須菩提 若有善男子善女人 初日分 以恒河沙等身布施
수보리 약유선남자선여인 초일분 이항하사등신보시
中日分 復以恒河沙等身布施 後日分 亦以恒河沙等身布施 如是
중일분 부이항하사등신보시 후일분 역이항하사등신보시 여시
無量百千萬億劫以身布施 若復有人 聞此經典 信心不逆 其福勝
무량백천만억겁이신보시 약부유인 문차경전 신심불역 기복승
彼 何況書寫受持讀誦 爲人解說 須菩提 以要言之 是經有不可
피 하황서사수지독송 위인해설 수보리 이요언지 시경유불가
思議 不可稱量無邊功德 如來爲發大乘者說 爲發最上乘者說 若
사의 불가칭량무변공덕 여래위발대승자설 위발최상승자설 약
有人 能受持讀誦 廣爲人說 如來 悉知是人 悉見是人 皆得成就
유인 능수지독송 광위인설 여래 실지시인 실견시인 개득성취
不可量不可稱無有邊不可思議功德 如是人等 則爲荷擔如來阿
불가량불가칭무유변불가사의공덕 여시인등 즉위하담여래아
耨多羅三藐三菩提 何以故 須菩提 若樂小法者 着我見人見衆生
누다라삼약삼보리 하이고 수보리 약요소법자 착아견인견중생
見壽者見 則於此經 不能聽受讀誦 爲人解說
견수자견 즉어차경 불능청수독송 위인해설

소명태자 분류 제15분 '지경공덕분(持經功德分)'의 시작입니다. 말 그대로 이 경을 지니는(持經) 공덕(功德)을 이야기하는 후렴에 해당하는 부분입니다.

須菩提 若有善男子善女人 初日分 以恒河沙等身布施 中日
수보리 약유선남자선여인 초일분 이항하사등신보시 중일
分 復以恒河沙等身布施 後日分 亦以恒河沙等身布施 如是無量
분 부이항하사등신보시 후일분 역이항하사등신보시 여시무량
百千萬億劫以身布施
백천만억겁이신보시

"수보리여! 어떤 선남자선여인이 아침나절에 항하의 모래 수만큼

몸을 보시하고 점심나절에 항하의 모래 수만큼 몸을 보시하며 저녁나절에 항하의 모래 수만큼 몸을 보시하며 무량백천만억겁 동안 이와 같이 몸을 보시한다고 하자."

제1절과 제2절의 후렴이 재물(七寶)로 보시하는 공덕과 금강경의 공덕을 비교했다면, 제3절의 후렴은 목숨(身命)을 보시하는 공덕과 금강경의 공덕을 비교했습니다.

이 절의 후렴은 스케일이 더욱 커져서 아침, 점심, 저녁에 항하의 모래 수만큼 몸을 보시하는데, 그러한 행위를 무량백천만억겁 동안 하는 공덕과 금강경의 공덕을 비교하고 있습니다.

'겁(劫)'이라는 시간은 일반적으로 우주가 개벽한 때부터 다음에 개벽할 때까지의 시간을 의미하는데 상상을 할 수 없는 시간입니다. 불경에서의 비유로는 가로·세로·높이가 각각 1유순(由旬)[101]의 큰 바위를 1백 년마다 한 번씩 내려오는 선녀가 그 비단 옷자락으로 닦아서 그 바위가 다 닳아 없어지는 시간도 1겁이 되지 않는다고도 하고, 가로·세로·높이가 각각 1유순(由旬)이 되는 철 상자 안에 겨자씨를 가득 채우고 1백 년마다 한 알씩 꺼내어 겨자씨를 모두 다 꺼냈어도 1겁이 되지 않는다고 합니다. 그저 재미로 감탄하는 것이지 상상할 수 있는 수준이 아닙니다. 그런데 1겁도 아니고, 무량백천만억겁 동안 아침, 점심, 저녁에 항하의 모래 수만큼 몸을

---

101 유순(由旬)은 고대 인도의 거리 단위 요자나(yojana)를 한자로 음차한 것인데, 성왕(聖王)이 하루 동안 행군할 수 있는 거리를 의미한다고 합니다. 현대 학자들은 대체로 13km를 전후한다고 추정하는데, 큰 의미는 없습니다.

보시한다는 것은 상상조차 되지 않는데, 그 공덕보다 금강경의 공덕이 크다는 의미입니다.

> **若復有人 聞此經典 信心不逆 其福勝彼**
> 약 부 유 인 문 차 경 전 신 심 불 역 기 복 승 피
> "만약 또 어떤 사람이 이 경전을 듣고 신심이 거슬리지 않는다면 이 복이 저 복을 이긴다."

> **何況書寫受持讀誦 爲人解說**[102]
> 하 황 서 사 수 지 독 송 위 인 해 설
> "하물며 이 경전을 베껴 쓰고 받아 지니고 읽고 외우고 남에게 해설해 주는 사람에게 있어서야"

단순히 금강경을 듣고 신심에 거슬리지만 않아도 목숨을 무한히 보시하는 것보다 공덕이 큰데, 사경(寫經)하고 읽고 외우고 남에게 해설하는 공덕은 말할 것이 무엇인가 하는 구절입니다. 앞의 후렴에 없던 베껴 쓰는 사경(寫經)이 등장했습니다.

사실 이러한 후렴을 본문과 같은 가치로 병렬선상에 두고 본문을 연구하는 것처럼 정말 이렇게 목숨을 보시하는 것보다 금강경의 공덕이 더 클까라고 고민하는 것은 금강경을 제대로 이해 못 하는 것이라 생각합니다. 후렴은 후렴의 역할이 있습니다. 금강경 전체의 구조적 리듬감과 강약 조절을 위해서 가볍게 읽으면서 넘어가면 될 것입니다.

---

102 書 글 서; 寫 베낄 사

須菩提 以要言之 是經有不可思議 不可稱量無邊功德 如來爲
수 보 리 이 요 언 지 시 경 유 불 가 사 의 불 가 칭 량 무 변 공 덕 여 래 위
發大乘者說 爲發最上乘者說[103]
발 대 승 자 설 위 발 최 상 승 자 설

"수보리여! 요약하여 말하자면 이 경은 불가사의하고 헤아릴 수 없는 끝없는 공덕을 가지고 있다. 여래는 대승을 발한 자를 위하여 설하고, 최상승을 발한 자를 위하여 설한다."

여기서 '대승(大乘)'이라는 말이 사용되었으나, 소승(小乘)과 대비되는 불교학적 용어라고 보기보다는 뒤의 최상승(最上乘)과 연결하여 일상적 용어로 '큰 뜻을 품은 자' 정도로 이해하면 될 것입니다.

若有人 能受持讀誦 廣爲人說 如來 悉知是人 悉見是人 皆得
약 유 인 능 수 지 독 송 광 위 인 설 여 래 실 지 시 인 실 견 시 인 개 득
成就不可量不可稱無有邊不可思議功德 如是人等 則爲荷擔如
성 취 불 가 량 불 가 칭 무 유 변 불 가 사 의 공 덕 여 시 인 등 즉 위 하 담 여
來阿耨多羅三藐三菩提[104]
래 아 누 다 라 삼 먁 삼 보 리

"만약 어떤 사람이 이 경을 받아 지니고 읽고 외우고 널리 사람들을 위하여 설하면, 여래는 이 사람이 헤아릴 수 없고 말할 수 없고 한없고 불가사의한 공덕을 성취할 것임을 다 알고 다 본다. 이와 같은 사람들은 여래의 아누다라삼먁삼보리를 감당하게 될 것이다."

여래의 아누다라삼먁삼보리는 유위법 세계의 물건이 아니기에 물건처럼 얻을 수도 없고(不可得), 취할 수도 없고(不可取), 설할 수도 없다(不可說)고 하였습니다. 이를 감당한다는 것은 이 경을 보고

---

103 要 요긴할 요; 言 말씀 언; 議 의논할 의; 稱 일컬을 칭
104 廣 넓을 광; 荷 멜 하; 擔 멜 담

도 놀라지도 무서워하지도 두려워하지도 않는 사람이어야 할 것인데, 相이 없어야 이 경을 보고 놀라지도 무서워하지도 두려워하지도 않는다고 하였습니다. 결국 相이 없어야 이 경과 여래의 아누다라삼먁삼보리를 감당하여 무한한 공덕을 성취할 수 있다는 의미입니다.

재물보시도 무주상보시를 하여야 허공과 같이 공덕이 무한한 것처럼, 금강경을 설명하는 법보시도 무주상보시가 되어야 널리 퍼뜨리고 그 공덕이 무한할 것입니다.

何以故 須菩提 若樂小法者 着我見人見衆生見壽者見 則於此
하 이 고   수 보 리   약 요 소 법 자   착 아 견 인 견 중 생 견 수 자 견   즉 어 차
經 不能聽受讀誦 爲人解說
경   불 능 청 수 독 송   위 인 해 설

"왜냐하면 수보리여! 작은 법을 즐기는 자는 아견·인견·중생견·수자견에 집착하여 이 경을 듣고 받아 읽고 외우고 사람들에게 해설할 수가 없기 때문이다."

통상 '我相人相衆生相壽者相'이라고 했는데, 이 구절에서는 '我見人見衆生見壽者見'이라고 하여, '상(相)'이라고 하던 것이 이 구절에서는 '견(見)'으로 바뀌었습니다. 이 명제를 분석하면, 다음과 같습니다.

	기호	문장
명제	p→q	소법을 즐기면 아·인·중생·수자견에 집착하는 것이다. 그래서, 금강경을 청수독송할 수 없다.

대우	~q→~p	아·인·중생·수자견에 집착하지 않으면, 소법을 즐기지 않는다. 그래서, 금강경을 청수독송할 수 있다.

앞서 여래는 '대승'을 발한 자, '최상승'을 발한 자를 위하여(如來爲發大乘者說 爲發最上乘者說) 이 경을 설한다고 했습니다. 그렇다면 소법(小法)을 즐기는 자는 여래의 말을 이해할 수가 없으므로 이 경을 듣고 받아서 읽고 외울 수(聽受讀誦)가 없습니다.

그렇다면 소법을 즐기지 않는 출발점은 무엇일까요? 금강경이 계속 강조하는 바와 같이 아·인·중생·수자견에 집착하지 않는 것입니다. 금강경 행위론의 출발은 아상·인상·중생상·수자상(我相人相衆生相壽者相)에서 벗어나는 것입니다.

15-2 須菩提 在在處處 若有此經 一切世間天人阿修羅 所應供養 當知 此處則爲是塔 皆應恭敬 作禮圍繞 以諸華香 而散其處

제2절의 후렴에서 '부차(復次)'라고 붙여서 금강경의 공덕을 찬양한 부분의 변주입니다. 제2절에서 금강경이 설해지는 곳이 부처님의 탑묘이고, 경전이 있는 곳이 부처님과 존경받는 제자들이 있는 곳이라고 했습니다. 이 절에서도 이를 받아, 이 경이 있는 곳이 마땅히 공양받는 곳이고, 탑이 되니 예를 갖추어야 한다고 이야기합니다.

須菩提 在在處處 若有此經 一切世間天人阿修羅 所應供養
수보리 재재처처 약유차경 일체세간천인아수라 소응공양

"수보리여! 어느 곳이든 이 경이 있는 곳이 일체세간의 하늘·인간·아수라에게 마땅히 공양받는 곳이다."

當知 此處則爲是塔 皆應恭敬 作禮圍繞 以諸華香 而散其處[105]
당지 차처즉위시탑 개응공경 작례위요 이제화향 이산기처

"이곳이 탑이 된다는 것을 당연히 알아야 한다. 모두 마땅히 공경하고, 예를 드리고, 주위를 돌면서 온갖 꽃과 향기로 그곳을 흩뿌려야 한다."

16-0 復次 須菩提 善男子善女人 受持讀誦此經 若爲人輕賤
부차 수보리 선남자선여인 수지독송차경 약위인경천
是人 先世罪業 應墮惡道 以今世人輕賤故 先世罪業 則爲消滅
시인 선세죄업 응타악도 이금세인경천고 선세죄업 즉위소멸
當得阿耨多羅三藐三菩提 須菩提 我念過去無量阿僧祇劫 於燃
당득아누다라삼먁삼보리 수보리 아념과거무량아승기겁 어연
燈佛前 得値八百四千萬億那由他諸佛 悉皆供養承事 無空過者
등불전 득치팔백사천만억나유타제불 실개공양승사 무공과자
若復有人 於後末世 能受持讀誦此經 所得功德 於我所供養諸佛
약부유인 어후말세 능수지독송차경 소득공덕 어아소공양제불
功德 百分不及一 千萬億分乃至算數譬喩 所不能及 須菩提 若
공덕 백분불급일 천만억분내지산수비유 소불능급 수보리 약
善男子善女人 於後末世 有受持讀誦此經 所得功德 我若具說者
선남자선여인 어후말세 유수지독송차경 소득공덕 아약구설자
或有人聞 心則狂亂 狐疑不信 須菩提 當知 是經義 不可思議 果
혹유인문 심즉광란 호의불신 수보리 당지 시경의 불가사의 과
報亦不可思議
보역불가사의

소명태자 분류로 제16분 '능정업장분(能淨業障分) 부분입니다. 금강경을 읽으면 업장(業障)도 정화(淨)할 수 있다(能)는 내용입니

---

105 禮 예도 례; 圍 둘레 위; 遶 두를 요; 華 빛날 화; 散 흩을 산

다. 소명태자는 제15분과 제16분을 구분했으나, 제15분과 제16분은 연결되는 부분으로 구분을 하면 호흡이 끊깁니다. 모두 금강경의 영험함을 찬양하는 후렴에 해당하는 내용입니다.

제2절의 후렴이 전반부에서 칠보보시 공덕보다 금강경을 수지(受持)하는 공덕이 더 크다는 것을 이야기하고, '부차(復次)'로 연결된 후반부에서 금강경이 있는 곳이 곧 탑묘라는 내용으로 연결됩니다.

이 절의 후렴은 전반부의 내용이 이미 제2절 후렴의 내용을 모두 포함하였으므로 '復次'로 연결된 후반부에서는 금강경이 업장도 정화시킬 수 있다는 새로운 내용이 첨부됩니다.

復次 須菩提 善男子善女人 受持讀誦此經 若爲人輕賤 是人
부차 수보리 선남자선여인 수지독송차경 약위인경천 시인
先世罪業 應墮惡道 以今世人輕賤故 先世罪業 則爲消滅 當得
선세죄업 응타악도 이금세인경천고 선세죄업 즉위소멸 당득
阿耨多羅三藐三菩提[106]
아 누 다 라 삼 먁 삼 보 리

"또한 수보리여! 선남자선여인이 이 경을 받아 지니어 읽고 외운다 하더라도 만약 사람들에게서 경시당하고 천시당한다면, 이 사람은 선세 죄업으로 응당 악도에 떨어질 것이나, 현세에 사람들에게서 경시당하고 천시당하는 것으로 선세죄업은 소멸되고 아누다라삼먁삼보리를 당연히 얻게 된다."

'부차(復次)'로 연결된 문장은 앞 문장과 내용상 연결되므로 끊어

---

106 輕 가벼울 경; 賤 천할 천; 罪 허물 죄; 業 업 업; 墮 떨어질 타; 惡 악할 악; 道 길 도; 消 사라질 소; 滅 멸할 멸

서는 안 된다고 말씀드렸습니다. 금강경의 공덕은 제2절 후렴의 내용뿐만 아니라 업장소멸(業障消滅)까지도 시킬 수 있다는 내용이 이 절의 후렴에 보강이 됩니다.

주의할 것은 해석상의 오해입니다. 한문을 그대로 읽으면 현재 다른 사람들에게서 경천시 당했기 때문에 선세죄업을 소멸시킬 수 있는 것으로 생각될 수 있으나, 여기서 말하고자 하는 바는 금강경을 읽으면 현재 사람들에게서 경천시 당함에도 불구하고 금강경을 읽기 때문에 선세죄업이 소멸된다는 내용입니다. 즉 방점이 경천시 당한다는 데 있는 것이 아니라, 그럼에도 불구하고 금강경을 읽는다는 것에 있습니다.

須菩提 我念過去無量阿僧祇劫 於燃燈佛前 得値八百四千萬
수보리 아념과거무량아승기겁 어연등불전 득치팔백사천만
億那由他諸佛 悉皆供養承事 無空過者
억나유타제불 실개공양승사 무공과자
"수보리여! 나는 과거 무량한 아승기겁동안 팔백사천만억 나유타의 부처님들을 만나 모두 공양하고 섬김에 헛되이 지나친 바가 없었다."

앞서 '칠보(七寶)'나 '신명(身命)'을 보시한 공덕과 금강경의 공덕을 비교하였다면, 여기서는 부처님이 과거 전생에 여러 부처님께 '공양(供養)'한 공덕과 금강경의 공덕의 비교를 덧붙입니다.

여기서 아승기(我僧祇)는 산스크리트어 'asaṃkhya'를 음역한 말로 헤아릴 수 없는 많은 시간을 의미합니다. 나유타(那由他)도 무한에 가까운 수인데, 팔백사천만억나유타라고 하니, 어차피 상상도 할 수 없는 수입니다.

若復有人 於後末世 能受持讀誦此經 所得功德 於我所供養諸
약 부 유 인 어 후 말 세 능 수 지 독 송 차 경 소 득 공 덕 어 아 소 공 양 제
佛功德 百分不及一 千萬億分乃至算數譬喩 所不能及
불 공 덕 백 분 불 급 일 천 만 억 분 내 지 산 수 비 유 소 불 능 급

"만약 어떤 사람이 오는 말세에 이 경을 받아 지니어 읽고 외울 수 있어서 얻는 공덕에 비하면, 내가 여러 부처님을 공양한 공덕에서 얻은 공덕은 백분의 일에 미치지 못하고, 천분의 일, 만분의 일, 억 분의 일에도 미치지 못하고, 산수나 비유로도 미치지 못한다."

석가모니 부처님이 부처가 될 수 있었던 것도 과거 오랜 겁에 걸쳐 쌓은 공덕의 결과인데, 이보다도 금강경을 읽는 공덕이 더 크다는 것을 이야기합니다.

須菩提 若善男子善女人 於後末世 有受持讀誦此經 所得功德
수 보 리 약 선 남 자 선 여 인 어 후 말 세 유 수 지 독 송 차 경 소 득 공 덕
我若具說者 或有人聞 心則狂亂 狐疑不信 須菩提 當知 是經義
아 약 구 설 자 혹 유 인 문 심 즉 광 란 호 의 불 신 수 보 리 당 지 시 경 의
不可思議 果報亦不可思議[107]
불 가 사 의 과 보 역 불 가 사 의

"수보리여! 선남자선여인이 오는 말세에 이 경전을 받아 지니어 읽고 외워서 얻을 공덕을 내가 자세히 말하는 것을 혹 어떤 사람이 듣는다면, 마음은 미친 듯이 어지럽고 의심하고 믿지 않을 것이다. 수보리여! 이 경의 뜻은 불가사의하며 그 과보도 불가사의함을 마땅히 알아야 한다."

금강경의 무한한 공덕의 덧붙임입니다.

---

107 或 혹시 혹; 狂 미칠 광; 亂 어지러울 란; 狐 여우 호; 疑 의심할 의; 報 갚을 보

正宗分
第五節

Ⅰ. 본문

爾時 須菩提白佛言 世尊 善男子善女人 發阿耨多羅三藐三菩
이시 수보리백불언 세존 선남자선여인 발아누다라삼먁삼보
提心 云何應住 云何降伏其心 佛告須菩提 善男子善女人 發阿
리심 운하응주 운하항복기심 불고수보리 선남자선여인 발아
耨多羅三藐三菩提者 當生如是心 我應滅度一切衆生 滅度一切
누다라삼먁삼보리자 당생여시심 아응멸도일체중생 멸도일체
衆生已 而無有一衆生實滅度者 何以故 須菩提 若菩薩 有我相
중생이 이무유일중생실멸도자 하이고 수보리 약보살 유아상
人相衆生相壽者相 則非菩薩 所以者何 須菩提 實無有法發阿耨
인상중생상수자상 즉비보살 소이자하 수보리 실무유법발아누
多羅三藐三菩提者
다라삼먁삼보리자

이때 수보리가 부처님께 아뢰어 말하였습니다.

"세존이시여, 선남자선여인이 아누다라삼먁삼보리심을 발하면, 어떻게 머무르고, 어떻게 그 마음을 항복 받아야 합니까?"

부처님께서 수보리에게 말씀하셨습니다.

"만약 선남자선여인이 아누다라삼먁삼보리라는 것을 발하면, 마땅히 이와 같은 마음을 내어야 한다. '나는 일체중생을 멸도하겠으나, 일체중생을 멸도한 후에도 실로 멸도한 중생은 없다.' 왜냐하면 수보리여! 보살에게 아상·인상·중생상·수자상이 있으면 보살이 아니기 때문이다. 그 까닭이 무엇이냐? 수보리여! 아누다라삼먁삼보리라는 것을 발하는 법이 실로 따로 있는 것이 아니기 때문이다."

須菩提 於意云何 如來於燃燈佛所 有法得阿耨多羅三藐三菩
수보리 어의운하 여래어연등불소 유법득아누다라삼먁삼보
提不 不也世尊 如我解佛所說義 佛於燃燈佛所 無有法得阿耨多
리부 불야세존 여아해불소설의 불어연등불소 무유법득아누다
羅三藐三菩提 佛言 如是如是 須菩提 實無有法如來得阿耨多羅
라삼먁삼보리 불언 여시여시 수보리 실무유법여래득아누다라

三藐三菩提 須菩提 若有法如來得阿耨多羅三藐三菩提者 燃燈
삼먁삼보리 수보리 약유법여래득아누다라삼먁삼보리자 연등
佛 則不與我受記 汝於來世 當得作佛 號釋迦牟尼 以實無有法
불 즉불여아수기 여어래세 당득작불 호석가모니 이실무유법
得阿耨多羅三藐三菩提 是故 燃燈佛 與我受記 作是言 汝於來
득아누다라삼먁삼보리 시고 연등불 여아수기 작시언 여어래
世當得作佛 號釋迦牟尼 何以故 如來者 即諸法如義
세당득작불 호석가모니 하이고 여래자 즉제법여의

"수보리여! 그대 생각은 어떠한가? 여래가 연등불 처소에서 아누다라삼먁삼보리를 얻은 법이 있었는가?"

"아닙니다. 세존이시여! 제가 부처님께서 말씀하신 뜻을 이해하기로는 부처님께서 연등불 처소에서 얻은 아누다라삼먁삼보리를 얻은 법이 없습니다."

부처님께서 말씀하셨습니다.

"그렇다, 그렇다. 수보리여! 실로 여래가 아누다라삼먁삼보리를 얻은 법은 없다. 수보리여! 여래가 아누다라삼먁삼보리라는 것을 얻은 법이 있었다면 연등불께서 내게 '그대는 내세에 석가모니로 불리는 부처가 될 것이다.'라고 수기하지 않았을 것이다. 아누다라삼먁삼보리를 얻는 법이 실제로 없으므로 연등불께서 내게 수기를 주시며 '그대는 내세에 반드시 석가모니로 불리는 부처가 될 것이다.'라고 말씀하셨다. 왜냐하면 여래라는 것도 제법에 여여한 뜻이다."

若有人言 如來得阿耨多羅三藐三菩提 須菩提 實無有法佛得
약유인언 여래득아누다라삼먁삼보리 수보리 실무유법불득
阿耨多羅三藐三菩提 須菩提 如來所得阿耨多羅三藐三菩提 於
아누다라삼먁삼보리 수보리 여래소득아누다라삼먁삼보리 어
是中無實無虛 是故 如來說一切法 皆是佛法 須菩提 所言一切
시중무실무허 시고 여래설일체법 개시불법 수보리 소언일체
法者 即非一切法 是故 名一切法
법자 즉비일체법 시고 명일체법

"어떤 사람이 여래가 아누다라삼먁삼보리를 얻었다고 말한다면, 수보리여! 여래가 실로 아누다라삼먁삼보리를 얻은 법은 없다. 수보리여! 여래가 아누다라삼먁삼보리를 얻었으나, 무실무허하다. 그러므로 여래는 일체법이 모두 불법이라 말한다. 수보리여! 소위 일체법이라는 것도 일체법이 아니므로, 일체법이라 이름한다."

須菩提 譬如人身長大 須菩提言 世尊 如來說人身長大 則爲
수보리 비여인신장대 수보리언 세존 여래설인신장대 즉위
非大身 是名大身
비대신 시명대신

"수보리여! 비유하자면 사람의 몸이 장대한 것과 같다."

수보리가 말하였습니다.

"세존이시여! 여래께서 사람의 몸이 장대하다는 것은 큰 몸이 아니라고 설하셨습니다. 큰 몸이라 이름할 뿐입니다."

須菩提 菩薩亦如是 若作是言 我當滅度無量衆生 則不名菩薩
수보리 보살역여시 약작시언 아당멸도무량중생 즉불명보살
何以故 須菩提 實無有法名爲菩薩 是故 佛說一切法 無我無人
하이고 수보리 실무유법명위보살 시고 불설일체법 무아무인
無衆生無壽者 須菩提 若菩薩作是言 我當莊嚴佛土 是不名菩薩
무중생무수자 수보리 약보살작시언 아당장엄불토 시불명보살
何以故 如來說莊嚴佛土者 卽非莊嚴 是名莊嚴 須菩提 若菩薩
하이고 여래설장엄불토자 즉비장엄 시명장엄 수보리 약보살
通達無我法者 如來說名眞是菩薩
통달무아법자 여래설명진시보살

"수보리여! 보살도 역시 그러하다. 만약 '나는 반드시 한량없는 중생을 제도하리라.' 말한다면 보살이라 할 수 없다. 왜냐하면 실로 보살이라고 할만한 법이 없기 때문이다. 그러므로 부처는 일체법에

아·인·중생·수자가 없다고 말한다. 수보리여! 보살이 만약 '나는 반드시 불토를 장엄하게 하리라.' 말한다면 이는 보살이라 할 수 없다. 왜냐하면 여래가 불국토를 장엄하게 한다는 것은 장엄이 아니고, 장엄이라고 이름할 뿐이기 때문이다. 수보리여! 보살이 무아의 법을 통달한다면 여래는 그를 진정한 보살이라 부른다."

須菩提 於意云何 如來有肉眼不 如是世尊 如來有肉眼 須菩
수보리 어의운하 여래유육안부 여시세존 여래유육안 수보
提 於意云何 如來有天眼不 如是世尊 如來有天眼 須菩提 於意
리 어의운하 여래유천안부 여시세존 여래유천안 수보리 어의
云何 如來有慧眼不 如是世尊 如來有慧眼 須菩提 於意云何 如
운하 여래유혜안부 여시세존 여래유혜안 수보리 어의운하 여
來有法眼不 如是世尊 如來有法眼 須菩提 於意云何 如來有佛
래유법안부 여시세존 여래유법안 수보리 어의운하 여래유불
眼不 如是世尊 如來有佛眼
안부 여시세존 여래유불안

"수보리여! 그대 생각은 어떠한가? 여래는 육안이 있는가?"

"그렇습니다. 세존이시여! 여래는 육안이 있습니다."

"수보리여! 그대 생각은 어떠한가? 여래는 천안이 있는가?"

"그렇습니다. 세존이시여! 여래는 천안이 있습니다."

"수보리여! 그대 생각은 어떠한가? 여래는 혜안이 있는가?"

"그렇습니다. 세존이시여! 여래는 혜안이 있습니다."

"수보리여! 그대 생각은 어떠한가? 여래는 법안이 있는가?"

"그렇습니다. 세존이시여! 여래는 법안이 있습니다."

"수보리여! 그대 생각은 어떠한가? 여래는 불안이 있는가?"

"그렇습니다. 세존이시여! 여래는 불안이 있습니다."

須菩提 於意云何 如恒河中所有沙 佛說是沙不 如是世尊 如
來說是沙 須菩提 於意云何 如一恒河中所有沙 有如是等恒河
是諸恒河所有沙數佛世界 如是寧爲多不 甚多世尊

"수보리여! 그대 생각은 어떠한가? 여래는 항하의 모래에 대하여 설하였는가?"

"그렇습니다. 세존이시여! 여래는 이 모래에 대하여 설하였습니다."

"수보리여! 그대 생각은 어떠한가? 한 항하의 모래만큼의 항하가 있고, 이 여러 항하의 모래 수만큼 부처님 세계가 있다면 진정 많다고 하겠는가?"

"매우 많습니다. 세존이시여!"

佛告須菩提 爾所國土中 所有衆生 若干種心 如來悉知 何以
故 如來說諸心 皆爲非心 是名爲心 所以者何 須菩提 過去心不
可得 現在心不可得 未來心不可得

부처님께서 수보리에게 말씀하셨습니다.

"그 국토에 있는 중생의 어떤 마음을 선택해도 여래는 다 안다. 왜냐하면 여래는 모든 마음이 마음이 아니라 설하고, 마음이라 이름하기 때문이다. 무슨 이유에서인가? 수보리여! 과거의 마음도 얻을 수 없고 현재의 마음도 얻을 수 없고 미래의 마음도 얻을 수 없기 때문이다."

17-1 爾時 須菩提白佛言 世尊 善男子善女人 發阿耨多羅三藐
　　　　이시 수보리백불언 세존 선남자선여인 발아누다라삼먁
三菩提心 云何應住 云何降伏其心 佛告須菩提 善男子善女人 發
삼보리심 운하응주 운하항복기심 불고수보리 선남자선여인 발
阿耨多羅三藐三菩提者 當生如是心 我應滅度一切衆生 滅度一
아누다라삼먁삼보리자 당생여시심 아응멸도일체중생 멸도일
切衆生已 而無有一衆生實滅度者 何以故 須菩提 若菩薩 有我相
체중생이 이무유일중생실멸도자 하이고 수보리 약보살 유아상
人相衆生相壽者相 則非菩薩 所以者何 須菩提 實無有法發阿耨
인상중생상수자상 즉비보살 소이자하 수보리 실무유법발아누
多羅三藐三菩提者
다라삼먁삼보리자

　소명태자 분류 제17분 '구경무아분(究竟無我分)'의 시작입니다. '구경(究竟)'이라는 말은 불교에서 지극히 높은 경지를 이룰 때 쓰는 말입니다. 무명(無明)의 번뇌를 완전히 없애고 본각(本覺)의 이치를 체득한 경지를 '구경각(究竟覺)'이라 하고, 최상의 깨달음을 얻은 지극히 높은 경지를 '구경위(究竟位)' 또는 '구경지(究竟地)'라고 합니다. 이 分의 제목을 '구경무아분(究竟無我分)'이라고 했으니 최고의 경지에 다다른 무아(無我)를 의미합니다. 이 절의 전반부는 앞에 나왔던 내용의 복습에 가깝고, 후반부에 새로운 내용이 첨부됩니다.

爾時 須菩提白佛言 世尊 善男子善女人 發阿耨多羅三藐三菩
이시 수보리백불언 세존 선남자선여인 발아누다라삼먁삼보
提心 云何應住 云何降伏其心
리심 운하응주 운하항복기심

　이때 수보리가 부처님께 아뢰어 말하였습니다.
　"세존이시여, 선남자선여인이 아누다라삼먁삼보리심을 발하면, 어떻게 머무르고, 어떻게 그 마음을 항복 받아야 합니까?"

佛告須菩提 善男子善女人 發阿耨多羅三藐三菩提者 當生如
불 고 수 보 리　선 남 자 선 여 인　발 아 누 다 라 삼 먁 삼 보 리 자　당 생 여
是心 我應滅度一切眾生 滅度一切眾生已 而無有一眾生實滅度
시 심　아 응 멸 도 일 체 중 생　멸 도 일 체 중 생 이　이 무 유 일 중 생 실 멸 도
者
자

부처님께서 수보리에게 말씀하셨습니다.

"선남자선여인이 아누다라삼먁삼보리라는 것을 발하면, 마땅히 이와 같은 마음을 내어야 한다. '나는 일체중생을 멸도하겠으나, 일체중생을 멸도한 후에 실로 멸도한 중생은 없다.'"

何以故 須菩提 若菩薩 有我相人相眾生相壽者相 則非菩薩
하 이 고　수 보 리　약 보 살　유 아 상 인 상 중 생 상 수 자 상　즉 비 보 살
所以者何 須菩提 實無有法發阿耨多羅三藐三菩提者
소 이 자 하　수 보 리　실 무 유 법 발 아 누 다 라 삼 먁 삼 보 리 자

"왜냐하면 수보리여! 보살에게 아상·인상·중생상·수자상이 있으면 보살이 아니기 때문이다. 그 까닭이 무엇이냐? 수보리여! 아누다라삼먁삼보리라는 것을 발하는 법이 실로 있는 것이 아니기 때문이다."

17-1문장은 전체가 제1절에서 나온 주제와 표현이 반복되고 있습니다. 다만 구문이 '無有一眾生實滅度者', '無有法發阿耨多羅三藐三菩提者'이라고 하여 '없다(無)'로 표현하는 것이 아니라, '있음이 없다(無有)'라고 하여 유아론(有我論)에 대응하는 무아론(無我論)의 느낌을 강조하는 뉘앙스가 있습니다.

또한 '阿耨多羅三藐三菩提者'라고 해서 '者'를 뒤에 붙임으로써

'아누다라삼먁삼보리라고 하는 것'이라고 표현함으로써 아누다라삼먁삼보리의 절대성을 낮추고 있습니다.

17-2 須菩提 於意云何 如來於燃燈佛所 有法得阿耨多羅三藐三
수보리 어의운하 여래어연등불소 유법득아누다라삼먁삼
菩提不 不也世尊 如我解佛所說義 佛於燃燈佛所 無有法得阿耨多
보리부 불야세존 여아해불소설의 불어연등불소 무유법득아누다
羅三藐三菩提 佛言 如是如是 須菩提 實無有法如來得阿耨多羅三
라삼먁삼보리 불언 여시여시 수보리 실무유법여래득아누다라삼
藐三菩提 須菩提 若有法如來得阿耨多羅三藐三菩提者 燃燈佛 則
먁삼보리 수보리 약유법여래득아누다라삼먁삼보리자 연등불 즉
不與我受記 汝於來世 當得作佛 號釋迦牟尼 以實無有法得阿耨多
불여아수기 여어래세 당득작불 호석가모니 이실무유법득아누
羅三藐三菩提 是故 燃燈佛 與我受記 作是言 汝於來世 當得作佛 號
라삼먁삼보리 시고 연등불 여아수기 작시언 여어래세 당득작불 호
釋迦牟尼 何以故 如來者 卽諸法如義 若有人言 如來得阿耨多羅三
석가모니 하이고 여래자 즉제법여의 약유인언 여래득아누다라삼
藐三菩提 須菩提 實無有法佛得阿耨多羅三藐三菩提 須菩提 如來
먁삼보리 수보리 실무유법불득아누다라삼먁삼보리 수보리 여래
所得阿耨多羅三藐三菩提 於是中無實無虛 是故 如來說一切法 皆
소득아누다라삼먁삼보리 어시중무실무허 시고 여래설일체법 개
是佛法 須菩提 所言一切法者 卽非一切法 是故 名一切法 須菩提 譬
시불법 수보리 소언일체법자 즉비일체법 시고 명일체법 수보리 비
如人身長大 須菩提言 世尊 如來說人身長大 則爲非大身 是名大身
여인신장대 수보리언 세존 여래설인신장대 즉위비대신 시명대신

17-1문장이 제1절의 주제와 표현을 반복했다면, 17-2문장은 주로 제2절의 주제와 표현을 반복하고 있습니다.

須菩提 於意云何 如來於燃燈佛所 有法得阿耨多羅三藐三菩
수보리 어의운하 여래어연등불소 유법득아누다라삼먁삼보
提不
리부

"수보리여! 그대 생각은 어떠한가? 여래가 연등불 처소에서 아누

다라삼먁삼보리를 얻은 법이 있는가?"

제2절의 '如來 昔在燃燈佛所 於法有所得不(여래가 옛적에 연등
　　　　여래 석재연등불소　어법유소득부
불 처소에서 법에 얻은 바가 있는가?)' 부분의 변주입니다.

不也世尊 如我解佛所說義 佛於燃燈佛所 無有法得阿耨多羅
　불야세존　여아해불소설의　불어연등불소　무유법득아누다라
三藐三菩提
　삼먁삼보리

"아닙니다. 세존이시여! 제가 부처님께서 말씀하신 뜻을 이해하기로는 부처님께서 연등불 처소에서 아누다라삼먁삼보리를 얻은 법이 없습니다."

제2절에서도 '如來在燃燈佛所 於法實無所得(여래께서 연등불
　　　　　　　여래재연등불소　어법실무소득
처소에서 실제로 법에 얻은 바는 없습니다.)'라고 대답하였습니다.

佛言 如是如是 須菩提 實無有法如來得阿耨多羅三藐三菩提
　불언　여시여시　수보리　실무유법여래득아누다라삼먁삼보리
부처님께서 말씀하셨습니다.

"그렇다, 그렇다. 수보리여! 실로 여래가 아누다라삼먁삼보리를 얻은 법은 없다."

여기까지가 제2절의 내용과 거의 동일하다면 아래에서 관련 내용이 부연 설명식으로 첨부됩니다.

須菩提 若有法如來得阿耨多羅三藐三菩提者 燃燈佛 則不與
　수보리　약유법여래득아누다라삼먁삼보리자　연등불　즉불여

**我受記 汝於來世 當得作佛 號釋迦牟尼 以實無有法得阿耨多羅
三藐三菩提 是故 燃燈佛 與我受記 作是言 汝於來世 當得作佛
號釋迦牟尼**[108]

"수보리여! 여래가 아누다라삼먁삼보리라는 것을 얻은 법이 있었다면 연등불께서 내게 '그대는 내세에 석가모니로 불리는 부처가 될 것이다.'라고 수기하지 않았을 것이다. 아누다라삼먁삼보리를 얻은 법이 실제로 없으므로 연등불께서 내게 수기를 주시며 '그대는 내세에 반드시 석가모니로 불리는 부처가 될 것이다.'라고 말씀하셨다."

제1절 말미에서 '一切賢聖 皆以無爲法 而有差別(일체 현성들은 모두 무위법으로써 차별이 있다.)'고 했습니다. 모든 현성들은 무위법의 세계에서 진리를 구하고, 이를 유위법의 세계에 어쩔 수 없는 방편(方便)을 사용하여 구한 바를 전달하려 하는데, 물건 전달하듯이 그대로 전달할 수는 없습니다.

무위법의 세계는 분별과 相을 거두었을 때 스스로 드러나는 경계라서 전달해 줄 수 있는 물건이 아닙니다. 방편이라는 것도 제자가 무위법의 세계에서 스스로 구하는 것을 도울 수 있는 방법일 뿐이지 말로 설명할 수도 없고, 억지로 그 자리에 가져다 놓을 수도 없습니다.

선가(禪家)에서도 제자가 도(道)를 깨달으면, 스승이 점검하고 인가(印可)해 줄 수 있을 뿐, 道를 전달해 줄 수는 없습니다. 道를 전달할 수 있다면 道를 유위법 세계의 한 물건처럼 취급하는 거라, 무위법의 세계에서 진리를 찾는 성현과 보살의 길에 위배됩니다.

---

108 記 기록할 기; 號 이름 호

何以故 如來者卽諸法如義
하 이 고 여 래 자 즉 제 법 여 의
"왜냐하면 여래라는 것도 제법에 여여한 뜻이다."

이 구문은 말하고자 하는 뜻은 알겠는데, 직역을 하려면 애매한 구문입니다. 구문의 전후 관계를 보면 제4절의 '如來 是眞語者 實語者 如語者 不誑語者 不異語者'과 유사한 변주라 할 수 있습니다.
여래 시진어자 실어자 여어자 불광어자 불이어자
현장 스님은 이 부분을 제4절의 위 구절과 거의 유사하게 번역한 반면, 구마라집 스님은 '如來者卽諸法如義'의 8자로 표현했습니다. 구
여 래 자 즉 제 법 여 의
마라집의 번역은 압축이 심해서 해석이 애매할 때도 있지만, 그만큼 상상력을 펼치게 하고, 철학적 깊이를 더해 주기도 합니다.

구문 그대로 보면 '如來'라 하지 않고 '如來者'라 하여 '여래라는 것'이라는 느낌이 들게 하여, '여래라는 것(如來者)'도 다른 모든 법과 마찬가지로 無我의 틀 속에 있다고 해석할 수도 있습니다(諸法無我).

아니면 '제법여의(諸法如義)'의 '如'를 '如如하다'의 '如'로 보아 '여래는 모든 존재(諸法)의 여여한 뜻이다(如義).'라고 해석할 수도 있습니다. 제8절에 '여여부동(如如不動)'이라 하여 '如如하다'는 표현이 나옵니다. 그런데, 무상(無常)한 유위법 세계에서는 '여여(如如)'할 수가 없습니다. '여여(如如)' 하려면 비록 발은 유위법 세계에 두더라도 머리는 무위법의 세계에 있어야 합니다. 이러한 의미에서 여래는 어떠한 경우에도 무위법의 진리를 놓지 않는다는 의미로 해석하거나 여래를 법신(法身)으로 보아 모든 존재의 이면에는 법신

의 여여한 뜻이 있다고 해석하는 것입니다. 반야심경에서 '照見五蘊皆空(조견오온개공)'이라 하여 관세음보살이 오온이 모두 空함을 밝게 비추어 보듯이, 여래도 제법(諸法)에서 무위법의 여여한 뜻(如義)을 놓지 않는다는 의미입니다.

그런데 무위법의 세계에서 본 유위법의 모든 존재의 모습은 무아(無我)이니, '제법여의(諸法如義)'는 곧 '제법무아(諸法無我)'의 의미가 되어 사실상 최초의 해석과 별 다를 바가 없습니다. 법신(法身)인 여래(如來)가 세상에 와서 화신(化身)이 되어 여래라고 불리어도(如來者) 제법에 여여한 뜻(諸法如義), 즉 제법무아(諸法無我)일 수밖에 없다. 그러니 여래가 되는 법, 아누다라삼먁삼보리를 얻는 법이 따로 있을 수가 없다는 의미로 해석됩니다.

주체인 여래도 無我, 대상인 아누다라삼먁삼보리도 無我, 전달하는 설법도 無我가 되어서, 소명태자는 이 分의 제목을 궁극의 무아라는 의미에서 '구경무아(究竟無我)'라고 짓지 않았나 생각합니다.

若有人言 如來得阿耨多羅三藐三菩提 須菩提 實無有法佛得
약유인언 여래득아누다라삼먁삼보리 수보리 실무유법불득
阿耨多羅三藐三菩提 須菩提 如來所得阿耨多羅三藐三菩提 於
아누다라삼먁삼보리 수보리 여래소득아누다라삼먁삼보리 어
是中無實無虛 是故 如來說一切法 皆是佛法
시중무실무허 시고 여래설일체법 개시불법

"어떤 사람이 여래가 아누다라삼먁삼보리를 얻었다고 말한다면, 수보리여! 여래가 실로 아누다라삼먁삼보리를 얻은 법은 없다. 수보리여! 여래가 아누다라삼먁삼보리를 얻었으나 무실무허하다. 그러므로 여래는 일체법이 모두 불법이라 말한다."

얼핏 보면 모순처럼 보일 수도 있습니다. 어떤 사람이 여래가 아누다라삼먁삼보리를 얻었다고 말한다면 실로 얻은 법은 없다고 합니다. 그런데 바로 이어서 여래가 아누다라삼먁삼보리를 얻었지만, 그 법은 무실무허하다고 합니다. 얻었다는 말인가요 얻지 않았다는 말인가요?

만약 아무것도 모르는 어떤 사람이 색(色)과 상(相)에 사로잡혀 여래가 아누다라삼먁삼보리를 얻었다(得)고 말하면, 마조 스님이 色과 相에만 사로잡혀 오리가 날아갔다고 대답한 제자의 코를 비틀듯이 바로 잡아 주어야 합니다. 그래서 즉시 '여래가 실로 아누다라삼먁삼보리심을 얻은 법은 없다(實無有法佛得阿耨多羅三藐三菩提).'고 바로 잡아 줍니다. 그러나 空과 무위법에 바탕하고 있으면, 있다고 할 수 있습니다(如來所得阿耨多羅三藐三菩提). 다만 어떠한 의미에서 있다고 할 수 있는지 친절하게 뒤에 설명을 붙입니다(於是中無實無虛).

'如來所得阿耨多羅三藐三菩提 於是中無實無虛' 이 구절은 제4절의 '如來所得法 此法 無實無虛(여래가 법을 얻은바, 이 법은 무실무허하다.)'와 연결됩니다. '無實無虛'를 참됨도 거짓됨도 없다고 해석하면 그 뜻에 어긋난다는 점은 설명한 바와 같습니다. '無實無虛' 말 그대로 있는 것도 아니고 없는 것도 아니고, 드러나는 법으로 설(說)할 수도 있고 드러나지 않는 법으로도 설할 수 있습니다. 그러니 일체법이 곧 불법(一切法 皆是佛法)이라는 말이 나올 수밖에 없습니다.

須菩提 所言一切法者 卽非一切法 是故 名一切法
수 보 리 소 언 일 체 법 자 즉 비 일 체 법 시 고 명 일 체 법

"수보리여! 소위 일체법이라는 것도 일체법이 아니므로 일체법이라 이름한다."

말을 던져놓고, 그 말 때문에 듣는 사람이 유아(有我)의 잘못된 생각에 빠질까 봐 바로 즉비(卽非) 구조에 넣는 패턴이 여기서도 반복되고 있습니다. '일체법(一切法)'이라 했지만, 소위 일체법이라는 것도 무아(無我)의 틀에 있고, 단지 그렇게 불릴 따름이니 '일체법'이라는 相에 머물지 말라는 의미입니다.

須菩提 譬如人身長大 須菩提言 世尊 如來說人身長大 則爲
수 보 리 비여인신장대 수보리언 세존 여래설인신장대 즉위
非大身 是名大身
비 대 신 시 명 대 신

"수보리여! 비유하자면 사람의 몸이 장대한 것과 같다."

수보리가 말하였습니다.

"세존이시여! 여래께서 사람의 몸이 장대하다는 것은 큰 몸이 아니라고 설하셨습니다. 큰 몸이라 이름할 뿐입니다."

제2절의 '佛說非身 是名大身'의 반복입니다. 크다·작다는 것은
     불 설 비 신 시 명 대 신
선재적·절대적으로 존재하는 실체적 개념이 아니라(無我), 동일한 집단 내에서 상대적으로 비교할 때 비로소 발생하는 개념이어서, 크다·작다고 불릴 뿐이지(名) 실제로 크고 작은 것은 아니라는 설명입니다. '큰 몸(大身)'이라고 하지만 이는 상대적 세계에 존재할 때만 '큰(大身)' 것이지 실체가 따로 있는 것은 아닙니다. 또한 空과 無我

의 도리를 깨달은 사람이 이야기하는 '크다(大)'는 다르다는 것을 이야기하기도 합니다.

> 17-3 須菩提 菩薩亦如是 若作是言 我當滅度無量衆生 則不
> 수보리 보살역여시 약작시언 아당멸도무량중생 즉불
> 名菩薩 何以故 須菩提 實無有法名爲菩薩 是故 佛說一切法 無
> 명보살 하이고 수보리 실무유법명위보살 시고 불설일체법 무
> 我無人無衆生無壽者 須菩提 若菩薩作是言 我當莊嚴佛土 是不
> 아무인무중생무수자 수보리 약보살작시언 아당장엄불토 시불
> 名菩薩 何以故 如來說莊嚴佛土者 卽非莊嚴 是名莊嚴 須菩提
> 명보살 하이고 여래설장엄불토자 즉비장엄 시명장엄 수보리
> 若菩薩 通達無我法者 如來說名眞是菩薩
> 약보살 통달무아법자 여래설명진시보살

17-2문장이 부처님이 '여래'의 상황을 이야기했다면, 17-3은 이를 받아서 '보살'에 대해서 이야기합니다. 한마디로 여래도 無我의 틀에 있는데, 하물며 보살은 당연히 無我의 가르침에 통달해야 한다는 의미입니다.

금강경을 비롯한 대승경전은 보살의 길에 대한 경전이라고 했습니다. 여래의 예를 들면서 하고 싶었던 이야기는 결국 보살의 이야기라고 할 수 있습니다.

> 須菩提 菩薩亦如是 若作是言 我當滅度無量衆生 則不名菩薩
> 수보리 보살역여시 약작시언 아당멸도무량중생 즉불명보살
> 何以故 須菩提 實無有法名爲菩薩 是故 佛說一切法 無我無人
> 하이고 수보리 실무유법명위보살 시고 불설일체법 무아무인
> 無衆生無壽者
> 무중생무수자

"수보리여! 보살도 역시 그러하다. 만약 '나는 반드시 한량없는 중생을 제도하리라.' 말한다면 보살이라 할 수 없다. 왜냐하면 실로 보

살이라고 이름만한 법이 없기 때문이다. 그러므로 부처는 일체법에 아·인·중생·수자가 없다고 말한다."

 전체적인 구조로 이해하면 앞서 아누다라삼먁삼보리도 그것을 얻을 정해진 법이 없고 여래도 마찬가지인데 하물며 보살은 말할 필요가 있겠는가라는 흐름입니다. 앞의 문장들은 결국 보살에 대해서 말하기 위한 서론이었던 것입니다.
 보살이 '我當滅度無量眾生'이라고만 하면 행동은 있으나, 지혜가 부족합니다. 이는 앞서 계속 살펴보았습니다. 중생을 구제한다는 相이 있기 때문입니다. 뒤에 '滅度一切眾生已 而無有一眾生實滅度者'를 붙일 수 있어야 相에서 떠난 진정한 보살이 되는 것입니다. 그러니 '我當滅度無量眾生'으로만 보살이 말을 마친다면 보살로 불릴 수 없습니다(則不名菩薩).
 여래와 마찬가지로 '보살'도 보살이 되고, 보살로 불리는 정해진 법이 있는 것이 아닙니다(實無有法名爲菩薩). 여래가 있는 법도 無我이고, 보살이 있는 법도 無我이니, 모든 일체법이 무아라는 의미에서 '一切法 無我無人無眾生無壽者'라고 이야기합니다.

須菩提 若菩薩作是言 我當莊嚴佛土 是不名菩薩 何以故 如來說莊嚴佛土者 卽非莊嚴 是名莊嚴
수보리 약보살작시언 아당장엄불토 시불명보살 하이고 여래설장엄불토자 즉비장엄 시명장엄

 "수보리여! 보살이 만약 '나는 반드시 불토를 장엄하게 하리라.' 말한다면 이는 보살이라 할 수 없다. 왜냐하면 여래는 불국토를 장엄하게 한다는 것은 장엄이 아니라고 설하였다. 장엄이라고 이름할

뿐이기 때문이다."

앞서 보살이 '我當滅度無量衆生'이라고만 하면 부족하다고 했는데, 이는 중생을 구제한다는 相이 있기 때문입니다. 같은 맥락에서 보살이 '我當莊嚴佛土'라고만 하면 부족합니다. 불토를 장엄하게 한다는 相이 있기 때문입니다.

이 문장은 제2절의 '莊嚴佛土者 卽非莊嚴 是名莊嚴'의 변주입니다. 보살은 '상구보리 하화중생(上求菩提 下化衆生, 위로는 보리를 구하고 아래로는 중생을 교화한다.)'한다고 했습니다. 보살이면 불토를 장엄하게 만들어야 합니다. 그렇지만 '장엄하게 한다'는 것은 하나의 相일 뿐 실체가 있는 것은 아니므로, 그에 머물지 말라는 것입니다. 여기를 장엄하게 만든다고 하는 것은 여기가 장엄하지 않다는 것이 전제된 말인데, 보살이 그런 분별심(分別心)과 相을 가지고 있어서는 안 된다는 의미입니다.

그렇다면 아무 행동도 하지 말라는 것이냐 하면, 그런 것은 아니고 불토를 장엄하게 하되 空과 無我의 지혜를 바탕으로 실천하라는 의미입니다. 금강경은 空을 알고 色을 실천하라는 가르침입니다.

須菩提 若菩薩 通達無我法者 如來說名眞是菩薩[109]
수보리 약보살 통달무아법자 여래설명진시보살
"수보리여! 보살이 無我의 법을 통달한다면 여래는 그를 진정한 보살이라 부른다."

109　通 통할 통; 達 통달할 달

더 이상의 설명이 필요 없는, 지금까지 논의를 한마디로 정리한 구문입니다.

18-1 須菩提 於意云何 如來有肉眼不 如是世尊 如來有肉眼 須菩提 於意云何 如來有天眼不 如是世尊 如來有天眼 須菩提 於意云何 如來有慧眼不 如是世尊 如來有慧眼 須菩提 於意云何 如來有法眼不 如是世尊 如來有法眼 須菩提 於意云何 如來有佛眼不 如是世尊 如來有佛眼
수보리 어의운하 여래유육안부 여시세존 여래유육안 수보리 어의운하 여래유천안부 여시세존 여래유천안 수보리 어의운하 여래유혜안부 여시세존 여래유혜안 수보리 어의운하 여래유법안부 여시세존 여래유법안 수보리 어의운하 여래유불안부 여시세존 여래유불안

소명태자 분류 제18분 '일체동관분(一體同觀分)'의 시작입니다. 일체(一體)를 분별없이 본다(同觀)는 의미입니다. 제5절의 전반부가 사실상 앞 내용의 반복이었다면, 후반부는 주제는 같으나 새로운 소재로 가르침을 이어 나갑니다.

須菩提 於意云何 如來有肉眼不 如是世尊 如來有肉眼
수보리 어의운하 여래유육안부 여시세존 여래유육안
"수보리여! 그대 생각은 어떠한가? 여래는 육안이 있는가?"
"그렇습니다, 세존이시여! 여래는 육안이 있습니다."

불교에서 '오안(五眼)'이라는 개념이 있습니다. 오안은 육안(肉眼), 천안(天眼), 혜안(慧眼), 법안(法眼), 불안(佛眼)으로 구성되어 있는데, 다양한 지각과 통찰의 수준을 설명합니다.[110]

---

110 최봉수, '원시불교의 오안설(五眼說)에 대하여', 한국불교학, 1990, 203-226면.

육안 (肉眼)	일상적으로 사용하는 물리적인 눈으로, 일상생활에서 우리가 사물을 보고 인식하는 능력입니다.
천안 (天眼)	물리적인 장벽을 넘어서는 눈으로, 보통 사람의 눈으로는 볼 수 없는, 초능력자나 신적인 존재가 가진 비물리적인 시각 능력을 말합니다.
혜안 (慧眼)	성인(聖人)이 가진 깊은 지혜와 깨달음을 통해 보는 것을 말합니다.
법안 (法眼)	부처가 가진 모든 진리와 존재의 본질을 보는 능력으로 모든 존재와 현상의 참된 본질을 볼 수 있는 능력을 말합니다.
불안 (佛眼)	가장 높은 단계의 눈으로, 부처가 가진 완전한 깨달음과 통찰력, 자비를 통해 모든 존재와 현상을 통찰하는 능력을 의미합니다.

아래에서는 이 오안이 단계적으로 진행됩니다.

須菩提 於意云何 如來有天眼不 如是世尊 如來有天眼
수보리 어의운하 여래유천안부 여시세존 여래유천안
"수보리여! 그대 생각은 어떠한가? 여래는 천안이 있는가?"
"그렇습니다. 세존이시여! 여래는 천안이 있습니다."

須菩提 於意云何 如來有慧眼不 如是世尊 如來有慧眼
수보리 어의운하 여래유혜안부 여시세존 여래유혜안
"수보리여! 그대 생각은 어떠한가? 여래는 혜안이 있는가?"

"그렇습니다. 세존이시여! 여래는 혜안이 있습니다."

須菩提 於意云何 如來有法眼不 如是世尊 如來有法眼
수보리 어의운하 여래유법안부 여시세존 여래유법안

"수보리여! 그대 생각은 어떠한가? 여래는 법안이 있는가?"

"그렇습니다. 세존이시여! 여래는 법안이 있습니다."

須菩提 於意云何 如來有佛眼不 如是世尊 如來有佛眼
수보리 어의운하 여래유불안부 여시세존 여래유불안

"수보리여! 그대 생각은 어떠한가? 여래는 불안이 있는가?"

"그렇습니다. 세존이시여! 여래는 불안이 있습니다."

18-2 須菩提 於意云何 如恒河中所有沙 佛說是沙不 如是世
수보리 어의운하 여항하중소유사 불설시사부 여시세
尊 如來說是沙 須菩提 於意云何 如一恒河中所有沙 有如是等
존 여래설시사 수보리 어의운하 여일항하중소유사 유여시등
恒河 是諸恒河所有沙數佛世界 如是寧爲多不 甚多世尊 佛告須
항하 시제항하소유사수불세계 여시영위다부 심다세존 불고수
菩提 爾所國土中 所有衆生 若干種心 如來悉知 何以故 如來說
보리 이소국토중 소유중생 약간종심 여래실지 하이고 여래설
諸心 皆爲非心 是名爲心 所以者何 須菩提 過去心不可得 現在
제심 개위비심 시명위심 소이자하 수보리 과거심불가득 현재
心不可得 未來心不可得
심불가득 미래심불가득

여래는 오안(五眼)을 모두 갖추어 마음의 본질을 볼 수 있기에, 어떠한 중생의 마음이라도 볼 수 있다는 내용이 이어집니다.

須菩提 於意云何 如恒河中所有沙 佛說是沙不 如是世尊 如
수보리 어의운하 여항하중소유사 불설시사부 여시세존 여
來說是沙
래설시사

"수보리여! 그대 생각은 어떠한가? 여래는 항하의 모래에 대하여 설하였는가?"

"그렇습니다. 세존이시여! 여래는 이 모래에 대하여 설하였습니다."

須菩提 於意云何 如一恒河中所有沙 有如是等恒河 是諸恒河
수보리 어의운하 여일항하중소유사 유여시등항하 시제항하
所有沙數佛世界 如是寧爲多不 甚多世尊
소유사수불세계 여시영위다부 심다세존

"수보리여! 그대 생각은 어떠한가? 항하의 모래만큼의 항하가 있고, 이 여러 항하의 모래 수만큼 부처님 세계가 그만큼 있다면 진정 많다고 하겠는가?"

"매우 많습니다. 세존이시여!"

佛告須菩提 爾所國土中 所有衆生 若干種心 如來悉知 何以
불고수보리 이소국토중 소유중생 약간종심 여래실지 하이
故 如來說諸心 皆爲非心 是名爲心
고 여래설제심 개위비심 시명위심

부처님께서 수보리에게 말씀하셨습니다.

"그 국토에 있는 중생의 어떤 마음을 선택해도 여래는 다 안다. 왜냐하면 여래는 모든 마음이 마음이 아니라고 설하고, 마음이라 이름하기 때문이다."

마음의 실체가 무엇인지 불안(佛眼)을 가진 여래는 다 보기 때문에 그 많은 부처님 세계 중생의 다양한 마음을 다 안다는 것입니다. 산스크리트어본에는 '마음의 흐름'으로 되어 있는데, 이렇게 생각해도 좋은 의미일 것 같습니다.

여래가 불안(佛眼)으로 본마음의 근본 자리가 무엇인가요. 마음도 無我라는 것입니다. 마치 넓은 바다에 아무리 다양한 파도가 존재해도, 그 근본은 바닷물이라는 것을 아는 것처럼 마음의 실체가 사실은 없다는 것을 알기 때문에 모든 마음을 알고 있다고 말할 수 있는 것입니다.

무문관(無門關)[111] 제41칙 '달마안심(達磨安心)' 화두가 있습니다. 달마(達磨) 조사가 면벽(面壁)참선하는데, 2조 혜가(慧可) 스님이 눈 위에 서서 팔을 잘라 버리고서 말합니다.

"제자가 마음이 아직 편안치 못합니다.
스승님께서 마음을 편하게 해 주십시오."
달마 조사가 말합니다.
"그 마음을 가져오너라. 너에게 편안함을 주겠다."
"마음을 찾아보았으나 얻을 수가 없습니다(心了不可得)."
"너의 마음을 편하게 하는 것을 마쳤다."
達磨面壁。二祖立雪斷臂云。弟子心未安。乞師安心。
磨云。將心來。與汝安。祖云。心了不可得。磨云。
爲汝安心竟。

혜능 스님이 이야기했습니다. '本來無一物 何處惹塵埃(본래 한 물건이 없는데 어디에 먼지가 끼겠는가)'. 본래 마음이 없는데, 불안함이 끼일 데가 없습니다.

---

111 임제종(臨濟宗)의 무문혜개(無門慧開, 1183~?)가 편찬한 화두집으로 '벽암록'·'종용록'과 함께 선림(禪林)에서 존중되어 왔습니다.

所以者何 須菩提 過去心不可得 現在心不可得 未來心不可得
소 이 자 하 수 보 리 과 거 심 불 가 득 현 재 심 불 가 득 미 래 심 불 가 득

"무슨 이유에서인가? 수보리여! 과거의 마음도 얻을 수 없고 현재의 마음도 얻을 수 없고 미래의 마음도 얻을 수 없기 때문이다."

'過去心不可得 現在心不可得 未來心不可得'은 덕산방(德山棒)
과 거 심 불 가 득 현 재 심 불 가 득 미 래 심 불 가 득
으로 유명한 덕산(德山宣鑑, 782~865) 스님이 떡장수 노파에게 망신을 당한 이야기와 관련하여 너무도 유명한 구절입니다. 금강경 해설서치고 이 이야기가 실리지 않은 책은 없는 것 같습니다.

　　덕산 스님은 속성은 주(周)씨로 금강경에 해박해 '주금강(周金剛)'이라는 별명이 붙었습니다. 덕산 스님은 육조 혜능(慧能) 이후의 남방선이 '즉심시불(卽心是佛, 마음이 곧 부처)'라고 가르친다는데 분개하여 남방 스님을 혼내주겠다는 생각으로 금강경에 대한 본인의 저서인 '청룡소초(靑龍疏鈔)'를 짊어지고 남쪽으로 길을 떠났습니다. 처음 풍주(澧州)에 도착하여 길거리에서 떡을 파는 노파를 만나 청룡소초를 내려놓고 떡을 사서 점심(點心)을 하려고 하는데, 노파가 묻습니다.
　　"등에 지고 있는 것이 무엇입니까?"
　　"금강경소초(金剛經疏鈔)입니다."
　　"내가 한 가지 물을 게 있는데 만일 대답하신다면 이 떡을 보시하여 점심(點心)으로 드리겠지만, 대답하지 못할 경우엔 다른 곳에 가서 사 먹으십시오."

"그러면, 물어보십시오."

"금강경에 이르기를 과거심도 얻을 수 없고, 현재심도 얻을 수 없고, 미래심도 없을 수 없다(過去心不可得 現在心不可得 未來心不可得)이라고 했는데, 스님은 어느 마음에 점을 찍으려 하십니까(點心)?"

덕산 스님은 말을 할 수 없었습니다.

노파는 용담(龍潭) 스님을 찾아가 보라고 일러줍니다.

初到澧州, 路上見一婆子賣油, 遂放下疏鈔, 且買點心喫. 婆云, 所載者是什麽. 德山云, 金剛經疏鈔. 婆云, 我有一問, 爾若答得, 布施油作點心, 若答不得, 別處買去. 德山云, 但問. 婆云, 金剛經云, 過去心不可得, 現在心不可得, 未來心不可得, 上座欲點那箇心. 山無語, 婆遂指令去參龍潭.

'점심(點心)'은 아침 식사 후 시간이 흘러 허전한 마음(心)을 다시 점화(點火)시킬 정도로 간단히 먹는 식사를 말합니다. 광동어식으로 읽으면 '딤섬'으로 노파가 점심(點心)이라는 말을 이용해서 덕산 스님을 시험하고 있습니다. 재미있는 것은 거의 모든 금강경 해설서에 이 이야기는 실려 있는데, 덕산 스님이 어떻게 대답했었어야 떡을 얻어먹을 수 있었는지에 대해서 적은 책은 쉽게 찾을 수가 없습니다. 그렇다면 어떻게 대답했어야 했을까요? 여기보다는 에필로그에 제 생각을 적고자 합니다. 이후의 이야기입니다.

점심을 굶은 덕산 스님은 용담(龍潭) 스님에게 찾아갑니다.

이런저런 가르침을 청하다가 밤이 되자, 용담 스님이 말합니다.

"밤이 늦었는데, 왜 내려가지 않느냐?"

덕산 스님이 인사를 하고, 나가려다가 밖을 보니 캄캄한지라 돌아서서 "밖이 어둡습니다."라고 합니다.

용담 스님이 이내 지촉(紙燭)에 불을 붙여 건네주면서, 덕산 스님이 받으려 하자, 용담 스님이 갑자기 훅 불어서 불을 꺼 버립니다.

이에 덕산 스님은 홀연히 깨달은 것이 있어서 곧 절을 올립니다. 용담 스님이 "너는 무슨 도리를 보았느냐?" 묻자, "저는 오늘부터 천하의 노화상의 말씀을 의심하지 않겠습니다."라고 답합니다.

다음날 용담 스님이 승당(陞堂)하여 말하기를,

"마침 건달 같은 놈이 하나 있는데, 이빨은 칼을 세워 놓은 것 같고, 입은 핏동이 같고, 한 방망이 후려쳐도 돌아보지도 않는다. 언젠가 고봉정상(孤峯頂上)에서 나의 도(道)를 세우고 있을 것이다."

덕산 스님은 자신이 가지고 간 금강경소초를 법당 앞 가져다 놓고, 횃불을 들고 말합니다.

"모든 심오한 변론을 밝힌다 해도 허공에 터럭 하나 놓는 것 같고, 세상의 진리를 모두 갈파한다 하더라도 바다에 물 한 방울 떨어뜨리는 것과 같다."

이어 소초를 불살라 버리고 떠나버립니다.

龍潭因德山請益抵夜。潭云。夜深子何不下去。山遂珍重揭簾而出。見外面黑却回云。外面黑。潭乃點紙燭度與。山擬接。潭便吹滅。山於此忽然有省。便作禮。潭云。子見箇甚麼道理。山云。某甲從今日去。不疑天下老和尚舌頭。也至明日龍潭陞堂云。可中有箇漢。牙如劍樹。口似血盆。一棒打不回頭。他時異日向孤峯頂上立吾道在。山遂取疏抄。於法堂前將一炬火。提起云。窮諸玄辨。若一毫致於太虛。竭世樞機。似一滴投於巨壑。將疏抄便燒。於是禮辭。

II. 후렴

> 須菩提 於意云何 若有人滿三千大千世界七寶 以用布施 是人
> 수보리 어의운하 약유인만삼천대천세계칠보 이용보시 시인
> 以是因緣得福多不 如是世尊 此人 以是因緣得福甚多 須菩提
> 이시인연득복다부 여시세존 차인 이시인연득복심다 수보리
> 若福德有實 如來不說得福德多 以福德無故 如來說得福德多
> 약복덕유실 여래불설득복덕다 이복덕무고 여래설득복덕다

"수보리여! 그대 생각은 어떠한가? 어떤 사람이 삼천대천세계에 칠보를 가득 채워 보시한다면 이 사람이 이 인연으로 얻는 복덕이 많은가?"

"그렇습니다. 세존이시여! 이 사람은 이 인연으로 얻는 복덕이 매우 많습니다."

"수보리여! 복덕이 실체가 있다면 여래는 얻는 복덕이 많다고 말하지 않았을 것이다. 복덕은 실체가 없기에 여래는 얻는 복덕이 많다고 말한다."

19-0 須菩提 於意云何 若有人滿三千大千世界七寶 以用布施
　　　수보리 어의운하 약유인만삼천대천세계칠보 이용보시
是人 以是因緣得福多不 如是世尊 此人以是因緣得福甚多 須菩
시인 이시인연득복다부 여시세존 차인이시인연득복심다 수보
提 若福德有實 如來不說得福德多 以福德無故 如來說得福德多
리 약복덕유실 여래불설득복덕다 이복덕무고 여래설득복덕다

소명태자 분류 제19분 '법계통화분(法界通化分)'해 해당하는 부분입니다. 법계(法界)를 두루(通) 교화(化)한다는 의미입니다. 특별히 금강경의 공덕을 찬양하는 내용은 아니지만, 제1절 후렴에서 제시된 '是福德 卽非福德性 是故 如來說福德多'의 구절이 변주되고
시복덕 즉비복덕성 시고 여래설복덕다

있습니다. 상대적으로 짧은 후렴이기는 하지만, 이해하기 쉽지 않습니다. 마치 전체가 하나의 선문답(禪問答)과 같은 후렴입니다.

須菩提 於意云何 若有人滿三千大千世界七寶 以用布施 是人
수보리 어의운하 약유인만삼천대천세계칠보 이용보시 시인
以是因緣得福多不[112]
이시인연득복다부

"수보리여! 그대 생각은 어떠한가? 어떤 사람이 삼천대천세계에 칠보를 가득 채워 보시한다면 이 사람이 이 인연으로 얻는 복덕이 많은가?"

如是世尊 此人以是因緣得福甚多
여시세존 차인이시인연득복심다

"그렇습니다. 세존이시여! 이 사람은 이 인연으로 얻는 복덕이 매우 많습니다."

須菩提 若福德有實 如來不說得福德多 以福德無故 如來說得
수보리 약복덕유실 여래불설득복덕다 이복덕무고 여래설득
福德多
복덕다

"수보리여! 복덕이 실체가 있다면 여래는 얻는 복덕이 많다고 말하지 않았을 것이다. 복덕은 실체가 없기에 여래는 얻는 복덕이 많다고 말한다."

제1절 후렴의 '是福德 卽非福德性 是故 如來說福德多(이 복덕은
　　　　　　　 시복덕 즉비복덕성 시고 여래설복덕다
복덕이 아니므로, 여래께서 복덕이 많다고 하십니다.)'의 변주로 '無我'를 더욱 분명히 설명하고 있습니다. 그런데 이 문장만 보아서는

112　因 인할 인; 緣 인연 연

바로 이해가 잘 안됩니다. 복덕이 실체가 있다면(若福德有實) 셀 수 있기 때문에 많다 또는 적다고 말할 수 있을 것인데, 실체가 없는 이유로(以福德無故) 많다고 말할 수 있다(說得福德多)는 것이 무슨 의미인가요.

이 구절을 설명하기 전에 너무도 유명한 벽암록 제1칙을 살펴봅니다.

> 양무제(梁武帝)가 달마대사(達磨大師)에게 묻습니다.
> "어떤 것이 성제(聖諦)의 제일의(第一義)인가?"
> "확연(廓然)하여 성(聖)일 것이 없습니다."
> "짐(朕)을 대하고 있는 그대는 누구인가?"
> **"모릅니다(不識)."**
> 양무제는 알아듣지 못합니다.
> 달마대사는 결국 강 건너 위(魏)나라로 가고, 무제가 후에 지공(志公) 스님에게 물으니, 지공이 "폐하께서는 그 사람을 알아보지 못했습니까?" 하자,
> **"모릅니다(不識)."**
> "그분이 바로 관음대사(觀音大士)입니다. 부처님의 심인(心印)을 전하십니다."
> 무제는 후회하고서, 사신을 보내 모셔 오게 하니, 지공 스님이 말합니다.
> "폐하께서는 사신을 출발하지 말라 하소서. 온 나라 사람이 가도 그분은 돌아오시지 않을 것입니다."

梁武帝問達磨大師。如何是聖諦第一義, 磨云。廓然無聖, 帝曰。對朕者誰, 磨云。不識。帝不契 達磨遂渡江至魏 帝後擧問志公, 志公云。陛下還識此人否, 帝云。不識, 志公云。此是觀音大士。傳佛心印, 帝悔。遂遣使去請, 志公云。莫道陛下發使去取闔國人去。他亦不回。

위 화두에서는 두 개의 '모릅니다(不識)'가 나옵니다. 그런데, 같은 '불식(不識)'이지만, 두 개는 엄청난 차이가 있습니다. 첫 번째 달마대사가 양무제의 질문에 대답한 '모릅니다(不識)'는 空에 있으면서 色의 일에 마음을 두지 않는다는 '모릅니다(不識)'라면, 양무제의 '모릅니다(不識)'는 정말 아무것도 모르는 '모릅니다(不識)'입니다.

제1절에서 '是福德 卽非福德性 是故 如來說福德多'을 설명하면서 소개한 '백장야압(百丈野鴨, 백장과 들오리)'에서 스승이 제자의 코를 비튼 이유가 제자가 色에만 마음을 두고 그냥 '날아갔습니다'라고 하자, 空에 마음을 걸치지 않은 제자를 경책하기 위함인 것과 같은 상황으로 보면 됩니다. '날아갔습니다'라고 똑같이 대답했더라도 空에 걸친 대답이었으면 스승은 제자의 코를 비틀지 않았을 것입니다.

제5절 후렴을 간단히 요약하면 다음과 같습니다.

"칠보를 가득 채워 보시하면 복덕이 많은가(多)?"
"얻는 복덕이 매우 많습니다(多)."
"복덕이 실체가 있다면 복덕이 많다(多)고 말하지 않는다.

복덕은 실체가 없기에 복덕이 많다(多)고 말한다."

달마대사와 양무제의 대화에서 '모릅니다(不識)'에 해당하는 것이 부처님과 수보리의 대화에서의 '많다(多)'입니다. 부처님이 '많은가(多)'라고 물었을 때, 수보리가 '많습니다(多)'라고 대답합니다. 그렇지만 수보리의 '많습니다(多)'가 空에 근거하여 色은 그저 활용한 '많습니다(多)'인지, 그냥 色만 보고 대답한 '많습니다(多)'인지는 확인이 안 됩니다. 물론 해공제일(解空第一) 수보리는 전자(前者)일 것입니다.

그러자 부처님이 상세히 설명하십니다. '실체가 있다고 생각하고 많다(多)라고 답하면 틀린 답이고, 실체가 없다는 걸 알고 많다(多)라고 대답했다면 정답이다. 그래서 여래가 말하는 많다(多)는 無我에서 나오는 많다(多)이다.'

금강경은 '空'을 이야기하지만, '色'을 부정하지 않는다고 했습니다. 마찬가지로 色을 이야기해도 空에서 근거함을 알아야 올바른 色에 대한 관찰이 됩니다. 장엄하게 한다는 것의 실체를 알아야 장엄하다고 이름 지을 수 있는 것처럼(是名莊嚴), 복덕의 실체를 알아야 많다(多)고 할 수 있는 것입니다.

正宗分
第六節

Ⅰ. 본문

須菩提 於意云何 佛可以具足色身見不 不也世尊 如來 不應
以具足色身見 何以故 如來說具足色身 卽非具足色身 是名具足
色身

"수보리여! 그대 생각은 어떠한가? 색신을 구족하였다고 부처라고 볼 수 있겠는가?"

"아닙니다. 세존이시여! 색신을 구족하였다고 여래라고 볼 수 없습니다. 왜냐하면 여래께서는 색신을 구족하는 것은 색신을 구족하는 것이 아니라고 설하셨습니다. 색신을 구족한다고 이름할 뿐입니다."

須菩提 於意云何 如來可以具足諸相見不 不也世尊 如來 不應
以具足諸相見 何以故 如來說諸相具足 卽非具足 是名諸相具足

"수보리여! 그대 생각은 어떠한가? 제상을 구족하였다고 여래라고 볼 수 있겠는가?"

"아닙니다. 세존이시여! 제상을 구족하였다고 여래라고 볼 수 없습니다. 왜냐하면 여래께서는 제상을 구족하는 것은 제상을 구족하는 것이 아니라고 설하셨습니다. 제상을 구족한다고 이름할 뿐입니다."

須菩提 汝勿謂如來作是念 我當有所說法 莫作是念 何以故
수보리 여물위여래작시념 아당유소설법 막작시념 하이고
若人言 如來有所說法 卽爲謗佛 不能解我所說故 須菩提 說法
약인언 여래유소설법 즉위방불 불능해아소설고 수보리 설법
者 無法可說 是名說法
자 무법가설 시명설법

"수보리여! 그대는 여래가 '나는 설한 법이 있다.'는 생각을 한다고 말하지 말라. 이런 생각을 하지 말라. 왜냐하면 '여래께서 설하신 법이 있다.'고 말한다면, 이 사람은 여래를 비방하는 것이니, 내가 설한 것을 이해하지 못했기 때문이다. 수보리여! 법을 설한다고 하지만 설할 수 있는 법은 없다. 법을 설한다고 이름할 뿐이다."

爾時 慧命須菩提白佛言 世尊 頗有衆生 於未來世 聞說是法
이시 혜명수보리백불언 세존 파유중생 어미래세 문설시법
生信心不 佛言 須菩提 彼非衆生 非不衆生 何以故 須菩提 衆生
생신심부 불언 수보리 피비중생 비불중생 하이고 수보리 중생
衆生者 如來說非衆生 是名衆生
중생자 여래설비중생 시명중생

이때 혜명수보리가 부처님께 여쭈었습니다.

"세존이시여! 미래에 이 법을 설함을 듣고 신심을 낼 중생이 자못 있겠습니까?"

부처님께서 말씀하셨습니다.

"수보리여! 저들은 중생이 아니요, 중생이 아닌 것도 아니다. 왜냐하면 수보리여! 중생 중생이라 하는 것은 여래가 중생이 아니라고 설하였다. 중생이라 이름할 뿐이다."

須菩提白佛言 世尊 佛得阿耨多羅三藐三菩提 爲無所得耶 佛
수보리백불언 세존 불득아누다라삼먁삼보리 위무소득야 불

言 如是如是 須菩提 我於阿耨多羅三藐三菩提 乃至無有少法可
得 是名阿耨多羅三藐三菩提

수보리가 부처님께 여쭈었습니다.

"세존이시여! 부처님께서 아누다라삼먁삼보리를 얻었다는데, 얻은 바는 없는 것입니까?"

부처님께서 말씀하셨습니다.

"그렇다, 그렇다. 수보리여! 내가 아누다라삼먁삼보리에서 조그마한 법이라도 얻은 바가 없다. 아누다라삼먁삼보리라고 이름할 뿐이다."

復次 須菩提 是法平等無有高下 是名阿耨多羅三藐三菩提 以
無我無人無衆生無壽者 修一切善法 則得阿耨多羅三藐三菩提
須菩提 所言善法者 如來說 卽非善法 是名善法

"또한 수보리여! 이 법은 평등하여 높고 낮음이 없으니, 아누다라삼먁삼보리라 이름한다. 아·인·중생·수자를 없게 함으로써 일체선법을 닦으면, 아누다라삼먁삼보리를 얻는다. 수보리여! 선법이라는 것은 선법이 아니라고 여래는 설한다. 선법이라 이름할 뿐이다."

20-0 須菩提 於意云何 佛可以具足色身見不 不也世尊 如來
不應以具足色身見 何以故 如來說具足色身 卽非具足色身 是名
具足色身 須菩提 於意云何 如來可以具足諸相見不 不也世尊

如來 不應以具足諸相見 何以故 如來說諸相具足 卽非具足 是
여 래 불 응 이 구 족 제 상 견 하 이 고 여 래 설 제 상 구 족 즉 비 구 족 시
名諸相具足
명 제 상 구 족

   소명태자 분류로 제20분 '이색이상분(離色離相分)'에 해당하는 분(分)입니다. 색(色)을 떠나고(離), 상(相)을 떠난다(離)는 의미입니다.
   제1절에서 '신상(身相)'으로 여래를 볼 수 있는가라고 질문을 시작한 후(可以身相見如來不) 동일한 패턴으로 제3절에서는 '삼십이상(三十二相)'으로, 제6절에서는 '구족색신(具足色身)'과 '구족제상(具足諸相)'으로 변주를 하고 있습니다.
   '색신(色身)'은 주로 물질적 신체나 육체를 가리키고, '제상(諸相)'은 물질적 형태뿐만 아니라 감각적·정신적·개념적 현상까지 포함하는 보다 넓은 범위를 의미합니다. 문장의 구조와 해석은 앞의 '신상(身相)'이나 '삼십이상(三十二相)'과 동일합니다.

제1절	可以身相見如來不 가 이 신 상 견 여 래 부	'身相'으로 여래를 볼 수 있는가?
제3절	可以三十二相見如來不 가 이 삼 십 이 상 견 여 래 부	'三十二相'으로 여래를 볼 수 있는가?
제6절	佛可以具足色身見不 불 가 이 구 족 색 신 견 부	'具足色身'으로 부처를 볼 수 있는가?
	如來可以具足諸相見不 여 래 가 이 구 족 제 상 견 부	'具足諸相'으로 여래를 볼 수 있는가?

須菩提 於意云何 佛可以具足色身見不 不也世尊 如來 不應
수보리 어의운하 불가이구족색신견부 불야세존 여래 불응
以具足色身見 何以故 如來說具足色身 卽非具足色身 是名具足
이구족색신견 하이고 여래설구족색신 즉비구족색신 시명구족
色身[113]
색 신

"수보리여! 그대 생각은 어떠한가? 색신을 구족하였다고 부처라고 볼 수 있겠는가?"

"아닙니다. 세존이시여! 색신을 구족하였다고 여래라고 볼 수 없습니다. 왜냐하면 여래께서는 색신을 구족하는 것은 색신을 구족하는 것이 아니라고 설하셨습니다. 색신을 구족한다고 이름할 뿐입니다."

須菩提 於意云何 如來可以具足諸相見不 不也世尊 如來 不應
수보리 어의운하 여래가이구족제상견부 불야세존 여래 불응
以具足諸相見 何以故 如來說諸相具足 卽非具足 是名諸相具足
이구족제상견 하이고 여래설제상구족 즉비구족 시명제상구족

"수보리여! 그대 생각은 어떠한가? 제상을 구족하였다고 여래라고 볼 수 있겠는가?"

"아닙니다. 세존이시여! 제상을 구족하였다고 여래라고 볼 수 없습니다. 왜냐하면 여래께서는 제상을 구족하는 것은 제상을 구족하는 것이 아니라고 설하셨습니다. 제상을 구족한다고 이름할 뿐입니다."

'색신(色身)'은 주로 물질적 형태, '제상(諸相)'은 정신적, 개념적 현상까지 포함하는 더 넓은 범위라고 했습니다. '구족(具足)하다'라는 의미는 빠짐없이 골고루 갖추어져 있다는 의미입니다. 기본적인

---

113 具 갖출 구; 足 만족할 족

구문이나 해석은 앞서본 '신상(身相)'이나 '삼십이상(三十二相)'으로 여래를 볼 수 있는가의 경우와 같습니다.

21-1 須菩提 汝勿謂如來作是念 我當有所說法 莫作是念 何
　　　　수 보 리　여 물 위 여 래 작 시 념　아 당 유 소 설 법　막 작 시 념　하
以故 若人言 如來有所說法 卽爲謗佛 不能解我所說故 須菩提
　　이 고　약 인 언　여 래 유 소 설 법　즉 위 방 불　불 능 해 아 소 설 고　수 보 리
說法者 無法可說 是名說法
　　설 법 자　무 법 가 설　시 명 설 법

소명태자 분류 제21분 '비설소설분(非說所說分)'의 시작입니다. '설한 바(所說)가 설함이 아니다(非說).'라는 의미입니다. 꾸준히 변주되고 있는 제1절 후반부의 질문 1) 如來得阿耨多羅三藐三菩提耶
　　　　　　　　　　　　　　　　　　　　　　여 래 득 아 누 다 라 삼 먁 삼 보 리 야
2) 如來有所說法耶에 대한 내용입니다.
　　여 래 유 소 설 법 야

須菩提 汝勿謂如來作是念 我當有所說法 莫作是念 何以故
　　수 보 리　여 물 위 여 래 작 시 념　아 당 유 소 설 법　막 작 시 념　하 이 고
若人言 如來有所說法 卽爲謗佛 不能解我所說故
　　약 인 언　여 래 유 소 설 법　즉 위 방 불　불 능 해 아 소 설 고

"수보리여! 그대는 여래가 '나는 법을 설한 바가 있다.'는 생각을 한다고 말하지 말라. 이런 생각을 하지 말라. 왜냐하면 '여래께서 법을 설한 바가 있다.'고 말한다면, 이 사람은 여래를 비방하는 것이니, 내가 설한 바를 이해하지 못했기 때문이다."

같은 주제의 반복이나 이 절에서는 '如來有所說法(여래께서 법을
　　　　　　　　　　　　　　　　　　　　　　여 래 유 소 설 법
설한 바가 있다.)'이라고 말하면 여래를 비방하는 것이라고 하여 무아론(無我論)을 좀 더 강하게 펴고 있습니다. 이토록 강하게 말하는

이유는 여래가 법을 설한 바가 있다고 하면, 여래가 相에 머물러 있다는 의미이기 때문입니다.

제2절에서 수보리는 아란나행을 즐긴다는 相을 가지지 않기에 아란나행을 즐긴다고 말할 수 있다고 했습니다. 이에 대해 부처님도 연등불 처소에서 법을 받았다는 相이 없기에 석가모니가 될 것이라는 수기를 받았다고 했습니다. 마찬가지로 법을 설한다는 相이 없이 법을 설하기에 법을 설할 수 있는 것입니다.

須菩提 說法者 無法可說 是名說法
수 보 리 설 법 자 무 법 가 설 시 명 설 법

"수보리여! 법을 설한다고 하지만 설할 수 있는 법은 없다. 법을 설한다고 이름할 뿐이다."

제1절에서 제시한 '如來有所說法耶(여래가 법을 설한 바가 있습니까?)'라는 질문에 제1절에서는 '無有定法如來可說 何以故 如來所說法 皆不可取 不可說 非法 非非法(여래께서 설하는 정해진 법은 없다. 그래서 여래가 설하는 법은 모두 취할 수도, 말할 수도 없고 법도 아니고 비법도 아니다.)'라고 대답하였는데, 이 답은 계속 변주가 됩니다.

무위법의 진리는 분별과 相을 내려놓아야 느낄 수 있는 것이므로, 오히려 세상의 물건을 구하듯이 실체를 찾겠다고 달려들면 구해지지 않습니다. 그러니 법을 설하겠다고 법의 실체성에 대해 인식하는 순간 어긋나고 맙니다. 설하는 스승도 설하는 주체와 대상에 대한 相을 놓아버릴 때 설하는 것이 되고, 듣는 제자도 설하는 주체와 대상에 대한 相을 놓아버릴 때 설을 듣게 됩니다.
 법(法)을 구한다는 相을 놓아버리고서야 깨달음에 이른 스님들의 이야기는 많습니다. 복숭아 꽃(桃花)을 보고 깨달은 중국 위앙종의 영운(靈雲) 스님도 있고(靈雲桃花), 우연히 잡초를 베다가 던진 기와가 대나무에 부딪히는 소리를 듣고 깨달은 향원(香嚴智閑) 스님도 있습니다(香嚴擊竹).

 향엄 스님은 원래 위산영우(潙山靈祐, 771~853)의 문하에서 배웠으나, 깨닫지 못하여 영우 스님으로부터 호되게 꾸중을 듣고 그동안 접했던 문구들을 모두 점검하였지만, "그림의 떡으로는 배고픔을 채울 수 없다(畫餅不可充飢)."라고 탄식하고 모두 불살라 버리면서 자포자기 심정으로 위산을 떠나버립니다.
 그런데 어느 날 우연히 잡초를 베다가 던진 기와가 대나무에 부딪혀 소리가 나는 찰나에 자기도 모르게 웃음을 터뜨리면서 깨달아 버립니다. 집에 돌아와서 목욕하고 향을 피우면서 스승인 위산영우 스님을 향해 절을 하며 찬탄을 합니다.
 "스님의 대비하신 은혜는 부모보다 높습니다. 당시 저를 위하여 설명하셨다면, 어찌 오늘의 일이 있겠습니까?"
 和尙大悲恩逾父母, 當時若爲我說却, 何有今日事也.

 스승이 가르치지 않은 것이 아닙니다. 다만 말로 전달하면 그 뜻에 어긋나기에 무위(無爲)의 법으로써 가르쳤을 것입니다. 만약 스승이 법을 설한다는 相을 가지고 설했다면 제자는 알아듣지 못했을 것이고, 제자도 스승으로부터 배운다는 相을 버리는 순간, 이심전심

(以心傳心) 깨달을 수 있었습니다. 相을 놓으면 일체 만물, 유정(有情)·무정(無情) 모두가 스승이 될 수 있습니다.

대나무 부딪치는 소리에 깨달은 향엄의 스승인 위산영우에게는 또 한 명의 걸출한 제자가 있었는데, 바로 동산양개(洞山良价, 807~869)입니다. 동산 스님은 스승으로부터 남양혜충(南陽慧忠, 675~775)의 '무정설법(無情說法)'[114] 화두를 받아 참구하였으나 별달리 깨우치는 바가 없었습니다. 그러자 위산 스님은 동산 스님을 운암담성(雲巖曇晟, 782~841)에게 찾아가게 합니다.

동산 스님이 운암 스님을 찾아가서 묻습니다.
"무정설법(無情說法)은 어떤 사람이 듣습니까?"
"무정(無情)이 듣는다."
"스님께서는 듣지 못합니까?"
"내가 만약 듣는다면 그대는 내가 설하는 법을 듣지 못한다."

---

114 남양혜충(南陽慧忠, 675~775)의 무정설법(無情說法) 화두입니다.
한 스님이 혜충 선사에게 묻습니다.
"무엇이 고불심(古佛心)입니까?"
선사가 답합니다.
"담장의 기와 벽돌이다."
스님이 다시 묻습니다.
"담장의 기와와 벽돌은 어찌 무정(無情)이 아니겠습니까?"
"그렇다."
"무정인데도 해탈법(解脫法)의 설할 수 있습니까?"
"항상 설하고 있다. 불을 피우는 것처럼 항상 설한다."
僧問古德。如何是古佛心。答云。墻壁瓦礫是。僧云。墻壁瓦礫豈不是無情。德云。是。僧云。無情還解說法否。德云。常說。熾然說。

"저는 어째서 듣지 못합니까?"

운암이 불자(拂子)[115]를 세우면서 말했습니다.

"들리는가?"

"듣지 못하였습니다."

"내가 설하는 법도 듣지 못하는데, 하물며 무정이 설하는 법이겠는가?"

"무정설법은 어떤 경전의 가르침에 있습니까?"

"미타경(彌陀經)이 '물, 새, 나무, 숲이 염불염법(念佛念法)한다.'고 이르지 않는가?"

동산 스님은 여기에서 깨달아 다음과 같이 게송하였습니다.

也大奇也大奇 야 대 기 야 대 기	참으로 기이하고 참으로 기이하다.
無情說法不思議 무 정 설 법 부 사 의	무정설법은 뜻을 생각할 수 없다.
若將耳聽終難會 약 장 이 청 종 난 회	만약 귀로 들어서는 끝내 알기 어렵고
眼處聞時方得知 안 처 문 시 방 득 지	눈을 따라 들을 때에 바야흐로 앎을 얻는다.

師既到雲巖問。無情說法甚麼人得聞。巖曰。無情得聞。師曰。和尚聞否。曰我若聞。汝即不聞吾說法也。師曰。某甲為甚麼不聞。巖豎拂子曰。還聞麼。師曰不聞。曰我說法汝尚不聞。況無情說法乎。師曰。無情說法該何典教。曰豈不見彌陀經云。水鳥樹林悉皆念佛念法。師於是有省。述偈曰。

---

115 불자(拂子)는 승려가 사용하는 법구로, 짐승의 털이나 삼베 등을 묶어 자루 끝에 매어 만든 도구입니다. 불진(拂塵)이라고도 불립니다.

21-2 爾時 慧命須菩提白佛言 世尊 頗有衆生 於未來世 聞說是法 生信心不 佛言 須菩提 彼非衆生 非不衆生 何以故 須菩提 衆生衆生者 如來說非衆生 是名衆生

이 21-2부분은 구마라집 번역본에 존재하지 않던 것인데, 당나라 때 영유(靈幽) 법사가 보리류지 한역본에서 빌려와 보충하여 끼워 넣은 것이고, 구마라집의 번역은 아니라고 합니다.[116] 영유 법사가 이 부분을 보충하게 된 사연에는 재미있는 이야기가 전해집니다.

당 장경(長慶) 2년에 영유 법사가 입적하여 명부에 들어가니 명왕(冥王)이 법사에게 살아서 무엇을 하였냐고 물으니, 항상 금강경을 독송하였다고 대답하였습니다. 명왕이 영유 법사에게 '그럼 금강경 독송을 한번 해 보라.'고 시켰고, 법사의 금강경 독송을 듣고서 말하기를 "한 대목이 빠졌소. 그대는 금강경을 독송한 공덕이 지대하여 다시 인간세계로 돌려드릴 테니 바른 금강경을 전하시오. 정본은 호주종리사(濠州鐘離寺) 석벽에 새겨져 있소."라고 하였습니다. 다시 인간 세상에 돌아온 법사는 이 부분을 보충하였다고 합니다.

爾時 慧命須菩提白佛言 世尊 頗有衆生 於未來世 聞說是法 生信心不

이때 혜명 수보리가 부처님께 여쭈었습니다.

"세존이시여! 미래에 이 법을 설함을 듣고 신심을 낼 중생이 자못

---

116 현진, '현진 스님의 범어로 읽는 금강경, 39.설법과 중생', 법보신문 2020.10.27.

있겠습니까?"

'혜명수보리(慧命須菩提)'라고 하였는데, 제1절의 '장로수보리(長老須菩提)'와 같은 의미입니다. 보리유지는 '혜명수보리(慧命須菩提)'로 번역하는데, 보리유지 한역본이 편입되어서 그렇습니다.

제1절에서도 같은 질문이 있습니다. '頗有眾生 得聞如是言說章句生實信不(이와 같은 말씀과 문장을 듣고 진실한 믿음을 내는 중생들이 자못 있겠습니까?).' 같은 질문인데 답이 제1절과 조금 다릅니다. 제1절은 이 금강경을 믿는 사람은 숙세에 많은 공덕을 쌓았기 때문에 반드시 바른 믿음을 낸다고 답을 했지만, 여기서는 '중생(眾生)' 자체를 즉비(卽非) 구조의 틀에 넣어버려, 중생의 실체성을 부정해 버립니다.

佛言 須菩提 彼非眾生 非不眾生 何以故 須菩提 眾生眾生者
불언 수보리 피비중생 비불중생 하이고 수보리 중생중생자
如來說非眾生 是名眾生
여래설비중생 시명중생

부처님께서 말씀하셨습니다.

"수보리여! 저들은 중생이 아니요, 중생이 아닌 것도 아니다. 왜냐하면 수보리여! 중생 중생이라 하는 것은 여래가 중생이 아니라고 설하였다. 중생이라 이름할 뿐이다."

'중생(眾生)' 자체를 즉비(卽非) 구조의 틀에 넣어 버리는 것은 지금까지의 다른 사례들과 별 차이가 없습니다. '眾生眾生者'라고 하여 '眾生'을 반복해서 쓰는 것은 보리유지 한역본의 편입이라, 구마

라집의 간결한 해석과는 차이가 있습니다.

22-0~23-0 須菩提白佛言 世尊 佛得阿耨多羅三藐三菩提 爲
수보리백불언 세존 불득아누다라삼먁삼보리 위
無所得耶 佛言 如是如是 須菩提 我於阿耨多羅三藐三菩提 乃
무소득야 불언 여시여시 수보리 아어아누다라삼먁삼보리 내
至無有少法可得 是名阿耨多羅三藐三菩提 復次 須菩提 是法平
지무유소법가득 시명아누다라삼먁삼보리 부차 수보리 시법평
等無有高下 是名阿耨多羅三藐三菩提 以無我無人無衆生無壽
등무유고하 시명아누다라삼먁삼보리 이무아무인무중생무수
者 修一切善法 則得阿耨多羅三藐三菩提 須菩提 所言善法者
자 수일체선법 즉득아누다라삼먁삼보리 수보리 소언선법자
如來說 卽非善法 是名善法
여래설 즉비선법 시명선법

　　소명태자 분류 제22분 '무법가득분(無法可得分)'의 부분과 제23분 '정심행선분(淨心行善分)'의 부분입니다. 제22분 '무법가득(無法可得)'은 '얻을 수 있는 법이 없다.'는 의미로 제1절부터 계속되어 온 내용의 반복이고, '부차(復次)'로 연결되는 제23분의 도입부 역할을 합니다. 따라서 제22분과 제23분은 연결되는 부분이라 끊으면 안 됩니다. '정심행선(淨心行善)'은 맑은 마음으로 선을 행한다는 의미입니다.

須菩提白佛言 世尊 佛得阿耨多羅三藐三菩提 爲無所得耶 佛
수보리백불언 세존 불득아누다라삼먁삼보리 위무소득야 불
言 如是如是 須菩提 我於阿耨多羅三藐三菩提 乃至無有少法可
언 여시여시 수보리 아어아누다라삼먁삼보리 내지무유소법가
得 是名阿耨多羅三藐三菩提
득 시명아누다라삼먁삼보리

　　수보리가 부처님께 여쭈었습니다.

　　"세존이시여! 부처님께서 아누다라삼먁삼보리를 얻었다는데, 얻

은 바는 없는 것입니까?"

부처님께서 말씀하셨습니다.

"그렇다, 그렇다. 수보리여! 내가 아누다라삼먁삼보리에서 조그마한 법이라도 얻은 바가 없다. 아누다라삼먁삼보리라고 이름할 뿐이다."

여기까지의 내용은 앞 절의 반복에 지나지 않고, 실질적인 이 절에서의 변주는 연결되는 '부차(復次)' 다음에서 서술됩니다. 물론 주제는 바뀌지 않습니다.

復次 須菩提 是法平等無有高下 是名阿耨多羅三藐三菩提 以
부차 수보리 시법평등무유고하 시명아누다라삼먁삼보리 이
無我無人無衆生無壽者 修一切善法 則得阿耨多羅三藐三菩提
무아무인무중생무수자 수일체선법 즉득아누다라삼먁삼보리

"또한 수보리여! 이 법은 평등하여 높고 낮음이 없으니, 아누다라삼먁삼보리라 이름한다. 아·인·중생·수자를 없게 함으로써 일체선법을 닦으면, 아누다라삼먁삼보리를 얻는다."

'是法平等無有高下(이 법은 평등하여 고하(高下)도 없다.)'는 말
  시 법 평 등 무 유 고 하
은 지금까지의 서술을 보면 당연한 가르침일 수 있습니다. 속세의 법은 연공서열이 있습니다. 일을 한 연수에 따라 지위도 올라가고 호봉도 올라갑니다. 그러나 무위법 세계에서의 법은 그러한 것이 없습니다.

So the last will be first, and the first will be last.

나중 된 자로서 먼저 되고 먼저 된 자로서 나중 되리라.

　기독교 성경에 나오는 말입니다. 법계(法界)에서의 순서는 속계(俗界)에서 누가 먼저 교회에 등록하고, 누가 먼저 머리를 깎았고, 품계를 언제 받았는가 등의 문제와는 관계가 없다는 이야기입니다. 수억 년의 어둠이나 단 하루의 어둠이나 불 한번 켜면 다 사라집니다. 법을 얻는 데는 순서가 있는 것도 아니고, 내가 속세에서 얼마나 헤매었는지, 어떤 지위였는지, 수행을 얼마나 했는지 등은 아누다라삼먁삼보리를 얻는 것과는 아무런 관련이 없습니다.

　'以無我無人無衆生無壽者 修一切善法 卽得阿耨多羅三藐三菩提(아·인·중생·수자를 없게 함으로써 일체선법을 닦으면, 아누다라삼먁삼보리를 얻는다.)'는 중요한 문장입니다. 바로 앞에서 '我於阿耨多羅三藐三菩提 乃至無有少法可得' 이라고 하여 아누다라삼먁삼보리는 물론이고 작은 법조차 얻은 바가 없다고 부정(negative, 無得)으로 대답했는데, 여기서는 相에 머물지 않고 일체선법을 닦으면 아누다라삼먁삼보리를 얻는다고 하여 긍정(positive, 得)으로 대답이 바뀌었습니다. 이 문장은 無我와 空에 바탕을 두면, 얻은 법이 있다(有得)고 대답하여도 틀리지 않은 답이라는 의미로, 空을 바탕으로 하여 色을 긍정하고 수용하는 금강경의 태도를 단적으로 보여주는 문장입니다.

　우리가 색(色)에만 견해를 두어 연필을 연필이라고 하면 무아(無我)에 어긋난 답이 되고, 연필을 연필이 아니라고 대답하면 비법상(非法相)에 사로잡힌 어긋난 대답이 됩니다. 반면 무위법의 세계에 머리를 두고서는 연필을 연필이라고도 대답할 수도 있고(是名연필), 연필을 연필이 아니라고도 대답할 수 있습니다(卽非연필). 무위법에 머리를 두면 아누다라삼먁삼보리, 반야바라밀, 제일바라밀 모두 얻을 수 있다(得 혹은 有)고 표현하여도 틀리지 않는다는 의미에서 위 문장은 대단히 중요한 문장입니다.

여기서의 선법(善法)은 악법(惡法)의 상대개념으로서의 선법으로 보면 안 되고, 앞서 '如來善護念諸菩薩 善付囑諸菩薩'에서처럼
_{여 래 선 호 념 제 보 살 선 부 촉 제 보 살}
잘 한다는 개념으로 보면 됩니다. 이 문장에서는 아누다라삼먁삼보리를 얻기에 좋은 법 정도로 보면 되겠습니다.

須菩提 所言善法者 如來說 卽非善法 是名善法
수 보 리 소 언 선 법 자 여 래 설 즉 비 선 법 시 명 선 법
"수보리여! 선법이라는 것은 선법이 아니라고 여래는 설한다. 선법이라 이름할 뿐이다."

지금까지의 패턴대로 '선법(善法)'이라는 말을 던지면, 또 '선법'이라는 相에 빠질 것 같아, 선법이라는 것(善法者)도 즉비(卽非) 구조에 넣어 버립니다.

이쯤 되면, 소명태자가 '대승정종분', '일상무상분'과 같이 각 分의 제목을 정하는 것이 금강경의 가르침과 일치하는지 생각해 볼 필요가 있습니다. 금강경은 말이 주는 相을 극도로 경계하고 있습니다. 아마 금강경의 저자가 각 分의 제목이 붙여지는 것을 보았다면, 그 分의 제목을 다 즉비(卽非) 구조에 넣어버렸을 것입니다.

Ⅱ. 후렴

須菩提 若三千大千世界中 所有諸須彌山王 如是等七寶聚 有
수보리 약삼천대천세계중 소유제수미산왕 여시등칠보취 유
人持用布施 若人 以此般若波羅蜜經 乃至 四句偈等 受持讀誦
인지용보시 약인 이차반야바라밀경 내지 사구게등 수지독송
爲他人說 於前福德 百分不及一 百千萬億分 乃至算數譬喩 所
위타인설 어전복덕 백분불급일 백천만억분 내지산수비유 소
不能及
불능급

"수보리여! 만약 삼천대천세계에 있는 모든 수미산만큼 칠보무더기를 가지고 보시하는 사람이 있고, 어떤 사람은 이 반야바라밀경의 사구게 등을 받아 지니어 읽고 외우고 남을 위해서 설한다면, 앞의 복덕은 뒤의 복덕의 백분의 일에 미치지 못하고, 천분의 일, 만분의 일, 억분의 일에도 미치지 못하고, 산수나 비유로도 미치지 못한다."

24-0 須菩提 若三千大千世界中 所有諸須彌山王 如是等七寶
    수보리 약삼천대천세계중 소유제수미산왕 여시등칠보
聚 有人 持用布施 若人 以此般若波羅蜜經 乃至四句偈等 受持
취 유인 지용보시 약인 이차반야바라밀경 내지사구게등 수지
讀誦 爲他人說 於前福德 百分不及一 百千萬億分 乃至算數譬
독송 위타인설 어전복덕 백분불급일 백천만억분 내지산수비
喩 所不能及
유 소불능급

소명태자 분류로는 제24분 '복지무비분(福智無比分)'의 내용입니다. 후렴으로 금강경의 공덕을 찬양하고 있습니다. '칠보(七寶)'로 보시하는 내용이라 제1절이나 제2절의 후렴과 내용이 유사한데, 표현은 제4절과 유사합니다. '복지무비(福智無比)'는 '복과 지혜가 비

교할 수 없다.'는 의미입니다.

> **須菩提 若三千大千世界中 所有諸須彌山王 如是等七寶聚 有**
> 수보리 약삼천대천세계중 소유제수미산왕 여시등칠보취 유
> **人 持用布施**
> 인 지용보시
>
> "수보리여! 만약 삼천대천세계에 있는 모든 수미산만큼 칠보 무더기를 가지고 보시하는 사람이 있고,"

'삼천대천세계(三千大千世界)'에는 수많은 소세계(小世界)가 있습니다. 굳이 개수를 계산할 필요는 없을 것입니다. 작은 단위인 소세계(小世界) 안에는 수미산(須彌山)을 중심으로 한 사주(四洲, 동승신주, 남섬부주, 서우화주, 북구로주)와 그 주변의 여러 산, 강, 바다 등이 포함된다고 했습니다. 그러니 삼천대천세계 안에 그 무수한 수미산 무더기만큼의 칠보를 보시한다는 이야기입니다.

> **若人 以此般若波羅蜜經 乃至四句偈等 受持讀誦 爲他人說**
> 약인 이차반야바라밀경 내지사구게등 수지독송 위타인설
> **於前福德 百分不及一 百千萬億分 乃至算數譬喩 所不能及**
> 어전복덕 백분불급일 백천만억분 내지산수비유 소불능급
>
> "어떤 사람은 이 반야바라밀경의 사구게 등을 받아 지니어 읽고 외우고 남을 위해서 설한다면, 앞의 복덕은 뒤의 복덕의 백분의 일에 미치지 못하고, 천분의 일, 만분의 일, 억분의 일에도 미치지 못하고, 산수나 비유로도 미치지 못한다."

제4절의 후렴과 유사한 표현을 사용하여 칠보로 보시한 공덕과 금강경의 공덕을 비교하며 금강경을 찬양하고 있습니다.

正宗分
第七節

Ⅰ. 본문

須菩提 於意云何 汝等勿謂如來作是念 我當度衆生 須菩提
수보리 어의운하 여등물위여래작시념 아당도중생 수보리
莫作是念 何以故 實無有衆生如來度者 若有衆生如來度者 如來
막작시념 하이고 실무유중생여래도자 약유중생여래도자 여래
則有我人衆生壽者 須菩提 如來說有我者 則非有我 而凡夫之人
즉유아인중생수자 수보리 여래설유아자 즉비유아 이범부지인
以爲有我 須菩提 凡夫者 如來說則非凡夫
이위유아 수보리 범부자 여래설즉비범부

"수보리여! 그대 생각은 어떠한가? 그대들은 여래가 '나는 중생을 제도하리라.'는 생각을 한다고 말하지 말라. 수보리여! 이런 생각을 하지 말라. 왜냐하면 실로 여래가 제도한 중생은 없기 때문이다. 만약 여래가 제도한 중생이 있다면 여래는 아·인·중생·수자가 있는 것이다. 수보리여! 여래는 유아라는 것이 유아가 아니라고 말한다. 그러나 범부는 유아가 있다고 여긴다. 수보리여! 범부라는 것도 여래는 범부가 아니라고 설한다."

須菩提 於意云何 可以三十二相觀如來不 須菩提言 如是如
수보리 어의운하 가이삼십이상관여래부 수보리언 여시여
是 以三十二相觀如來 佛言 須菩提 若以三十二相觀如來者 轉
시 이삼십이상관여래 불언 수보리 약이삼십이상관여래자 전
輪聖王 則是如來 須菩提白佛言 世尊 如我解佛所說義 不應以
륜성왕 즉시여래 수보리백불언 세존 여아해불소설의 불응이
三十二相觀如來
삼십이상관여래

"수보리여! 그대 생각은 어떠한가? 32상으로 여래를 볼 수 있는가?"

수보리가 대답하였습니다.

"그렇습니다, 그렇습니다. 32상으로 여래를 볼 수 있습니다."

부처님께서 말씀하셨습니다.

"수보리여! 32상으로 여래를 보는 것이면 전륜성왕도 여래겠구나!"

수보리가 부처님께 말씀드렸습니다.

"세존이시여! 제가 부처님께서 말씀하신 뜻을 이해하기로는 32상으로 여래를 볼 수 없습니다."

爾時 世尊 而說偈言 若以色見我 以音聲求我 是人行邪道 不能見如來
이시 세존 이설게언 약이색견아 이음성구아 시인행사도 불능견여래

이때 세존께서 게송으로 말씀하셨습니다.

"색으로 나를 보거나 음성으로 나를 찾으면 이 사람은 잘못된 방법을 행하여 여래를 볼 수 없다."

須菩提 汝若作是念 如來不以具足相故得阿耨多羅三藐三菩提 須菩提 莫作是念 如來不以具足相故得阿耨多羅三藐三菩提 須菩提 汝若作是念 發阿耨多羅三藐三菩提者 說諸法斷滅相 莫作是念 何以故 發阿耨多羅三藐三菩提心者 於法不說斷滅相
수보리 여약작시념 여래불이구족상고득아누다라삼먁삼보리 수보리 막작시념 여래불이구족상고득아누다라삼먁삼보리 수보리 여약작시념 발아누다라삼먁삼보리자 설제법단멸상 막작시념 하이고 발아누다라삼먁삼보리심자 어법불설단멸상

"수보리여! 네가 만약 '여래는 상을 구족하여 아누다라삼먁삼보리를 얻은 것이 아니다.'라고 생각한다면, 수보리여! '여래는 상을 구족하여 아누다라삼먁삼보리를 얻은 것이 아니다.'라고 생각하지 말

라. 수보리여! 그대가 만약 아누다라삼먁삼보리심을 발한 자는 제법에서 상을 단멸해야 한다고 말한다면 그런 생각을 하지 말라. 왜냐하면 아누다라삼먁삼보리심을 발한 자는 법에서 상을 단멸해야 한다고 말하지 않기 때문이다."

25-0 須菩提 於意云何 汝等勿謂如來作是念 我當度衆生 須菩提 莫作是念 何以故 實無有衆生如來度者 若有衆生如來度者 如來則有我人衆生壽者 須菩提 如來說有我者 則非有我 而凡夫之人 以爲有我 須菩提 凡夫者 如來說則非凡夫
수 보 리 어 의 운 하 여 등 물 위 여 래 작 시 념 아 당 도 중 생 수 보 리 막 작 시 념 하 이 고 실 무 유 중 생 여 래 도 자 약 유 중 생 여 래 도 자 여 래 즉 유 아 인 중 생 수 자 수 보 리 여 래 설 유 아 자 즉 비 유 아 이 범 부 지 인 이 위 유 아 수 보 리 범 부 자 여 래 설 즉 비 범 부

소명태자 분류 제25분 '화무소화분(化無所化分)'에 해당하는 부분입니다. 다른 절과 마찬가지로 제7절도 전반부에서는 앞의 절의 내용을 반복하고, 후반부에 하고 싶은 말을 첨부하고 있습니다. 제25분은 제7절의 서론(序論) 격의 문장으로 앞의 내용과 크게 다르지 않습니다. '화무소화(化無所化)'는 '교화함이 없이 교화한다.'는 의미로 相에 머물지 않고 중생을 제도한다는 의미입니다.

須菩提 於意云何 汝等勿謂如來作是念 我當度衆生 須菩提 莫作是念 何以故 實無有衆生如來度者 若有衆生如來度者 如來則有我人衆生壽者
수 보 리 어 의 운 하 여 등 물 위 여 래 작 시 념 아 당 도 중 생 수 보 리 막 작 시 념 하 이 고 실 무 유 중 생 여 래 도 자 약 유 중 생 여 래 도 자 여 래 즉 유 아 인 중 생 수 자

"수보리여! 그대 생각은 어떠한가? 그대들은 여래가 '나는 중생을 제도하리라.'라는 생각을 한다고 말하지 말라. 수보리여! 이런 생각

을 하지 말라. 왜냐하면 실로 여래가 제도한 중생은 없기 때문이다. 만약 여래가 제도한 중생이 있다면 여래는 아·인·중생·수자가 있는 것이다."

여래라 할지라도 無我와 空에 근거하지 않고, 중생을 구제하였다고 생각하면 아상·인상·중생상·수자상이 있다는 냉철한 문장입니다.

須菩提 如來說有我者 則非有我 而凡夫之人 以爲有我 須菩
수 보 리 여 래 설 유 아 자 즉 비 유 아 이 범 부 지 인 이 위 유 아 수 보
提 凡夫者 如來說則非凡夫
리 범 부 자 여 래 설 즉 비 범 부

"수보리여! 여래는 유아라는 것이 유아가 아니라고 말한다. 그러나 범부는 유아가 있다고 여긴다. 수보리여! 범부라는 것도 여래는 범부가 아니라고 설한다."

구문은 '유아(有我)'에 대해서만 즉비(卽非) 구조에 넣고 있으나, 사실상 '인중생수자(人衆生壽者)'도 모두 마찬가지로 보아야 할 것입니다. 여래가 방편으로서 '유아(有我)'라는 말을 설했다 할지라도 '유아'라는 것이 있는 것으로 생각해서는 안 된다는 식의 패턴이 반복됩니다.

'범부(凡夫)'에 대해서도 마찬가지입니다. '범부'라는 말을 사용하였으니, 이 말에 대하여도 卽非 구조에 넣어 무아론(無我論)을 설파하고 있습니다.

앞 구문과 연결하면 여래와 범부가 따로 있어, 여래니까 無我를 알고 범부니까 無我를 모르는 것이 아니라, 無我를 모르니까 범부인

것이고 無我를 알면 여래도 될 수 있다는 말로 이해될 수 있습니다.

26-1 須菩提 於意云何 可以三十二相 觀如來不 須菩提言 如
　　　수보리 어의운하 가이삼십이상 관여래부 　수보리언 여
是如是 以三十二相觀如來 佛言 須菩提 若以三十二相 觀如來
시여시 이삼십이상관여래 　불언 수보리 약이삼십이상 관여래
者 轉輪聖王 則是如來 須菩提 白佛言 世尊 如我解佛所說義 不
자 전륜성왕 즉시여래 　수보리 백불언 세존 여아해불소설의 불
應以三十二相 觀如來
응이삼십이상 관여래

소명태자 분류 제26분 '법신비상분(法身非相分)'의 시작입니다. 앞의 제25분이 제7절의 도입부 역할을 하며 앞에서 한 내용을 반복했다면, 여기서부터는 본격적으로 하고 싶은 이야기가 전개됩니다. '법신비상(法身非相)'은 말 그대로 '법신(法身)은 相이 아니다.'라는 의미입니다.

須菩提 於意云何 可以三十二相 觀如來不 須菩提言 如是如
수보리 어의운하 가이삼십이상 관여래부 수보리언 여시여
是 以三十二相 觀如來
시 이삼십이상 관여래

"수보리여! 그대 생각은 어떠한가? 32상으로 여래를 볼 수 있는가?"

수보리가 대답하였습니다.

"그렇습니다, 그렇습니다. 32상으로 여래를 볼 수 있습니다."

질문으로만 보면 이 절의 이 질문은 제3절의 '可以三十二相見如
　　　　　　　　　　　　　　　　　　　　　　　가 이 삼 십 이 상 견 여
來不'에서 '견(見)'이 '관(觀)'으로 바뀐 것 빼고는 완전히 동일한 질
래 부

문입니다. 다른 절의 질문과도 비록 '신상(身相)', '구족색신(具足色身)', '구족제상(具足諸相)'으로 소재의 변화가 있긴 하지만, 사실상 동일한 질문입니다.

그런데 문제는 앞의 모든 절에서는 수보리가 '불야(不也)'라고 하여 '볼 수 없습니다.'라고 대답했는데, 이 절에서만큼은 '여시여시(如是如是)'라고 하여 '볼 수 있습니다.'라고 하여 완전히 반대의 대답을 합니다.

이 부분에 대하여 현장의 한역본은 구마라집의 번역본과는 다르게 되어 있습니다. 구마라집은 "32상으로 여래를 볼 수 있습니다(以三十二相觀如來)"라고 번역한 반면, 현장은 "마땅히 모든 상을 갖춘 것으로 여래를 볼 수 없습니다(不應以諸相具足觀於如來)"라고 번역했습니다. '32상으로 여래를 볼 수 있느냐?'라는 질문에 현장과 구마라집은 완전히 반대로 번역한 것입니다.

이에 대한 일반적인 해석은 수보리가 실수로 이렇게 대답하였고, 이것은 구마라집의 극적 연출이라는 것입니다. 그렇지만 저는 그렇게 보지 않습니다.

佛言 須菩提 若以三十二相觀如來者 轉輪聖王 則是如來
불언 수보리 약이삼십이상관여래자 전륜성왕 즉시여래

부처님께서 말씀하셨습니다.

"수보리여! 32상으로 여래를 보는 것이면 전륜성왕도 여래겠구나!"

'볼 수 있다.'는 수보리의 대답에 부처님은 '32상으로 여래를 볼 수 있다고 한다면, 전륜성왕도 32상을 갖추고 있으니, 전륜성왕도 여래라고 하겠구나.'라고 말합니다.

須菩提 白佛言 世尊 如我解佛所說義 不應以三十二相觀如來
_{수보리 백불언 세존 여아해불소설의 불응이삼십이상관여래}
수보리가 부처님께 말씀드렸습니다.

"세존이시여! 제가 부처님께서 말씀하신 뜻을 이해하기로는 32상으로 여래를 볼 수 없습니다."

전륜성왕도 32상을 갖추었다는 부처님의 말에 수보리는 답을 바꾸어 32상으로 여래를 볼 수 없다고 대답합니다. 이 일련의 질문과 대답의 과정을 어떻게 이해해야 할까요?

이해하기 쉽게 26-1문장의 구조를 간단히 요약하면 다음과 같습니다.

"32상으로 여래를 볼 수 있습니다(觀如來)."
"그렇다면 32상을 갖춘 전륜성왕도 여래인가?"
"32상으로 여래를 볼 수 없습니다(不觀如來)."

일반적인 설명은 '여래를 볼 수 있다.'고 대답한 첫 번째 답변은 수보리의 실수이고, 부처님이 32상으로 여래를 볼 수 있으면 전륜성왕도 여래인가라고 핀잔을 주자 수보리가 바로 잡았다는 것입니다.

물론 이렇게 해석할 수도 있으나, 너무 자의적인 해석이고 금강경 전체의 흐름과 맞지 않습니다. 금강경 전체에서 부처님과 대작할

만큼 空에 있어서는 고수(高手)의 모습을 보여주었던 수보리가 이 한 부분에 있어서만큼 실수를 하여 부처님의 핀잔을 듣고 말을 바로잡는다는 설정은 어색합니다.

결론적으로 말하면, 위 문장은 수보리의 경지를 보여주는 것입니다. 첫 번째 수보리의 대답을 수보리의 실수라고 보는 것은 오히려 '32상으로 여래를 볼 수 없다.'는 相 내지는 '금강경의 가르침은 당연히 이런 것이다.'라는 고정관념에 사로잡힌 견해입니다. 뒷부분에 나오듯이 相을 없애야 한다는 '단멸상(斷滅相)'에서 생각하는 것입니다.

첫 번째 수보리의 대답은 '저도 불안(佛眼)이 있기에 32상으로 여래를 볼 수 있습니다.'라고 대답하는 것입니다. 그러자 부처님이 수보리의 단계를 확인합니다. 전륜성왕도 32상을 갖추었는데 어떻게 생각하는가. 그러자 수보리는 대답합니다. 그런 육안(肉眼)의 단계에서는 당연히 볼 수 없습니다. 제5절 후렴을 다시 한번 생각해 보겠습니다.

"칠보를 가득 채워 보시하면 복덕이 많은가(多)?"

"얻는 복덕이 매우 많습니다(多)."

"복덕이 실체가 있다면 복덕이 많다(多)고 말하지 않는다.
 복덕은 실체가 없기에 복덕이 많다(多)고 말한다."

若有人滿三千大千世界七寶 以用布施 是人以是因緣得福
약 유 인 만 삼 천 대 천 세 계 칠 보 이 용 보 시 시 인 이 시 인 연 득 복
多不 如是世尊 此人以是因緣得福甚多 若福德有實 如來不說
다 부 여 시 세 존 차 인 이 시 인 연 득 복 심 다 약 복 덕 유 실 여 래 불 설
得福德多 以福德無故 如來說得福德多
득 복 덕 다 이 복 덕 무 고 여 래 설 득 복 덕 다

달마대사와 양무제의 대화에서 '모릅니다(不識)'에 해당하는 것이 제5절 후렴의 부처님과 수보리의 대화에서의 '많음(多)'이라고 했습니다. 부처님이 '많은가(多)'라고 물었을 때, 수보리의 '많습니다(多)'는 대답은 空에 근거하여 色은 그저 활용한 불안(佛眼)의 '많습니다(多)'인지, 그냥 色만 보고 대답한 육안(肉眼)의 '많습니다(多)'인지는 확인이 안 됩니다. 이에 부처님은 '실체가 있다고 생각하고 많다(多)라고 답하면 그저 色에만 근거한 답이라 無我를 모르고 하는 범부(凡夫)의 답이고, 실체가 없다고 생각하고 많다(多)라고 대답하는 것은 無我을 알고서 하는 보살(菩薩)의 답이다.'라고 부연 설명을 합니다. 이 절도 같은 상황입니다.

"32상으로 여래를 볼 수 있습니다(觀如來)."
"그렇다면 32상을 갖춘 전륜성왕도 여래인가?"
"32상으로 여래를 볼 수 없습니다(不觀如來)."

첫 번째 '觀如來'는 無我를 알고서 보는 '봄(觀)'입니다. 그러자 부처님이 확인합니다. 색신(色身)의 눈으로만 보면 어떠한가? 수보리가 대답합니다. 색신의 눈으로만 본다면(觀) 볼 수 없습니다(不觀如來).
금강경은 空을 이야기하지만, 色을 부정하지 않는다고 했습니다. 여기 제7절에서는 이렇게 '相을 없애야 한다는 相에 머물지 말라.'는 가르침이 핵심이 됩니다.
'산은 산이요, 물은 물이다(山是山 水是水).'라는 법어가 있습니다다. 성철 스님 때문에 유명해졌지만, 사실 이 말은 청원유신(靑原惟信 ?~1117) 선사의 법어에 먼저 등장합니다.

산은 산이고 물은 물이었다.
산은 산이 아니고, 물은 물이 아니었다.
다시 보니, 산은 진정 산이고 물은 진정 물이도다.
看見山就是山 看見水就是水
간 견 산 취 시 산 간 견 수 취 시 수
見山不是山 見水不是水
견 산 부 시 산 견 수 부 시 수
依前見山只是山 見水只是水
의 전 견 산 지 시 산 견 수 지 시 수

첫 번째 구절의 산은 산이고, 물은 물인 것은 그냥 단순히 色의 눈으로 보는 세상입니다. 두 번째는 이제 空의 눈으로 세상을 보아 산은 산이 아니고, 물은 물이 아닌 단계에는 이릅니다. 하지만, 여전히 바로 보는 것은 아닙니다. 첫 번째 보는 것이 色에 편중되었다면, 두 번째 보는 것은 空에 편중되어 있습니다. 세 번째 '산은 진정 산이고 물은 진정 물이도다.'의 단계에 들어야 바르게 보는 것(正見)이라 할 수 있습니다. 정견(正見)은 팔정도(八正道)의 첫 번째이고, 팔정도는 곧 중도(中道)라고 했으니, 결국 이 법어의 가르침을 한마디로 하면 '중도(中道)'라고 할 수 있습니다.

32상으로 여래를 볼 수 있다는 수보리의 첫 번째 대답은 중도(中道)를 이야기하고 있습니다. 제5절에서 '오안(五眼)이 단계적으로 설명되었습니다. 육안(肉眼)부터 천안(天眼), 혜안(慧眼), 법안(法眼), 불안(佛眼)으로 그 단계가 올라가지만, 단계가 올라간다고 그 아래 단계를 버리는 것이 아닙니다. 불안(佛眼)이 있다는 것은 육안(肉眼)부터 법안(法眼)까지도 모두 갖추고 있다는 의미이지 이것들을 모두 끊어버리는 것이 아닙니다. 오히려 불안(佛眼)을 가지되 아래 단계의 한계를 잘 알고 활용하는 것입니다. 그래서 부처님이 전륜성왕도 32상을 갖추었으니 여래라고 볼 수 있는가에 대하여 수보리는 그런 육안(肉眼)의 단계에서는 볼 수 없다고 대답해야 맞는 답이 되는 것입니다. 결국 수보리의 두 대답 모두 틀린 것이 아닙니다.

화두집 '무문관(無門關)'에는 '백장야호(百丈野狐)'라는 화두가 있습니다.

백장 선사가 법문을 하였는데, 한 노인이 항상 대중을 따라서 법문을 듣고 대중이 물러나면 노인도 역시 물러났습니다. 그런데 어느 날은 물러나지 않았습니다.

백장 선사가 물었습니다.

"내 앞에 서 있는 자는 누구시오?"

노인이 말했습니다.

"저는 사람이 아닙니다. 과거 가섭불 시대에 일찍이 이 산에 머물렀는데, 어떤 학인이 묻기를, '대수행인(大修行底人)도 인과에 떨어집니까?'라고 묻기에 저는 대답하기를, '**아니오(也無). 인과에 떨어지지 않습니다(不落因果).**'라고 하였습니다. 그런데 오백생(五百生)을 여우의 몸에 떨어졌습니다. 지금 화상께서는 대신 한마디 하시어 여우의 몸을 벗게 해 주십시오."

"대수행인(大修行底人)도 인과에 떨어집니까?

백장 선사가 말했습니다.

"아니오(也無). 인과에 어둡지 않습니다(不昧因果)."

노인이 그 말에서 대오(大悟)하고는 곧 예를 갖추고 말했습니다.

"저는 이미 여우의 몸을 벗었습니다. 뒷산에 머물고 있는데, 화상께서는 죽은 스님을 장례하는 것처럼 해 주십시오."

백장 선사는 유나[117]로 하여금 백추를 치게 하고 대중에게 알렸습니다.

"식후에 죽은 스님의 다비가 있다."

대중 스님은 의논하며 말했습니다.

"모든 대중들이 편안하고 열반당에는 아픈 사람이 없는데, 무슨 일인가?"

식후에 백장 선사가 대중을 거느리고 뒷산 바위 아래에 이르러서는 지팡이로 한 마리 죽은 여우를 들추어서는 화장을 치렀습니다.

百丈和尚。凡參次有一老人。常隨衆聽法。衆人退老人亦退。忽一日不退。師遂問。面前立者復是何人。老人云。諾某甲非人也。於過去迦葉佛時。曾住此山。因學人問。大修行底人還落因果。也無。某甲對云。不落因果。五百生墮野狐身。今請和尚。代一轉語貴。脫野狐遂問。大修行底人還落因果。也無。師云。不昧因果。老人於言下大悟。作禮云。某甲已脫野狐身。住在山後。敢告和尚。乞依亡僧事

---

117 선원(禪院)에는 유나(維那)라는 소임이 있습니다. 총림에서 스님들의 수행을 독려, 지도하는 직책을 담당합니다.

例。師令無維那白槌告衆。食後送亡僧。大衆言議。一衆皆安涅槃堂。又無人病。何故如是。食後只見師領衆。至山後巖下。以杖挑出一死野狐。乃依火葬。

대수행인(大修行底人)이 인과에 떨어지느냐의 질문에 노인과 백장 선사 모두 '아니오(也無)'라고 대답했는데, 여우의 몸을 받기도 하고, 벗기도 합니다. 노인이 대답한 '아니오(也無)'는 '불락(不落, 떨어지지 않는다)'의 '아니오(也無)'이고, 백장 선사의 '아니오(也無)'는 '불매(不昧, 어리석음을 벗어났다)'의 '아니오(也無)'입니다.

같은 '아니오(也無)'인데, 여우의 몸이라는 축생의 벌을 받게 하는 '아니오(也無)'일 수도 있고, 그 몸을 벗게 하는 '아니오(也無)'일 수도 있습니다. 같은 '봄(觀)'이지만 여래를 보기도 하고 보지 않기도 합니다.

26-2~27-0 爾時 世尊 而說偈言 若以色見我 以音聲求我 是人
이시 세존 이설게언 약이색견아 이음성구아 시인
行邪道 不能見如來 須菩提 汝若作是念 如來不以具足相故得阿
행사도 불능견여래 수보리 여약작시념 여래불이구족상고득아
耨多羅三藐三菩提 須菩提 莫作是念 如來不以具足相故得阿耨
누다라삼먁삼보리 수보리 막작시념 여래불이구족상고득아누
多羅三藐三菩提 須菩提 汝若作是念 發阿耨多羅三藐三菩提者
다라삼먁삼보리 수보리 여약작시념 발아누다라삼먁삼보리자
說諸法斷滅相 莫作是念 何以故 發阿耨多羅三藐三菩提心者 於
설제법단멸상 막작시념 하이고 발아누다라삼먁삼보리심자 어
法 不說斷滅相
법 불설단멸상

소명태자 분류 제26분의 후반부이면서, 제27분 '무단무멸분(無斷

無滅分)'에 해당하는 부분입니다. 소명태자의 분류에 따른다고 하여 금강경 전체에 대한 오해를 가져오지는 않는데, 이 부분만큼은 소명태자의 분류에 따르면 금강경 논지에 대한 오해가 발생합니다. '무단무멸(無斷無滅)'은 相을 끊는다(斷)는 相도 가져서는 안 되고, 멸한다(滅)는 相도 가져서는 안 된다는 의미입니다.

爾時 世尊 而說偈言 若以色見我 以音聲求我 是人行邪道 不能見如來
이 시 세 존 이 설 게 언 약 이 색 견 아 이 음 성 구 아 시 인 행 사 도 불 능 견 여 래

이때 세존께서 게송으로 말씀하셨습니다.

"색으로 나를 보거나 음성으로 나를 찾으면 이 사람은 잘못된 방법을 행하여 여래를 볼 수 없다."

소명태자는 이 부분을 앞부분의 결론처럼 구분하여, 제26분을 마무리해 버립니다. 그러면 읽는 사람은 다음과 같이 이해하게 됩니다.

"32상으로 여래를 볼 수 있다고 너는 답했지만, 그렇다면 32상을 갖춘 전륜성왕도 여래로 볼 수 있느냐?"
"32상으로 여래를 볼 수 없습니다."
"맞다. 색으로 나를 보거나, 음성으로 나를 찾으면 여래를 볼 수 없다."

이렇게 마무리해서 다음 제27분으로 넘어가면, 이를 읽는 사람은 '정말 수보리가 실수했고, 부처님이 말씀하시려는 바는 색으로 여래

를 볼 수 없다는 것이구나.'하고 생각해 버립니다. 그런데, 그렇게 해석하면 뒤 문장과 연결이 되지 않습니다. 이 부분은 앞의 26-1문장의 결론이 아니라, 당연한 말로 시작하는 서론부입니다. '이시(爾時)'로 시작하여 새로운 부분의 도입을 나타낸 뒤, 게송으로 일반적인 이야기를 하고, 정작 하고 싶은 말은 이 게송 다음에 하는 것입니다.

제2절에서 소명태자가 제9분과 제10분으로 구분하였는데, 이렇게 구분하면 안 된다고 말씀드린 바 있습니다. 전체 구조가 수보리가 수다원, 사다함, 아나함, 아라한의 일반적인 얘기를 하고, 뒤이어 수보리가 본인의 이야기를 한 뒤, 부처님이 본인의 이야기를 화답식으로 하기 때문에 수보리 본인의 이야기와 부처님의 화답을 구분하면 글의 호흡이 끊어지기 때문입니다. 그렇지만 이러한 구분이 금강경의 논지를 오해시키지는 않습니다.

그런데 이 부분은 게송을 끝으로 하여 단락을 나누어 버리면, 부처님의 논지를 중간에서 잘라 버리기 때문에 금강경의 가르침에 대한 오해를 불러일으킵니다.

이 절의 전반부에서 수보리가 '저는 육경(六境: 색성향미촉법)만으로 판단하지 않습니다. 그렇다고 육경을 버리는 것도 아닙니다.'라고 하니 후반부에서 부처님이 '그래 맞다. 相으로 판단하면 안 된다. 그렇지만, 너의 말대로 그 相을 단멸해서도 안 된다.'라고 화답하는 구조이기 때문입니다.

이렇게 해석해야 내용적으로도 연결이 되고, 새로운 내용을 전개할 때 사용하는 '이시(爾時)'의 금강경에서의 형식적 용법과도 조화를 이룹니다. 금강경이 이 부분에서 하고 싶은 말은 '당연히 육신의 눈과 귀로는 여래를 볼 수 없다(不能見如來). 그건 당연하고, 그렇다고 육안으로 보는 相을 경시하고 相을 단멸해서도 안 된다.'라는 의미인 것입니다.

須菩提 汝若作是念 如來不以具足相故得阿耨多羅三藐三菩提 須菩提 莫作是念 如來不以具足相故得阿耨多羅三藐三菩提
수보리 여약작시념 여래불이구족상고득아누다라삼먁삼보리 수보리 막작시념 여래불이구족상고득아누다라삼먁삼보리

"수보리여! 네가 만약 '여래는 상을 구족하여 아누다라삼먁삼보리를 얻은 것이 아니다.'라고 생각한다면, 수보리여 '여래는 상을 구족하여 아누다라삼먁삼보리를 얻은 것이 아니다.'라고 생각하지 말라."

'如來不以具足相故得阿耨多羅三藐三菩提'의 문장에서 '不'이 동사 '得'에 걸린다고 보면 '여래는 相을 구족했기 때문에 아누다라삼먁삼보리를 얻은 것은 아니다.'로 해석됩니다. 여기서 '具足相'은 제6절의 '具足色身'과 '具足諸相'을 포함할 말로 보아야 합니다. 그리고, '得阿耨多羅三藐三菩提(아누다라삼먁삼보리를 얻는 것)과 '見如來(여래를 본다)'는 여래를 법신(法身)으로 보면, '견성(見性)'이란 의미에서 같은 뜻이 됩니다.

지금까지의 금강경의 가르침을 피상적으로만 이해하면 '如來不以具足相故得阿耨多羅三藐三菩提'의 구문은 '若以色見我 以音聲求我 是人行邪道 不能見如來'와 같은 의미입니다. 여래는 상을 구족하여 아누다라삼먁삼보리를 얻은 것이 아니므로, 색과 음성으로 여래를 볼 수 없다는 것입니다. 그런데 부처님은 '莫作是念(이렇게

생각하지 말라.)'라고 하십니다.

　지금까지의 논지를 고수하면, '相으로 여래를 볼 수 없다. 따라서 여래는 相을 구족했기 때문에 아누다라삼먁삼보리를 얻은 것이 아니다.'라고 생각해야지, '그렇게 생각하면 안 된다.'라고 하면 안 되는 것입니다. 그래서 현장의 제자였던 규기(窺基, 632-682) 스님 같은 경우에는 문장에서 '不'을 삭제해야 한다고 주장하기도 합니다. '不'을 빼면 '如來 以具足相故得阿耨多羅三藐三菩提'이 됩니다. 이를 해석하면 '여래는 相을 구족했기 때문에 아누다라삼먁삼보리를 얻은 것이다.'라고 되어 '그렇게 생각하면 안 된다(莫作是念).'와 자연스럽게 연결된다는 것입니다.

　그런데 저는 이렇게 해석하면 안 된다고 봅니다. 수보리가 32상으로 여래를 볼 수 있다고(觀如來) 대답한 이유와 같습니다. '不'이 실수로 들어간 것이라고 보면 뒤에 바로 나오는 '불설단멸상(不說斷滅相, 상을 단멸한다고 말하지 말라)과 연결이 안 됩니다.

　　須菩提 汝若作是念 發阿耨多羅三藐三菩提者 說諸法斷滅相
　　　수 보 리 　여 약 작 시 념　 발 아 누 다 라 삼 먁 삼 보 리 자　 설 제 법 단 멸 상
莫作是念 何以故 發阿耨多羅三藐三菩提心者 於法 不說斷滅
막 작 시 념　 하 이 고　 발 아 누 다 라 삼 먁 삼 보 리 심 자　 어 법　 불 설 단 멸
相[118]
상

　"수보리여! 그대가 만약 아누다라삼먁삼보리를 발한 자는 제법에서 상을 단멸해야 한다고 말한다면 그런 생각을 하지 말라. 왜냐하면 아누다라삼먁삼보리심을 발한 자는 법에서 상을 단멸해야 한다고 말하지 않기 때문이다."

118　斷 끊을 단; 滅 꺼질 멸

수보리가 32상으로 여래를 볼 수 있다고 한 이유, 相을 구족해서 여래가 아누다라삼먁삼보리심을 얻은 것은 아니라고 생각하면 안 되는 이유가 설명됩니다.

금강경의 가르침은 相에 머무르지 말라는 것이지 相을 단멸하라는 것이 아닙니다. 무엇을 없애버리겠다고 달려드는 것은 바로 무엇이 있다고 생각하는 전제에서 시작하는 것입니다. 구마라집은 유위법의 세계에서 相이 왜곡되고 무상(無常)하다 할지라도 세상일을 相으로 해결할 수밖에 없다는 것을 잘 아는 사람이었습니다. 그래서 그 마음을 항복 받는 방법은 그 마음을 버리고 직접 없애는 것이 아니라, 중생을 제도하고 육바라밀을 실천하면서 그 마음을 활용하는 것이었습니다.

아누다라삼먁삼보리심을 발한 자는 보살이라고 했습니다. 마지막 '於法不說斷滅相'의 구문은 보살은 相을 없애야 한다는 相에도 머무르지 않아야 한다. 즉 보살은 아공(我空)과 법공(法空)을 넘어서 공하다는 생각까지도 넘어선 구공(俱空)까지 갖추어야 함을 이야기합니다.

II. 후렴

> 須菩提 若菩薩 以滿恒河沙等世界七寶 持用布施 若復有人
> 수보리 약보살 이만항하사등세계칠보 지용보시 약부유인
> 知一切法無我 得成於忍 此菩薩 勝前菩薩所得功德 須菩提 以
> 지일체법무아 득성어인 차보살 승전보살소득공덕 수보리 이
> 諸菩薩 不受福德故 須菩提白佛言 世尊 云何菩薩 不受福德 須
> 제보살 불수복덕고 수보리백불언 세존 운하보살 불수복덕 수
> 菩提 菩薩 所作福德 不應貪着 是故 說不受福德
> 보리 보살 소작복덕 불응탐착 시고 설불수복덕

"수보리여! 보살이 항하의 모래 수만큼 세계에 칠보를 가득 채워 보시한다고 하자. 또 어떤 사람이 일체법이 무아임을 알아 인(忍)을 성취한다고 하자. 이 보살의 공덕은 앞의 보살이 얻은 공덕을 이긴다. 수보리여! 모든 보살들은 복덕을 받지 않기 때문이다."

수보리가 부처님께 여쭈었습니다.

"세존이시여! 어찌하여 보살이 복덕을 받지 않습니까?"

"수보리여! 보살은 지은 복덕에 탐착하지 않으므로 복덕을 받지 않는다고 설한다."

28-0 須菩提 若菩薩 以滿恒河沙等世界七寶 持用布施 若復
　　　수보리 약보살 이만항하사등세계칠보 지용보시 약부
有人 知一切法無我 得成於忍 此菩薩 勝前菩薩所得功德 須菩
유인 지일체법무아 득성어인 차보살 승전보살소득공덕 수보
提 以諸菩薩 不受福德故 須菩提白佛言 世尊 云何菩薩 不受福
리 이제보살 불수복덕고 수보리백불언 세존 운하보살 불수복
德 須菩提 菩薩 所作福德 不應貪着 是故 說不受福德
덕 수보리 보살 소작복덕 불응탐착 시고 설불수복덕

소명태자 분류 제28분 '불수불탐분(不受不貪分)'에 해당하는 부

분입니다. '불수불탐(不受不貪)', 보살은 복덕을 받지도 않고(不受) 탐하지도 않는다(不貪)는 의미입니다. 내용상 제5절의 후렴과 유사합니다.

須菩提 若菩薩 以滿恒河沙等世界七寶 持用布施 若復有人
수보리 약보살 이만항하사등세계칠보 지용보시 약부유인
知一切法無我 得成於忍 此菩薩 勝前菩薩所得功德 須菩提 以
지일체법무아 득성어인 차보살 승전보살소득공덕 수보리 이
諸菩薩 不受福德故
제보살 불수복덕고

"수보리여! 보살이 항하의 모래 수만큼 세계에 칠보를 가득 채워 보시한다고 하자. 또 어떤 사람이 일체법이 무아임을 알아 인(忍)을 성취한다고 하자. 이 보살의 공덕은 앞의 보살이 얻은 공덕을 이긴다. 수보리여! 모든 보살들은 복덕을 받지 않기 때문이다."

'知一切法無我 得成於忍(일체법이 無我임을 알아 인(忍)을 성취
지일체법무아 득성어인
한다.)'는 구절은 보살이 일체법이 無我임을 알고, 단멸상(斷滅相)을 내지 않고 인내함으로써 마음이 흔들리지 않게 되는 상태인 '무생법인(無生法忍)'을 설명하고 있습니다.

'諸菩薩 不受福德(모든 보살은 복덕을 받지 않는다.)'는 것은 무
제보살 불수복덕
엇을 의미하나요? 바로 이 복덕과 공덕을 대중과 함께 나누어라. 회향(廻向)하라는 의미입니다. '회향'은 자기가 쌓은 선근공덕(善根功德)을 일체중생과 함께 나누는 것을 말합니다.

願以此功德 普及於一切
원이차공덕 보급어일체
我等與衆生 當生極樂國
아등여중생 당생극락국

同見無量壽 皆共成佛道
동견무량수 개공성불도

원컨대 이 공덕이 널리 일체에 퍼져
나와 모든 중생이 극락에 태어나
함께 아미타불을 친견하고 불도를 이루게 해 주소서.

법회가 끝나면 모두 함께하는 '회향게'입니다. 이렇게 보살은 쌓은 선근공덕(善根功德)을 중생에게 돌리고 회향하기에 복덕을 받지 않습니다. 無我에 바탕하여 공덕을 회향하는 것이 재물보시의 공덕보다 크다는 것을 이야기합니다.

須菩提 白佛言 世尊 云何菩薩 不受福德 須菩提 菩薩 所作福
수보리 백불언 세존 운하보살 불수복덕 수보리 보살 소작복
德 不應貪着 是故 說不受福德
덕 불응탐착 시고 설불수복덕

수보리가 부처님께 여쭈었습니다.
"세존이시여! 어찌하여 보살이 복덕을 받지 않습니까?"
"수보리여! 보살은 지은 복덕에 탐착하지 않으므로 복덕을 받지 않는다고 설한다."

보살은 복덕이 無我인 줄 알기 때문에 탐착하지 않고 무주상보시(無住相布施)를 할 수 있고, 무주상보시를 하기에 그 공덕이 동서남북·사유(四維)·상하 허공을 헤아릴 수 없는 것처럼 무한하고 일체중생을 위해서 보시할 수 있다는 가르침으로 지금까지 모든 논의의 종합판입니다.

正宗分
第八節

Ⅰ. 본문

須菩提 若有人言 如來 若來若去若坐若臥 是人 不解我所說
수보리 약유인언 여래 약래약거약좌약와 시인 불해아소설
義 何以故 如來者 無所從來 亦無所去 故名如來
의 하이고 여래자 무소종래 역무소거 고명여래

"수보리여! 어떤 사람이 '여래는 오기도 하고 가기도 하며 앉기도 하고 눕기도 한다.'고 말한다면, 그 사람은 내가 설한 뜻을 이해하지 못한 것이다. 왜냐하면 여래란 오는 것도 없고 가는 것도 없으므로 여래라고 말하기 때문이다."

須菩提 若善男子善女人 以三千大千世界 碎爲微塵 於意云何
수보리 약선남자선여인 이삼천대천세계 쇄위미진 어의운하
是微塵衆 寧爲多不 甚多世尊 何以故 若是微塵衆 實有者 佛則
시미진중 영위다부 심다세존 하이고 약시미진중 실유자 불즉
不說是微塵衆 所以者何 佛說微塵衆 則非微塵衆 是名微塵衆
불설시미진중 소이자하 불설미진중 즉비미진중 시명미진중

"수보리여! 선남자선여인이 삼천대천세계를 부수어 가는 티끌을 만든다면, 그대 생각은 어떠한가? 이 티끌들이 진정 많겠는가?"

"매우 많습니다. 세존이시여! 왜냐하면 티끌들이 실제로 있는 것이라면 여래께서 티끌들이라고 말씀하지 않으셨을 것이기 때문입니다. 무슨 이유에서입니까? 부처님은 티끌들은 티끌들이 아니라고 설합니다. 티끌들이라 이름할 뿐입니다."

世尊 如來所說三千大千世界 則非世界 是名世界 何以故 若
세존 여래소설삼천대천세계 즉비세계 시명세계 하이고 약
世界 實有者 則是一合相 如來說一合相 則非一合相 是名一合
세계 실유자 즉시일합상 여래설일합상 즉비일합상 시명일합

相 須菩提 一合相者 則是不可說 但凡夫之人 貪着其事
상 수보리 일합상자 즉시불가설 단범부지인 탐착기사

"세존이시여! 여래께서 말씀하신 삼천대천세계는 세계가 아닙니다. 세계라 이름할 뿐입니다. 왜냐하면 세계가 실제로 있는 것이라면 일합상일 것입니다. 여래께서는 일합상은 일합상이 아니라고 설하십니다. 일합상이라 이름할 뿐입니다."

"수보리여! 일합상이라는 것은 말할 수가 없는 것인데 범부들이 그것을 탐내고 집착할 따름이다."

須菩提 若人言 佛說我見人見衆生見壽者見 須菩提 於意云何 是人 解我所說義不 不也世尊 是人 不解如來所說義 何以故 世尊 說我見人見衆生見壽者見 卽非我見人見衆生見壽者見 是名 我見人見衆生見壽者見
수보리 약인언 불설아견인견중생견수자견 수보리 어의운하 시인 해아소설의부 불야세존 시인 불해여래소설의 하이고 세존 설아견인견중생견수자견 즉비아견인견중생견수자견 시명 아견인견중생견수자견

"수보리여! 어떤 사람이 '여래가 아견·인견·중생견·수자견을 설했다.'고 말한다면, 수보리여! 그대 생각은 어떠한가? 이 사람이 내가 설한 뜻을 알았다 하겠는가?"

"아닙니다. 세존이시여! 그 사람은 여래께서 설한 뜻을 알지 못한 것입니다. 왜냐하면 세존께서는 아견·인견·중생견·수자견이 아견·인견·중생견·수자견이 아니라고 설합니다. 아견·인견·중생견·수자견이라 이름할 뿐입니다."

須菩提 發阿耨多羅三藐三菩提心者 於一切法 應如是知 如是
수보리 발아누다라삼먁삼보리심자 어일체법 응여시지 여시

見 如是信解 不生法相 須菩提 所言法相者 如來說卽非法相 是
견 여시신해 불생법상 수보리 소언법상자 여래설즉비법상 시
名法相
명 법 상

"수보리여! 아누다라삼먁삼보리심을 내는 자는 일체법에 대하여 이와 같이 알고 보며 믿고 이해해야 한다. 법상을 내지 말라."

"수보리여! 법상이라 말하는 바도 여래는 법상이 아니라고 설한다. 법상이라 이름할 뿐이다."

29-0 須菩提 若有人言 如來 若來若去若坐若臥 是人 不解我
수보리 약유인언 여래 약래약거약좌약와 시인 불해아
所說義 何以故 如來者 無所從來 亦無所去 故名如來
소설의 하이고 여래자 무소종래 역무소거 고명여래

소명태자 분류 제29분 '위의적정분(威儀寂靜分)'의 부분입니다. 삼법인(三法印)의 하나로 '열반적정(涅槃寂靜)'을 들기도 한다고 했습니다. 여래의 위의(威儀)는 무위법의 세계를 이 현상계에 그대로 실천하기 때문에 열반적정과 같이 적정(寂靜)할 수밖에 없다(威儀寂靜)는 의미입니다.

須菩提 若有人言 如來 若來若去若坐若臥 是人 不解我所說
수보리 약유인언 여래 약래약거약좌약와 시인 불해아소설
義 何以故 如來者 無所從來 亦無所去 故名如來
의 하이고 여래자 무소종래 역무소거 고명여래

"수보리여! 어떤 사람이 '여래는 오기도 하고 가기도 하며 앉기도 하고 눕기도 한다.'고 말한다면, 이 사람은 내가 설한 뜻을 이해하지 못한 것이다. 왜냐하면 여래란 오는 것도 없고, 가는 것도 없으므로 여래라고 말하기 때문이다."

제2절에서 성문사과인 수다원(須陁洹), 사다함(斯陁含), 아나함(阿那含), 아라한(阿羅漢)에 대하여 모두 이름이 주는 相에 머무르지 않기에 그러한 경지에 오를 수 있다고 하였습니다.

'수다원(須陁洹)'은 '名爲入流 而無所入 不入色聲香味觸法 是明須陁洹', 깨달음의 흐름에 들어갔다는 의미에서 입류과(入流果)라고 하지만, 이름이 주는 相에 머물지 않기에 수다원이라고 불린다고 했습니다.

'사다함(斯陁含)'은 '名一往來 而實無往來 是名斯陁含', 세상에 한 번 더 태어난 후 깨달음을 얻는다고 일래과(一來果)라고 하지만, 실로 오고 감에 머무르지 않기에 수다원이라 불립니다.

'아나함(阿那含)'은 '名爲不來 而實無不來 是故名阿那含', 윤회하는 세계에 다시 돌아오지 않는다는 의미에서 불래과(不來果)라고 하지만, 이름이 주는 相에 머무르지 않기에 아나함이라 이름할 수 있는 것입니다.

'아라한(阿羅漢)'도 '若阿羅漢作是念 我得阿羅漢道 卽爲着我人衆生壽者', 모든 상에서 벗어나서 아라한인데 아라한도를 얻었다고 생각하면 아라한이라 이름할 수 없는 것입니다.

'여래'도 마찬가지입니다. 여래(如來)의 산스크리트어인 'Tathāgata'를 ① 타타아(tatha-)+가타(gata)로 구분하면, '타타아(tatha-)'는 '있는 그대로(如是)'라는 의미이고, '가타(gata)'는 '가다(去)'의 의미이니, '가기도 하고(如去)'라는 의미이고, ② 타타(tatha)+아가타(agata)로 구분하면, '아가타(agata)'는 '다다르다, 오다(來)'라는 의미여서 '오기도 하고(如來)'라는 의미가 됩니다.

성문사과와 마찬가지로 여래도 여래가 '若來若去若坐若臥'의 의미라 할지라도 오고 간다는 이름이 주는 相에 머물지 않아야 여래라는 의미입니다. '如來'라고 하지 않고, '如來者(여래라는 것)'라고 하여 세상에 온 여래라도 차이가 없음을 이야기합니다.

30-0 須菩提 若善男子善女人 以三千大千世界 碎爲微塵 於
수보리 약선남자선여인 이삼천대천세계 쇄위미진 어
意云何 是微塵衆 寧爲多不 甚多世尊 何以故 若是微塵衆 實有
의운하 시미진중 영위다부 심다세존 하이고 약시미진중 실유
者 佛則不說是微塵衆 所以者何 佛說微塵衆 則非微塵衆 是名
자 불즉불설시미진중 소이자하 불설미진중 즉비미진중 시명
微塵衆 世尊 如來所說三千大千世界 則非世界 是名世界 何以
미진중 세존 여래소설삼천대천세계 즉비세계 시명세계 하이
故 若世界 實有者 則是一合相 如來說 一合相 則非一合相 是名
고 약세계 실유자 즉시일합상 여래설 일합상 즉비일합상 시명
一合相 須菩提 一合相者 則是不可說 但凡夫之人 貪着其事
일합상 수보리 일합상자 즉시불가설 단범부지인 탐착기사

소명태자 분류 제30분 '일합이상분(一合理相分)'에 해당하는 부분입니다. 전반적으로 제3절 '須菩提 於意云何 三千大千世界 所有
수보리 어의운하 삼천대천세계 소유
微塵 是爲多不 須菩提言 甚多世尊 須菩提 諸微塵 如來說非微塵
미진 시위다부 수보리언 심다세존 수보리 제미진 여래설비미진
是名微塵 如來說世界 非世界 是名世界'의 변주입니다. '일합이상
시명미진 여래설세계 비세계 시명세계
(一合理相)'은 일합(一合)의 이치(理)도 결국 相일 뿐이라는 의미입니다.

아무리 작은 티끌(微塵)이라도 내부(內部)가 있기 때문에 가장 작다고 할 수 없고, 아무리 세계가 크다 할지라도 외부(外部)가 있는 이상 가장 크다고 할 수 없습니다. '가장 작은 것', 혹은 '가장 큰 것' 모두 머릿속의 개념일 뿐, 실존하는 실체하는 것은 아니라는 의미에

서 無我法을 설명한다고 했습니다. 다만 지금까지의 논의를 거침으로써 문장의 의미가 좀 더 분명해집니다.

須菩提 若善男子善女人 以三千大千世界 碎爲微塵 於意云何
수보리 약선남자선여인 이삼천대천세계 쇄위미진 어의운하
是微塵衆 寧爲多不[119]
시미진중 영위다부

"수보리여! 선남자선여인이 삼천대천세계를 부수어 가는 티끌을 만든다면, 그대 생각은 어떠한가? 이 티끌들이 진정 많겠는가?"

甚多世尊 何以故 若是微塵衆 實有者 佛則不說是微塵衆 所
심다세존 하이고 약시미진중 실유자 불즉불설시미진중 소
以者何 佛說微塵衆 則非微塵衆 是名微塵衆
이자하 불설미진중 즉비미진중 시명미진중

"매우 많습니다. 세존이시여! 왜냐하면 티끌들이 실제로 있는 것이라면 여래께서 티끌들이라고 말씀하지 않으셨을 것이기 때문입니다. 무슨 이유에서입니까? 부처님은 티끌들은 티끌들이 아니라고 설합니다. 티끌들이라 이름할 뿐입니다."

이제는 수보리가 많다(多)라고 대답하는 것이 단순히 色의 눈으로만 본 '많다(多)'가 아님을 이해할 것입니다. 제5절 후렴의 '福德有實 如來不說得福德多 以福德無故 如來說得福德多(복덕이 실재한다면 여래는 복덕이 많다고 설하지 않고, 복덕이 없기에 여래는 복덕이 많다고 한다.)'와 같은 맥락으로 티끌들이 실재한다면(實有者) 부처님은 티끌이 많다고 하지 않았을 것입니다.

---

119 碎 부술 쇄

世尊 如來所說三千大千世界 則非世界 是名世界 何以故 若世
세존 여래소설삼천대천세계 즉비세계 시명세계 하이고 약세
界 實有者 則是一合相 如來說 一合相 則非一合相 是名一合相
계 실유자 즉시일합상 여래설 일합상 즉비일합상 시명일합상

"세존이시여! 여래께서 말씀하신 삼천대천세계는 세계가 아닙니다. 세계라 이름할 뿐입니다. 왜냐하면 세계가 실제로 있는 것이라면 일합상(一合相)일 것입니다. 여래께서 일합상은 일합상이 아니라고 설하십니다. 일합상이라 이름할 뿐입니다."

제3절의 내용에 보충됩니다. 가장 큰 세계가 되려면 모든 세상이 합쳐진 하나의 상(一合相)이 되어야 할 것인데, 모든 것이 합쳐진 일합상(一合相)이라는 것은 말이 그럴 뿐 존재할 수가 없습니다. 외부(外部)가 있는 이상 모든 것이 합쳐진 하나의 상이라는 것은 존재할 수 없기 때문입니다. 無我의 가르침의 계속입니다.

須菩提 一合相者 則是不可說 但凡夫之人 貪着其事
수보리 일합상자 즉시불가설 단범부지인 탐착기사

"수보리여! 일합상(一合相)이라는 것은 말할 수가 없는 것인데 범부들이 그것을 탐내고 집착할 따름이다."

이 일합상이라는 것(一合相者)은 결국 無我의 법을 모르는 범부들이나 집착하는 개념이라는 것입니다.

31-0 須菩提 若人言 佛說我見人見衆生見壽者見 須菩提 於
수보리 약인언 불설아견인견중생견수자견 수보리 어
意云何 是人 解我所說義不 不也世尊 是人 不解如來所說義 何
의운하 시인 해아소설의부 불야세존 시인 불해여래소설의 하

以故 世尊 說我見人見眾生見壽者見 卽非我見人見眾生見壽者
이고 세존 설아견인견중생견수자견 즉비아견인견중생견수자
見 是名我見人見眾生見壽者見 須菩提 發阿耨多羅三藐三菩提
견 시명아견인견중생견수자견 수보리 발아뇩다라삼먁삼보리
心者 於一切法 應如是知 如是見 如是信解 不生法相 須菩提 所
심자 어일체법 응여시지 여시견 여시신해 불생법상 수보리 소
言法相者 如來說卽非法相 是名法相
언법상자 여래설즉비법상 시명법상

소명태자 분류 제31분 '지견불생분(知見不生分)'의 시작입니다. 소명태자는 글자 수를 맞추기 위해 '지견불생(知見不生)' 4자로 맞추었지만, '지견신해 불생법상(知見信解 不生法相)'의 의미입니다. 보살은 법상(法相)을 내어서는 안 됨을(不生) 알고(知) 보고(見) 믿고 이해해야(信解) 한다는 의미입니다. 결국 제법무아(諸法無我)의 가르침입니다.

須菩提 若人言 佛說我見人見眾生見壽者見 須菩提 於意云何
수보리 약인언 불설아견인견중생견수자견 수보리 어의운하
是人 解我所說義不
시인 해아소설의부

"수보리여! 어떤 사람이 '여래가 아견·인견·중생견·수자견을 설했다.'고 말한다면, 수보리여! 그대 생각은 어떠한가? 이 사람이 내가 설한 뜻을 알았다 하겠는가?"

중요한 의미를 담고 있는 문장입니다. 無我의 법을 아는 보살이든 여래이든 이 세상에서 가르침을 펴려면 방편(方便)을 쓸 수밖에 없습니다. 그런데 개구즉착(開口卽錯)이라고, 방편을 쓰면 어쩔 수 없이 왜곡이 일어납니다. 마치 아무것도 없는 흰 벽에 '아무것도 적

지 마시오.'라고 경고문을 적으면, 그 자체가 적은 것이 되는 것과 마찬가지입니다. 그래서 범부(凡夫)가 시비를 걸 수 있습니다. '아견·인견·중생견·수자견을 내지 마라(不生)'라고 말하는(說) 순간 아견·인견·중생견·수자견을 내는 것이 아니냐?'라고. 그렇지만 부처의 '說'은 범부의 '說'과 달라서 無我을 알고 하는 '說'입니다.

不也世尊 是人 不解如來所說義 何以故 世尊 說我見人見衆
불야세존 시인 불해여래소설의 하이고 세존 설아견인견중
生見壽者見 卽非我見人見衆生見壽者見 是名我見人見衆生見
생견수자견 즉비아견인견중생견수자견 시명아견인견중생견
壽者見
수자견

"아닙니다. 세존이시여! 그 사람은 여래께서 설한 뜻을 알지 못한 것입니다. 왜냐하면 세존께서는 아견·인견·중생견·수자견이 아견·인견·중생견·수자견이 아니라고 설합니다. 아견·인견·중생견·수자견이라 이름할 뿐입니다."

부처님이 설하는 '아견·인견·중생견·수자견'은 달마대사의 '모릅니다(不識)', 수보리의 '봄(觀)'처럼 無我와 空을 바탕으로 한 色의 활용이라는 것은 더 이상 설명이 필요 없을 것입니다.

須菩提 發阿耨多羅三藐三菩提心者 於一切法 應如是知 如是
수보리 발아누다라삼먁삼보리심자 어일체법 응여시지 여시
見 如是信解 不生法相
견 여시신해 불생법상

"수보리여! 아누다라삼먁삼보리심을 내는 자는 일체법에 대하여 이와 같이 알고 보며 믿고 이해해야 한다. 법상을 내지 말라."

아누다라삼먁삼보리심(心)을 내는(發) 자는 보살(菩薩)입니다. 따라서, '보살은 이와 같이 알고(知) 보고(見) 믿고 이해해야(信解) 한다. 법상(法相)을 내지 마라.'로 해석됩니다. 결국 아공(我空), 법공(法空)의 제법무아(諸法無我)의 가르침으로 결론 내려집니다.

須菩提 所言法相者 如來說卽非法相 是名法相
_{수 보 리 소 언 법 상 자 여 래 설 즉 비 법 상 시 명 법 상}
"수보리여! 법상이라 말하는 바도 여래는 법상이 아니라고 말한다. 법상이라 이름할 뿐이다."

마지막까지 경계를 놓지 않습니다. '법상(法相)을 내지 말라.'고 하면 또 '법상'의 실체를 찾을까 봐 '법상'을 즉비(卽非) 구조에 넣어 버립니다. 즉 앞 문장이 아공(我空), 법공(法空)을 이야기했다면, 이 공도 극복하는 구공(俱空)을 이야기함으로써 금강경 본문이 마무리 됩니다.

II. 후렴

須菩提 若有人 以滿無量阿僧祇世界七寶 持用布施 若有善男
수보리 약유인 이만무량아승기세계칠보 지용보시 약유선남
子善女人 發菩薩心者 持於此經 乃至四句偈等 受持讀誦 爲人
자선여인 발보살심자 지어차경 내지사구게등 수지독송 위인
演說 其福勝彼
연설 기복승피

"수보리여! 만약 어떤 사람이 무량한 아승기 세계에 칠보를 가득 채워 보시하고, 보살심을 낸 어떤 선남자선여인은 이 경을 지니어 사구게 등을 받아 지니어 읽고 외워 사람들을 위해 연설한다면, 이 복이 저 복을 이긴다."

云何爲人演說 不取於相 如如不動 何以故 一切有爲法 如夢
운하위인연설 불취어상 여여부동 하이고 일체유위법 여몽
幻泡影 如露亦如電 應作如是觀
환포영 여로역여전 응작여시관

"어떻게 사람들을 위해 연설할 것인가? 상을 취하지 말고, 여여하고, 움직이지 말라. 왜냐하면 일체 모든 유위법은 꿈·허깨비·물거품·그림자 같고, 이슬 같고, 번개 같으니 마땅히 이와 같이 보아야 한다."

32-1 須菩提 若有人 以滿無量阿僧祇世界七寶 持用布施 若
　　　수보리 약유인 이만무량아승기세계칠보 지용보시 약
有善男子善女人 發菩薩心者 持於此經 乃至四句偈等 受持讀誦
유선남자선여인 발보살심자 지어차경 내지사구게등 수지독송
爲人演說 其福勝彼 云何爲人演說 不取於相 如如不動 何以故
위인연설 기복승피 운하위인연설 불취어상 여여부동 하이고

一切有爲法 如夢幻泡影 如露亦如電 應作如是觀
일체유위법 여몽환포영 여로역여전 응작여시관

　소명태자 분류 제32분 '응화비진분(應化非眞分)' 부분입니다. '응신(應身)과 화신(化身)은 진신(眞身), 즉 법신(法身)이 아니다(非).'로 해석됩니다. 주의할 것은 응신·화신과 법신의 실체성을 선재시킨 뒤 양자를 비교하여, 현상계(現象界)의 응신·화신이 법계(法界)의 법신을 온전히 구현하지 못하므로 응화비진(應化非眞)이라고 하였다고 생각한다면, 無我에 어긋난 잘못된 해석이 됩니다.
　전반부는 금강경의 공덕을 찬양하는 여타 다른 후렴과 다를 바 없고, 정말 하고 싶은 말은 후반부에 첨부되어 있습니다.

須菩提 若有人 以滿無量阿僧祇世界七寶 持用布施 若有善男子善女人 發菩薩心者 持於此經 乃至四句偈等 受持讀誦 爲人演說 其福勝彼
수보리 약유인 이만무량아승기세계칠보 지용보시 약유선남자선여인 발보살심자 지어차경 내지사구게등 수지독송 위인연설 기복승피

　"수보리여! 만약 어떤 사람이 무량한 아승기 세계에 칠보를 가득 채워 보시하고, 보살심을 낸 어떤 선남자선여인은 이 경을 지니어 사구게 등을 받아 지니어 읽고 외워 사람들을 위해 연설한다면, 이 복이 저 복을 이긴다."

　전반부는 여타의 후렴구와 유사하게 금강경의 공덕을 찬양합니다.

云何爲人演說 不取於相 如如不動 何以故 一切有爲法 如夢
운하위인연설 불취어상 여여부동 하이고 일체유위법 여몽

幻泡影 如露亦如電 應作如是觀[120]
환포영 여로역여전 응작여시관

"어떻게 사람들을 위해 연설할 것인가? 상을 취하지 말고, 여여하고, 움직이지 말라. 왜냐하면 일체 모든 유위법은 꿈·허깨비·물거품·그림자 같고, 이슬 같고, 번개 같으니 마땅히 이와 같이 보아야 한다."

금강경의 후렴은 단순히 금강경의 공덕을 과장된 비교로 찬양만 하는 것이 아니라, 심오한 생각할 거리를 던져주기도 합니다. 이 부분도 마찬가지입니다. 실질적으로 금강경의 마지막 문장인데 그냥 넘어가지는 않습니다.

문장의 구조를 보면, 'A 何以故 B'로 되어 있습니다. 우리가 'A하라, 왜냐하면 B이기 때문이다.'라고 하면 방점은 A에 찍혀있습니다. B하기 때문에 결론적으로 A하라는 것입니다. 위 문장도 '유위법 세계는 허망하기 때문에 상을 취하지 말고(不取於相), 여여부동(如如不動) 해야 한다.'는 구조로, 방점은 '상을 취하지 말고(不取於相), 여여부동(如如不動) 해야 한다.'에 맞추어집니다.

'一切有爲法 如夢幻泡影 如露亦如電 應作如是觀'이 금강경의
일체유위법 여몽환포영 여로역여전 응작여시관

유명한 사구게로 이 구절만 따로 떼어서 인용되는 경우가 많아 금강경이 이 부분에 초점을 맞추어진 것으로 이해될 수도 있겠으나, 금강경은 '이렇게 무상(無常)하기 때문에(B하기 때문에) 不取於相 如
불취어상 여

如不動해야 한다(A해야 한다).'는 것입니다.
여부동

'一切有爲法 如夢幻泡影 如露亦如電 應作如是觀'의 해석은 어
일체유위법 여몽환포영 여로역여전 응작여시관

---

120 夢 꿈 몽; 幻 헛보일 환; 泡 거품 포; 影 그림자 영; 露 이슬 로; 電 번개 전

렵지 않습니다. 제1절에서도 '凡所有相 皆是虛妄'이라고 하여 일체 유위법 세계의 相은 허망하다고 하였습니다. 중요한 것은 그렇기 때문에 '不取於相 如如不動'하여야 한다는 것입니다. '不取於相'에서 어조사 '於'는 목적격으로 해석됩니다. 주의할 것은 相을 취하지 말라고 했지, 버리라고는 하지 않습니다. 금강경은 相의 실상을 알고 활용하라는 것이지, 버리라는 가르침이 아닙니다.

스님들 법문에 '여여(如如)하다'는 표현이 많이 등장하듯이, '여여부동(如如不動)'은 변함없이 한결같다는 일상적 의미이기도 하지만, 좋다·싫다 등의 분별이 없는 상태이기도 하고, 있는 그대로 받아들여(如) 흔들리지 않는 상태(不動)를 말하기도 합니다. 그런데 문제는 유위법의 세계는 꿈·허깨비·물거품·그림자·이슬·번개 같아서 여여부동할 수가 없습니다.

'云何爲人演說', 어떻게 남들에게 금강경을 설명해야 하나요? 행동은 유위법의 세계에서 '爲人演說'하지만, 마음은 무위법의 세계에 두어 '不取於相 如如不動'하라는 의미입니다. 유위법에서 설명하되 무위법의 세계에 걸쳐야 한다는 의미로, 중도(中道)로 설명을 하여야 한다는 의미입니다.

결국 금강경도 中道로 마무리 지어집니다.

流通分

佛說是經已 長老須菩提 及諸比丘比丘尼 優婆塞優婆夷 一切
불설시경이 장로수보리 급제비구비구니 우바새우바이 일체
世間天人阿修羅 聞佛所說 皆大歡喜 信受奉行
세간천인아수라 문불소설 개대환희 신수봉행

부처님께서 이 경을 다 설하시고 나니, 수보리 장로와 비구·비구니·우바새·우바이와 모든 세상의 천신·인간·아수라들이 부처님의 말씀을 듣고 매우 기뻐하며 믿고 받들어 행하였습니다.

유통분은 달리 설명할 내용이 없습니다. '如是我聞'으로 시작한 금강경이 '信受奉行'으로 마무리됩니다.
여시아문
신수봉행

<眞言>

那謨婆伽跋帝 鉢喇壤 波羅弭多曳
唵 伊利底 伊室利 輸盧馱 毘舍耶 毘舍耶 莎婆訶

나모바가발제 발라양 파라미다예
옴 이리저 이실리 수로타 비사야 비사야 사바하

제3장
에필로그

🪷 1. 경허 스님과 그 제자들

이 책을 쓸 때, 일단은 금강경을 읽으면서 생각나는 여러 가지 이야기들을 브레인스토밍 식으로 쭉 적어 나갔습니다. 그러다 보니 어떤 문장에서는 쓸데없이 분량이 길어지기도 하고, 어떤 곳에서는 이것저것 생각은 많이 했지만 그걸 다 쓰면 전체의 논지가 흐트러지는 경우도 있어 과감히 삭제를 해야 했습니다. 그렇지만 제 생각의 기록을 그냥 모두 사장(死藏)시키기는 아까워 몇몇 생각들은 에필로그에 적어 보고자 합니다.

먼저 경허 스님 이야기입니다. 제가 본격적으로 불교와 스님들, 불교가 아니더라도 수행하는 사람들에 대해서 관심을 가지게 된 것이 최인호 작가의 '길 없는 길'이라는, 경허 스님과 그 주변 이야기를 다룬 4권짜리 소설을 읽으면서부터입니다. 최인호 작가가 '길 없는 길' 서문에서 "조계사 앞에서 본 책에서 경허의 선시 중의 한 구절, '일 없음이 오히려 나의 할 일'이라는 구절에서 나는 한 방망이 두들겨 맞은 느낌이었다."고 쓴 것처럼, 저도 '경허 스님 참선곡'을 처음 접했을 때 한 방망이 두들겨 맞은 느낌이었던 지라 아래에 소개해 봅니다.

경허 스님 참선곡

홀연히 생각하니 도시몽중(都是夢中)이로다. 천만고 영웅

호걸 북망산(北邙山) 무덤이요. 부귀문장(富貴文章) 쓸데없다 황천객을 면할쏘냐.

오호라! 이내 몸이 풀 끝에 이슬이요 바람 속에 등불이라. 삼계대사(三界大師) 부처님이 정령히 이르사대 마음 깨쳐 성불하여 생사윤회 영단(永斷)하고 불생불멸(不生不滅) 저 국토에 상락아정(常樂我淨) 무위도(無爲道)를 사람마다 다할 줄로 팔만장교(八萬藏敎) 유전(有傳)이라. 사람 되어 못 닦으면 다시 공부 어려우니 나도 어서 닦아보세. 닦는 길을 말하려면 허다히 많건마는 대강 추려 적어 보세.

앉고 서고 보고 듣고 착의긱반(着衣喫飯) 대인접화(對人接話) 일체처 일체시에 소소영영(昭昭靈靈) 지각(知覺)하는 이것이 무엇인고. 몸뚱이는 송장이요 망상번뇌 본공(本空)하고 천진면목(天眞面目) 나의 부처 보고 듣고 앉고 서고 잠도 자고 일도 하고 눈 한번 깜짝할 제 천리만리 다녀오고 허다한 신통묘용(神通妙用) 분명한 이내 마음 어떻게 생겼는고.

의심하고 의심하되 고양이가 쥐 잡듯이 주린 사람 밥 찾듯이 목마를 때 물 찾듯이 육칠십 늙은 과부 외자식을 잃은 후에 자식 생각 간절하듯 생각생각 잊지 말고 깊이 궁구하여 가되 일념만년(一念萬年) 되게 하여 폐침망찬(廢寢忘饌)할 지경에 대오(大悟)하기 가깝도다.

홀연히 깨달으면 본래 생긴 나의 부처 천진면목 절묘하다. 아미타불 이 아니며 석가여래 이 아닌가. 젊도 않고 늙도 않고 크도 않고 작도 않고 본래 생긴 자기 영광(自己靈光) 개천개지

(盖天蓋地) 이러하고 열반진락(涅槃眞樂) 가이없다. 지옥 천당 본공(本空)하고 생사윤회 본래 없다. 선지식을 찾아가서 요연(了然)히 인가(印可) 맞아 다시 의심 없앤 후에 세상만사 망각하고 수연방광(隨緣放光) 지내가되 빈 배같이 떠 놀면서 유연중생(有緣衆生) 제도하면 보불은덕(報佛恩德) 이 아닌가.

일체계행(一切戒行) 지켜가면 천상인간 복수(福壽)하고 대원력을 발하여서 항수불학(恒隨佛學) 생각하고 동체대비(同體大悲) 마음먹어 빈병걸인(貧病乞人) 괄시 말고 오온색신(五溫色身) 생각하되 거품같이 관(觀)을 하고 바깥으로 역순경계(逆順境界) 몽중(夢中)으로 관찰하여 해태심(懈怠心)을 내지 말고 허령(虛靈)한 이내 마음 허공과 같은 줄로 진실히 생각하여 팔풍오욕(八風五辱) 일체경계(一切境界) 부동(不動)한 이 마음을 태산같이 써나가세.

허튼소리 우스개로 이날 저날 헛보내고 늙는 줄을 망각하니 무슨 공부 하여볼까. 죽을 제 고통 중에 후회한들 무엇하리. 사지백절(四肢百節) 오려내고 머릿골을 쪼개낸 듯 오장육부 타는 중에 앞길이 캄캄하니 한심참혹(寒心慘酷) 내 노릇이 이럴 줄을 누가 알꼬, 저 지옥과 저 축생(畜生)의 나의 신세 참혹하다. 백천만겁 차타(蹉跎)하여 다시 인신(人身) 망연(茫然)하다.

참선 잘한 저 도인은 서서 죽고 앉아 죽고 앓도 않고 선세(蟬蛻)하며[121] 오래 살고 곧 죽기를 마음대로 자재하며 항하사수(恒河沙數) 신통묘용(神通妙用) 임의쾌락(任意快樂) 소요

---

121 선세(蟬蛻)는 매미의 허물입니다. 도인은 죽을 때도 매미가 허물에서 빠져나와 날아가듯이 간다는 의미입니다.

하니 아무쪼록 이 세상에 눈코를 쥐어뜯고 부지런히 하여보세. 오늘내일 가는 것이 죽을 날에 당도하니 푸줏간에 가는 소가 자욱자욱 사지(死地)로세.

예전 사람 참선할 제 잠깐(寸陰)을 아꼈거늘 나는 어이 방일(放逸)하며, 예전 사람 참선할 제 잠 오는 것 성화하여 송곳으로 찔렀거늘 나는 어이 방일하며, 예전 사람 참선할 제 하루해가 가게 되면 다리 뻗고 울었거늘 나는 어이 방일한고. 무명업식(無明業識) 독한 술에 혼혼불각(昏昏不覺) 지내다니 오호라 슬프도다. 타일러도 아니 듣고 꾸짖어도 조심 않고 심상(尋常)히 지내가니 혼미한 이 마음을 어이하야 인도할꼬 쓸데없는 탐심진심(貪心瞋心) 공연히 일으키고 쓸데없는 허다분별(許多分別) 날마다 분요(紛擾)하니 우습도다 나의 지혜 누구를 한탄할꼬. 지각없는 저 나비가 불빛을 탐하여서 제 죽을 줄 모르도다. 내 마음을 못 닦으면 여간계행(如干戒行) 소분복덕(小分福德) 도무지 허사로세. 오호라 한심하다.

이 글을 자세 보아 하루도 열두 때며 밤으로도 조금 자고 부지런히 공부하소. 이 노래를 깊이 믿어 책상 위에 펴놓고 시시때때 경책(驚策)하소. 할 말을 다 하려면 해묵서이(海墨書而) 부진(不盡)이라. 이만 적고 그치오니 부디부디 깊이 아소. 다시 한 말 있사오니 돌장승이 아기 나면 그때에 말할 테요.

다소 길지만 경허 스님 참선곡을 소개한 것은, 21세기 현시점에서 대한민국에서 불교를 이야기하면서 경허 스님을 빠뜨릴 수 없기 때문입니다. 경허 스님의 수제자로는 흔히 '삼월(三月)'이라 불리는 수월(水月, 1855~1928), 혜월(慧月, 1861~1937), 만공(滿空, 1871~1946) 스님과 한암(漢岩, 1876~1951) 스님이 있습니다.

이 경허 스님의 법맥이 현재 우리나라 불교계의 주 근간을 이루고 있습니다. 우리 불교계에 '남진제 북송담(南眞際 北松潭)'이라는 말이 있습니다. 최근까지 대한불교조계종 종정을 지내신 진제(眞際, 1934~) 스님도 그 법맥은 경허-혜월-운봉(雲峰)-향곡(香谷)으로 경허 스님까지 올라가고, 송담(松潭, 1927~) 스님도 경허-만공-전강(田岡)으로 내려오는 법맥을 이으셨다고 하니, 대한민국 불교계에서 경허 스님의 위치를 알 수 있습니다.

경허 스님의 제자 중 맏이 격인 수월 스님은 만주에서 활동해서인지 그 행적이 알려진 바가 거의 없습니다.[122] 수월 스님은 화두를 타파해 견성한 것이 아니라 천수주(千手呪)를 통해 깨달음을 얻었다고 합니다. 수월 스님은 밤낮으로 항상 천수경을 외웠는데 짚신을 삼을 때도, 방아를 찧을 때도, 땔감을 할 때도 아무튼 하루 종일 천수다라니를 외웠습니다. 수월 스님에게 처음으로 머리를 깎아 준 은사는 경허 스님의 친형인 태허성원(泰虛性圓) 스님이었습니다.

어느 날, 수월 스님이 언제나처럼 천수다라니를 외우며 물레방앗간에서 방아를 찧고 있었는데, 돌확 속에 머리를 박고 잠이 들어 버렸습니다. 이를 발견한 태허 스님이 깜짝 놀라, 급히 수월 스님을 밀치자 공이가 쿵 소리를 내며 방아를 찧기 시작했다고 합니다. 태허 스님은 다음날 법명과 사미계를 내리는 수계식을 거행하고, 경허 스

---

122 상세한 수월 스님의 이야기는 김진태, "달을 듣는 강물" 해냄, 1996을 참조하시기 바랍니다.

님을 법사로 정해주었습니다. 그 후 수월 스님은 방을 얻어 원 없이 천수다라니를 외우게 되었는데, 불망염지(不忘念智)를 얻어서 보기만 하면 잊어버리는 일이 없어 신도들의 축원 때도 따로 보지 않고 모두 외워서 했다고 합니다.

천진도인(天眞道人)으로 알려진 경허 스님의 두 번째 제자 혜월 스님은 짚신을 아주 잘 삼았다고 합니다. 남이 한 켤레를 삼을 동안 세 켤레를 삼아낼 정도였는데, 틈만 나면 짚신을 삼아 나뭇가지에 걸어놓고 아무나 필요한 사람이 신도록 하는 것을 즐거움으로 삼았습니다. 아직 깨달음에 이르지 못한 채 토굴에서 참선을 하고 있었는데, 경허 스님이 짚단을 던져주며 짚신 한 켤레 삼아줄 것을 부탁했습니다. 혜월 스님은 곧바로 짚신을 삼기 시작했고, 짚신을 다 삼은 후 나무망치로 짚신을 탁탁 두드리는 순간 나무망치 소리에 깨달음을 얻었다고 합니다.

경허 스님의 세 번째 달인 만공(滿空) 스님은 그 기록이 풍부하게 남아있고, 만공 스님의 법맥을 이었다는 스님도 많습니다. 만공 스님은 '만법귀일 일귀하처(萬法歸一 一歸何處, 만법이 하나로 돌아가는데, 그 한 가지는 어디로 돌아가는가.)'의 화두를 타파하며 깨달음을 얻었다고 합니다.

경허 스님의 마지막 제자이자 애제자(愛弟子)였던 한암 스님은 고등학교 교과서에 그 일화가 소개된 적이 있습니다. 6.25 사변 당시 북한군의 거점이 될 수 있다는 이유로 국군이 상원사를 불태워 없애려 했을 때, 한암 스님이 군인들 앞에서 가사를 갖추어 입고 법당에 정좌해 불을 지르라고 하며 하산을 거부하자, 군인들이 하는 수 없이 절의 문짝을 떼어 불을 지르고 철수하여 상원사는 불타지 않고 보존될 수 있었습니다. 상원사 법당이 남은 것은 오로지 한암 스님의 덕입니다. 한암 스님은 경허 스님이 북방으로 떠나기 전 함께 가기를 권할 만큼 애제자였습니다.

한암 스님과 일본 조동종(曹洞宗)의 사토(佐藤) 스님과는 재미있는 이야기가 전해집니다. 사토 스님이 한국 불교를 모두 돌아본 뒤 마지막으로 상원사에 와서 한암 스님에게 물었습니다.

"무엇이 불법의 대의입니까?"
한암 스님은 조용히 안경집을 들어 보입니다.
사토 스님이 다시 묻습니다.
"일대장경과 조사어록 중 어느 경전과 어록에서 가장 감명이 깊었습니까?"
"적멸보궁에 참배를 다녀오십시오."
사토 스님이 다시 묻습니다.
"스님은 만년(晚年)의 경계와 초년(初年)의 경계가 같습니까, 다릅니까?"
"모릅니다."
"활구법문(活句法門)을 보여주어 대단히 감사합니다."
"활구(活句)라고 말해 버렸으니 벌써 사구(死句)가 되고 말았군."

저는 한암 스님과 사토 스님의 이 대화를 상당히 좋아하는데, 이 대화뿐 아니라, 경허 스님과 그 제자들의 이야기는 이 책에서 소개된 화두와 금강경 가르침의 종합판 같은 느낌이 있습니다. 도(道)를 구하는 데는 특별히 정해진 방법이 없다는 것도 보여주고, 무정설법(無情說法), 염화시중(拈花示衆) 모두 들어 있습니다.

특히 사토 스님이 "스님은 만년의 경계와 초년의 경계가 같습니까, 다릅니까?"라고 물었을 때 한암 스님은 "모릅니다."라고 대답합니다. 같다고 해도 그른 대답이 되고, 다르다고 해도 그른 대답이 됩니다. 왜냐하면 만년의 경계나 초년의 경계나 모두 시·공간 속에 존재하는 유위법 세계의 일일 뿐인데, 이를 비교하여 대답하는 것은 유위법에 머문다는 의미이기 때문입니다.

한암 스님의 '모릅니다'라는 대답은 'I don't know'가 아니라 'I don't care'의 의미로서의 '모릅니다'입니다. 달마대사의 '모릅니다(不識)'로 보면 됩니다. 유위법의 세계에서 나의 모습이 어떻게 변해 왔든 이는 당연히 無常하고 無我이기 때문에 나는 상관하지 않는다는 의미인 것입니다.

제5절에서 덕산 스님과 노파의 이야기를 소개하였습니다. 덕산 스님이 점심(點心)거리로 떡을 청하니, 노파는 스님이 점심(點心)을 찾으시는데, 금강경에 '過去心不可得 現在心不可得 未來心不可得'이라고 했는데, 어느 마음에 점을 찍으려고(點心) 하느냐고 묻습니다. 덕산 스님은 대답하지 못했습니다. 그렇다면 어떻게 대답을 했어야 했을까요?

달마대사나 한암 스님처럼 '모릅니다(不識)'라고 대답해야 했습니다. '그딴 거 모릅니다. 그런 거 관심도 없습니다.'라는 의미의 '모릅니다(不識)'라고 대답을 하거나, 아예 짚신을 머리에 이고 가버려야 했습니다.

2. 도인(道人)의 일상

금강경의 본격적인 가르침은 제1절에서 묘사되듯이 '이때' 세존께서 밥 먹을 시간이 되어 가사를 입고 발우를 들고 사위대성에 들어가서 성안에서 차례로 걸식을 마치고 본래 처소로 돌아와 식사를 마친 뒤, 가사와 발우를 거두고 발을 씻은 다음, 자리를 펴고 앉으신 다음 시작합니다.

여기서 '이때'는 특별한 때라기보다는 수행자의 일상생활 속 평범한 한때라고 보아야 더욱 의미가 있다고 말씀드린 바가 있습니다. 운문문언(雲門文偃, 864~949) 스님은 '일일시호일(日日是好日, 날마다 좋은 날)'이라고 하며 일상적인 날에 특별한 의미를 두며 차별을 두는 것은 피합니다.

이러한 일상에서 도(道)를 찾는 의미에서 조주 스님의 '끽다거(喫茶去)' 화두를 본문에서 소개한 바가 있습니다. 조주 스님은 "개에게도 불성이 있습니까?"라는 질문에 "없다"라고 대답한 '무자화두(無字話頭)'로도, "달마가 서쪽에서 오신 뜻이 무엇입니까?"의 질문에 "뜰 앞의 잣나무다."라고 대답한 '정전백수자(庭前栢樹子)' 화두로도 대단히 유명한 분입니다.

그런데 화두에 가려서 그렇지 조주 스님이 스님의 일상을 자시

(子時)부터 해시(亥時)까지 12단락으로 나누어 표현한 '십이시가(十二詩歌)'도 꼭 소개하고 싶은 시라, 밥 먹는 것과 차 마시는 것과 관련된 오전 7시부터 오후 1시까지의 일상을 본문에 넣었다가 분량상 에필로그에 소개하고자 합니다. 읽다 보면, '도인(道人)'의 일상이나 우리 일상이나 하는 생각이 듭니다. 조주 스님이 120세까지 장수하신 걸 보면, 마음 관리도 상당히 잘하신 듯합니다. 유머 감각도 좋으시고, 천진난만한 투정도 볼 수 있습니다.

- 食時辰 (辰時, 07시~09시)
  식 시 진   진 시

煙火徒勞望四鄰	연기 불에 사방 이웃을 부질없이 살펴보네
연 화 도 노 망 사 린	
饅頭餠子前年別	만두와 떡은 작년에 이별했고,
만 두 병 자 전 년 별	
今日思量空嚥津	오늘 생각하니 헛되이 침만 삼켜지네
금 일 사 량 공 연 진	
持念少 嗟歎頻	생각은 잠깐인데, 한탄은 자주 나네
지 념 소 차 탄 빈	
一百家中無善人	백 집 중에 착한 사람이 없고,
일 백 가 중 무 선 인	
來者祇道覓茶喫	오는 사람은 오로지 차 마실 것을 찾는다
내 자 기 도 멱 다 끽	
不得茶噇去又嗔	차를 마시지 못하고 가면 또 화를 낸다.
부 득 차 당 거 우 진	

- 禺中巳 (巳時, 09시~11시)
  우 중 사   사 시

削髮誰知到如此	머리 깎아 이렇게 될 줄 누가 알았겠는가
삭 발 수 지 도 여 차	
無鄲被請作村僧	이유 없이 시골 중이 되도록 청을 받아서
무 단 피 청 작 촌 승	
屈辱飢悽受欲死	굴욕, 굶주림, 슬픔을 받아 죽고 싶은데
굴 욕 기 처 수 욕 사	

胡張三 黑李四	장씨셋, 이씨넷(張三李四, 일반 사람들)은
恭敬不曾生些子	공경심은 조금도 생긴 적이 없는데
適來忽爾到門頭	방금 불쑥 문 앞에 도착해서
唯道借茶兼借紙	차를 빌리고 종이도 빌린다고 말하네.

- 日南午 (午時, 11시~13시)

茶飯輪還無定度	차와 밥이 돌고 돌아 일정한 법이 없는데
行卻南家到北家	남쪽 집을 떠나 북쪽 집에 도달하려
果至北家不推註	북쪽 집에 도착하니 핑계를 대지 않는다.
苦沙鹽 大麥醋	쓴 소금과 보리 식초
蜀黍米飯虀萵苣	수수 쌀밥과 절임 상추
唯稱供養不等閑	오직 공양을 칭하며 소홀히 하지 않는다
和尙道心須堅固	스님의 도심은 반드시 견고해야 한다네.

3. 대승비불설(大乘非佛說)

 석가모니의 말씀을 모은 것을 '경(經)'이라고 한다고 했으면, '금강경'도 '경'이니, 당연히 석가모니의 말씀이어야 할 것인데, 금강경의 내용이나 성립연대 등을 고려해 보면 금강경이 정말 석가모니의 말씀인지에 대한 의문이 제기됩니다. 이러한 '대승불교의 가르침은 석가모니의 가르침이 아니다.'라는 '대승비불설(大乘非佛說)'은 불교계에 큰 논란을 가져왔습니다.

　인도에서는 초기 대승불교 성립과 함께 대승경전에 대한 비불설론이 시작되었습니다.[123] 이는 대승으로부터 소승이라고 무시를 받아 온 부파(部派) 측으로부터 제기됩니다.

　중국에서는 AD 1세기 불교가 전해질 무렵부터 대승불교가 주류가 되어 전해졌기에 이때 전해진 대승경전이 불설(佛說 석가모니가 직접 하신 말씀이다.)이라는 데 의심이 없었습니다. 심지어는 '교상판석(敎相判釋)'이라 하여, 모든 경전을 석가모니 부처님의 말씀으로 이해하여 이를 분류하고 판단하는 작업을 하기도 하였습니다.

　역사적으로 삼론종(三論宗)은 2장3륜교(二藏三輪敎), 천태종(天台宗)은 5시8교(五時八敎), 법상종(法相宗)은 3교8종(三敎八宗), 화엄종(華嚴宗)은 5교10종(五敎十宗) 등을 내놓았는데, 그중에서 가장 유명한 것은 역시 천태종(天台宗)의 5시8교(五時八敎)입니다. 이 오시팔교에 대해서는 스님들 법문에도 자주 인용되고, 각종 블로그에도 종종 올라오므로 간단히 살펴보겠습니다.

　오시팔교(五時八敎)는 중국의 천태대사(天台大師) 지의(智顗, 538~597)가 정립한 중국 천태종(天台宗)의 교판(敎判)입니다. 오시팔교는 석가모니의 교설 시기를 분류하여 '오시(五時)'라 하고, 교설 방법을 분류하여 '화의사교(化儀四敎)', 교설 내용을 분류하여 화법사교(化法四敎), 합해서 팔교(八敎)라 하여 오시팔교(五時八敎)가 되었습니다.

　가장 유명한 것은 석가모니의 교설 시기별로 경전을 구분한 오시

---

[123] 홍순우(신해), '초기 대승불교 교단의 성립과 조직에 대한 一考 -諸異說을 중심으로', 정토학연구 제20집 (2013), 199면.

(五時)입니다.

화엄시 (華嚴時)	성도 후 21일 동안 화엄경을 설한 시기
아함시 (阿含時)	이후 12년 동안 아함경을 설한 시기
방등시 (方等時)	이후 8년 동안 유마경, 금광명경, 능가경 등 방등부의 경전을 설한 시기
반야시 (般若時)	이후 22년 동안 반야부 경전을 설한 시기
법화열반시 (法華涅槃時)	최후 8년 동안 법화경을 설하고 입멸시에 열반경을 설한 시기

그런데 대승비불설(大乘非佛說)은 이러한 교판상석(教相判釋)의 작업이 다 역사적 무지에서 나온 작업으로 평가합니다. 특히 교설 시기에 따른 구분, 성도 후 21일간은 화엄경을 설했고, 이후 12년간은 아함경을 설했고, 이후 8년간은 방등부의 경전, 이후 22년간은 반야부의 경전을 설했다는 등의 구분은 너무나 작위적이라는 것입니다. 학문적으로는 18세기 일본에서 제기되기 시작합니다. 일본도 중국불교의 영향을 받아 초기에는 모든 경전은 석가모니의 말씀이며, 대승경전 역시 석가모니의 말씀(佛說)이라고 믿고 있었습니다. 그러던 것이 도미나가 나카모토(富永仲基, 1715~1746)[124]가 1745년

---

124 도미나가는 32세로 요절한 천재였습니다. '출정후어(出定後語)'라는 책 제목도 도미나가가 스스로 선정에 들어가 진리의 바다에 머문 뒤, 선정에

에 출판한 '출정후어(出定後語)'라는 책에서 불경의 문헌학적 성립의 문제를 거론하여 이른바 '대승비불설(大乘非佛說)'을 제기했습니다.[125] 그의 연구는 오늘날 경전성립사 연구 성과와 거의 일치한다고 평가됩니다.

그렇다면 이 대승비불설에 대한 한국 불교의 입장은 어떨까요? 제가 이 문제에 대하여 이러쿵저러쿵 설명하기보다는 성철 스님이 직접 법문으로 견해를 밝히신 부분을 소개하면서 설명을 대신하고자 합니다.

성철 스님은 1967년 해인총림의 초대 방장으로 추대되고 그해 동안거 때 대중에게 소위 '백일법문'[126]을 하셨는데, 그 법문 중에 '대승비불설'에 대한 스님의 견해를 들을 수 있는 부분이 있습니다. 지금도 인터넷에 '백일법문 대승비불설'이라고 검색하면 이에 대한 스님의 생생한 법문을 들을 수 있습니다.

> "예전에는 '경'이라고 하면 당연히 석가모니 부처님이 설한 것으로 알았는데, 학문이 발달하면서 '경'이 어느 시대에 성립되었다고 하는 것이 판명되어 버렸습니다. 예를 들어 '화엄경', '법화경' 같은 경도 부처님 돌아가시고 난 뒤 상당한 시일 적어도 100년, 200년, 300년 간격을 두고 있습니다. 부처님이 친히 설한 건 절대 아니에요. 화엄경의 '십지경(十地經)', '행원품(行

서 나온 후에 이를 말한다는 의미에서 이렇게 지었습니다.
125 정승석, '불전해설사전', 민족사, 1989, 324-326면.
126 1967년 12월 4일에 시작하여 1968년 2월 18일까지 약 석달동안 진행되어 흔히 백일법문이라고 부릅니다.

願品)'의 범본(梵本)이 그대로 전해 내려오고, '법화경' 원본 범문을 언어학적 등으로 여러 가지 검토해 본 결과 부처님 당시에 성립된 말이나 글이 아니라는 것이 완전히 판명되었습니다.

원교(圓敎)는 화엄(華嚴), 법화(法華)를 말하는 것이고, 화엄·법화가 부처님 당시에 친히 설한 것이 아니고 그 뒤에 성립이 되었다 하면 내가 지금 중도(中道)를 가지고 부처님 근본 사상이라 하는 건 거짓말이 되어 버리고 밑바탕이 다 무너져 버립니다. 부처님 당시에 말한 게 아닌데 그걸 가지고 부처님 돌아가신 몇백 년 뒤에 성립된 경전을 가지고 부처님 사상이라 하고, 불교의 근본원리라 말하게 되면 다 낯을 쳐다보게 되는 것입니다. 근본 부처님 때에 성립된 경이 아닌데 그걸 가지고 부처님 사상이라고 하면 말이 되는가? 그래서 '대승비불설'은 어느 정도 확증이 서버렸습니다. 그러면 소승불교 즉 '아함(阿含)'이나 이것은 부처님이 설한 것인가 하면, 이것도 언어학적으로 연구해 보니, 그 '아함'이라 하는 것도 전체 다 부처님이 친히 설하지 않은 것으로 판명이 되어 버렸습니다.

그럼 우리가 불교를 어디서 어떻게 종(宗)을 잡아서 근거를 잡아야 하는지 학자들이 많은 연구를 하였습니다. 그중에 제일 큰 공을 세운 사람이 일본의 우정(宇井)[127]입니다. 모든 경은 대승경은 말할 것도 없고, 아함, 남전(南傳)까지도 전부가 다 부처님이 설한 것은 아니라는 것이 판명되었는데, 우리가 어떻게 해야 부처님의 근본 사상을 알 수 있을까요?

---

127 우이 하쿠주(宇井伯寿, 1882~1963)는 일본의 조동종(曹洞宗) 승려이자, 불교학자입니다. 나카무라 하지메(中村元, 1912~1999)의 스승입니다.

첫째는 부처님에 대한 중요한 사적(史蹟)들, 부처님에 대한 기록들을 기초로 삼고, 둘째는 부처님 당시의 일반 사상을 참고를 하고, 그리고 경율론 가운데 부처님 당시에 꼭 설했을 것이라는 최고(最古) 부분이라고 인정되는 걸 종합하면 부처님이 친히 설한 것을 발견할 수 있습니다. 이것을 기본으로 부처님의 근본불교를 우리가 알려고 노력해야지 그렇게 하지 않고 무조건 무엇이든지 '여시아문(如是我聞)' 한 건 부처님 말씀이니까 무조건 신(信)해야 한다, 이게 다 부처님 친설이다 하면 미친 사람 취급을 받아 버립니다.

  그럼 우리가 어디에서 우리 불교의 부처님 근본 사상을 파악할 수 있고, 발견할 수 있는가? 학자들이 많이 연구를 하고 노력을 한 결과 어디서 우리 불교의 근본 기반을 세웠느냐 하면 대승경, 소승경도 아닌 율장을 많이 신빙을 했습니다. 율장은 시대적으로 보든지 언어학적으로 보든지 그 당시의 사실 그대로를 기록해 내려왔어요. 거기에는 중간에 삽입하고 한 것이 더러 있지만 근본적으로는 중간에 가필한 것이 적습니다. '율장'이 정확하지 않나 학자들이 판단을 내렸습니다. '율장' 가운데서도 부처님이 최초로 법문한 '초전법륜'은 어느 학자라도 가장 최고(最古)고 확실하다는 것을 의심하는 사람은 없습니다."

🔰 4. 반야심경 이야기

현장(玄奘) 스님은 이 금강경을 '능단금강반야바라밀다경(能斷金剛般若波羅蜜多經)'이라 하였는데, 이는 600권 '대반야바라밀다경'의 577권에 들어있는 '능단금강분(能斷金剛分)'에 해당합니다. 이것은 금강경이 하나의 독립적인 경전일 수도 있지만, 반야경 모음 가운데 하나였을 가능성도 있음을 보여주고, 다른 반야부 경전과도 조화를 이루어 해석해야 할 필요가 있다는 것을 의미하기도 합니다.

금강경 안의 특정 문구는 금강경 전체와 조화를 이루어 해석되어야 할 뿐 아니라 다른 반야부 경전과도 조화를 이루어야 합니다. 제가 모든 반야부 경전을 공부할 수는 없는 일이고, 이 책을 쓰면서 막히는 부분이 있으면 참조한 경전은 '팔천송반야경'과 '반야심경'이었습니다.

특히 반야심경은 제목에서 알 수 있듯이, 반야경의 핵심(核心)을 뽑았다고 하여 '반야심경(般若心經)'입니다. 아예 '심경(心經)'이라고도 합니다. 마음의 경전이 아니라 핵심경전이라는 의미입니다. 금강경을 해석하다 막히면 반야심경을 처음부터 마음속으로 외우면서 그 의미를 곱씹곤 하였습니다. 반야심경이 반야경의 핵심이라는 말은 금강경의 핵심이라는 말도 되기 때문입니다. 반야심경의 메시지는 앞부분에 압축되어 있습니다.

觀自在菩薩 行深般若波羅蜜多時 照見五蘊皆空 度一切苦厄
관자재보살 행심반야바라밀다시 조견오온개공 도일체고액

'관자재보살이 깊은 반야바라밀을 행할 때 오온이 모두 공한 것을

보고 일체고액에서 벗어났다.'

관자재보살은 관세음보살입니다. 구마라집은 관세음보살로 번역하고, 현장은 관자재보살로 번역하였습니다. 중요한 사실은 첫머리가 부처나 여래로 시작하는 것이 아니라, 보살로 시작한다는 사실입니다. 보살의 길을 가르치는 대승경전이라는 것을 알 수 있습니다.

이 관자재보살이 깊은 반야바라밀을 행할 때, '오온(五蘊)'이 모두 '空'하다는 것을 밝게 비추어 보고, 일체의 고통에서 벗어납니다. 그런데 여기서 '空'을 텅 비어 있는 허무로 보아서는 안 됩니다. 세상만사 다 허무하니 거기에 집착할 필요가 없고, 집착을 하지 않으니 일체의 고난에서 벗어난다는 의미로 해석하면 곤란하다는 뜻입니다. 다음 문장을 살펴봅니다.

舍利子 色不異空 空不異色 色卽是空 空卽是色
사리자 색불이공 공불이색 색즉시공 공즉시색

'사리자여! 색이 공과 다르지 않고, 공이 색과 다르지 않다. 색이 곧 공이고, 공이 곧 색이다.'

'오온개공(五蘊皆空)'이라고 했으니, 色을 주어로 한 '色不異空'이나 '色卽是空'이라고만 하면 충분할 것 같은데, 뒤에 각각 空을 주어로 한 '空不異色'과 '空卽是色'이 붙어 있습니다. 이 덧붙임, 色을 주어로도 하고 空을 주어로도 하여 어느 한쪽도 중요하지 않음이 없음을 이야기하고, 상반된 것으로 보이는 色과 空을 '즉(卽)'으로 연결하는 것이 반야심경의 핵심입니다. 色(五蘊)은 空에서 나오고, 空

은 色(五蘊)을 통해서 나투어지므로 양자(兩者)가 동등하게 중요하고, '卽'으로 연결된다고 말할 수 있습니다.

이는 용수보살의 중론(中論)에 나오는 '진속이제(眞俗二諦)'와도 연결이 됩니다. '진속이제(眞俗二諦)'는 진제(眞諦)와 속제(俗諦)를 통칭하는 용어로, 속제(俗諦)는 일상생활에서 경험하는 현실과 지식을 의미하고, 진제(眞諦)는 제일의제(第一義諦)라고도 하는데, 空과 無我를 깨닫는 절대적 진리를 의미합니다. 이 둘의 관계에 대하여 용수는 중론에서 다음과 같이 설명합니다.

속제에 의지하지 않으면 제일의제를 얻지 못한다.
제일의제를 얻지 못하면 열반에 이를 수 없다.

不依俗諦 不得第一義
불 의 속 제 부 득 제 일 의
不得第一義 卽不能涅槃
부 득 제 일 의 즉 불 능 열 반

용수보살은 속제에 의지하지 않고서는 제일의제를 이해하거나 깨달을 수 없다고 합니다. 즉, 色을 버리고, 空을 얻는다는 것은 반야경의 가르침이 아닙니다. 금강경도 같은 맥락에서 이해되어야 합니다. 흔히 금강경은 空이라는 말이 한 번도 나오지 않지만 空의 사상을 대변한 불경이라고 이야기합니다. 그렇지만 이 설명은 조금 부족합니다. 반야심경이 空만 설명하지 않고, 色(五蘊)과 空을 '즉(卽)'으로 연결하듯이 금강경도 空만 대변한 불경이 아니라 色(五蘊)의 세계에 대한 통찰도 담고 있고, 이 양자가 왜 '즉(卽)'으로 연결될 수 있는지에 대한 설명을 담고 있습니다.

금강경에서 자주 보이는 '卽非 구조: A卽非A(A는 곧 A가 아니다)'를 반야심경 식으로 풀이하면 '色卽是空 空卽是色'처럼 'A卽是非A 非A卽是A'가 됩니다. 현상계의 A는 실체가 없는 無我(空)이고, 無我(空)는 현상계의 A에서 확인할 수 있다는 의미입니다. 그러므로 번뇌즉보리(煩惱卽菩提), 생사즉열반(生死卽涅槃)이란 말이 가능하게 됩니다.

受想行識 亦復如是
수 상 행 식   역 부 여 시
'수상행식도 또한 이와 같다.'

오온의 나머지 요소인 수상행식도 역시 마찬가지란 말은 수상행식도 각각 다음과 같이 쓸 수 있다는 의미입니다. 줄이지 않고 길게 늘여 쓴다면 다음과 같은 문장이 됩니다.

受不異空 空不異受 受卽是空 空卽是受
수 불 이 공   공 불 이 수   수 즉 시 공   공 즉 시 수
想不異空 空不異想 想卽是空 空卽是想
상 불 이 공   공 불 이 상   상 즉 시 공   공 즉 시 상
行不異空 空不異行 行卽是空 空卽是行
행 불 이 공   공 불 이 행   행 즉 시 공   공 즉 시 행
識不異空 空不異識 識卽是空 空卽是識
식 불 이 공   공 불 이 식   식 즉 시 공   공 즉 시 식

위 긴 문장들은 간단하게 '受想行識 亦復如是'라고 쓴 것입니다.
수 상 행 식   역 부 여 시
'색수상행식'이 '오온'을 가리키는 말이니 이 문장들을 축약하면, '五蘊不異空 空不異五蘊 五蘊卽是空 空卽是五蘊'이 될 것이고, 더 압
오
온 불 이 공   공 불 이 오 온   오 온 즉 시 공   공 즉 시 오 온
축하면 오온에서 공을 찾고, 공에서 오온을 찾는 '중도(中道)'로 표현할 수 있을 것입니다. 즉 보살의 길로 '중도(中道)'를 가르치는 것

이 반야심경이고 금강경입니다.

5. 법화경 이야기

금강경을 읽으면 많은 복덕을 얻는다고 합니다. 그런데 그래도 종교라면 뭔가 일상사에 막힐 때 기도도 하고 소원도 비는 그런 대상이 있어야 할 것인데 금강경만으로는 기도의 대상을 찾을 수 없어 저는 아쉬움이 좀 있었습니다. 그래서 저는 '천수경'과 '법화경 관세음보살보문품'을 나름 기도의 소의경전(所依經典)으로 삼고 있습니다. '천수경(千手經)'은 경 이름대로 천 개의 손과 천 개의 눈을 가진 관세음보살에 대한 경전이고, '법화경 관세음보살보문품'은 그야말로 관세음보살에 관한 품(品)입니다. 그런데, 법화경은 대단히 독특한 경전으로 꼭 소개하고 싶은 부분이 있어 아래에 간단히 설명하고자 합니다.

구마라집이 번역한 '묘법연화경(妙法蓮華經)'을 줄여서 '법화경'이라고 합니다. 천태종의 소의경전입니다. '남묘호렌게쿄' 불리는 '국제창가학회(SGI)'는 묘법연화경 자체에 귀의한다는 의미에서 '나무아미타불' 염불하듯이 진언으로 '나무묘법연화경(南無妙法蓮華經 なむみょうほうれんげきょう)' 진언 수행을 매우 중요시합니다. 발음 때문에 '남묘호랑교'로 잘못 들리기도 하지만, 불경 이름 자체가 진언이 됩니다. 법화경은 28품으로 이루어져 있는데, 제24품이 '관세음보살보문품(觀世音菩薩普門品)'으로 이 품만 독립하여 '관

음경(觀音經)'이라고 하여 많이 독송 되고 있습니다.

그런데 이 법화경에서 충격적인 것은 석가모니의 모습과 설법의 내용이 상당히 파격적이라는 점입니다. 법화경에서의 석가모니는 왕궁을 떠나 출가하여 성불한 것이 아니라 사실은 이미 백천만겁 전에 성불하였고, 인간으로서 태어난 석가모니는 일시적으로 인간의 모습을 하고 중생 구제를 위해 나타났을 뿐, 그 본체는 법신(法身)이라고 말합니다. 지금까지의 모든 설법은 사실 방편이었다는 것입니다. 즉 과거세에 수기를 받았다는 이야기나 장차 열반한다는 이야기, 젊어서 출가하여 성불했다는 것도 사실 방편이라는 것입니다. 좀 더 노골적으로 말하면 이러한 말들이 다 거짓말이라는 것입니다.

법화경에서는 이러한 내용을 비유로써 설명하는 부분이 나오는데, 특히 중요한 일곱 가지 비유를 '법화칠비(法華七譬)' 또는 '법화칠유(法華七喩)'이라 하여 많이 회자되므로 간단히 언급하겠습니다.

법화칠비는 (1) 삼거화택(三車火宅)의 비유(火宅喩), (2) 장자궁자(長者窮者)의 비유(窮子喩), (3) 삼초이목(三草二木)의 비유(藥草喩), (4) 화성보처(化城寶處)의 비유(化城喩), (5) 계중명주(契中明珠)의 비유(契珠喩), (6) 빈인계주(貧人繫珠)의 비유(衣珠喩), (7) 양의병자(良醫病子)의 비유(醫子喩)입니다.

(1) 삼거화택(三車火宅)의 비유 (火宅喩)

'방편품(方便品)'에 나오는 유명한 비유입니다. 어느 나라에 부자인 장자가 살고 있었습니다. 그의 집은 대저택임에도 문이 하나밖에 없었습니다. 어느 날 장자의 아이들이 집 안에서 놀고 있었는데 갑자기 불이 났습니다. 장자는 아이들을 구하기 위해 빨리 집에서 뛰어나오라고 외쳤으나 아이들은 노는데 정신이 팔려 아버지의 외치는 소리에도 계속 놀았습니다. 그러자 장자는 방편을 써서 아이들을 구하려고 생각하고 크게 외쳤습니다.

"얘들아. 여기 양이 끄는 수레(羊車), 사슴이 끄는 수레(鹿車), 소가 끄는 수레(牛車)가 있어. 빨리 나와서 가지고 놀아."

아이들은 이 말을 듣고 집 밖으로 뛰어나왔습니다. 그리고 아버지에게 "말씀하신 양거(羊車)·녹거(鹿車)·우거(牛車)를 주세요."라고 했습니다. 그러나 장자는 이 세 수레를 준 것이 아니라 흰 소가 끄는 수레(大白牛車)를 주었습니다.

이 비유에서 불타는 집(火宅)은 짐작하시듯이 미혹에 빠져 있는 이 세상을 말하고, 아이들은 이 세상이 위험하다는 것을 모른 채 그저 하루하루를 살아가는 범부들을 말합니다. 그렇다면 이 세 가지 수레와 흰 소가 끄는 큰 수레는 무엇을 의미할까요?

여기에 법화경의 놀라움과 획기성이 있습니다. 양이 끄는 수레는 성문승(聲聞乘), 사슴이 끄는 수레는 연각승(緣覺乘), 소가 끄는 수레는 보살승(菩薩乘)입니다. 이 성문·연각·보살이 사실은 모두 부처님이 범부를 화택에서 끌어내기 위해 쓴 방편에 불과하고, 흰 소가 끄는 수레, 일불승(一佛乘)만이 진짜라는 것입니다. 이를 '회삼귀일(會三歸一)'이라고 하여 성문승, 연각승, 보살승의 3승이 일불승(一佛乘)으로 통일되는 것을 말합니다.

무슨 말인가요? 석가모니가 사성제와 12연기의 수행으로 열반에 도달할 수 있다고 성문승과 연각승의 가르침을 펴 왔는데, 사실 이 방법으로는 성불할 수 없고, 부처님은 진정한 가르침은 오직 일불승만이 있다는 것입니다. 이를 '삼승방편 일승진실(三乘方便 一乘眞實)'이라고 부릅니다. 불교의 목적은 일체중생의 성불에 있지, 개인을 위한 성불의 방법은 방편일 뿐 진실한 가르침이 아니라는 것입니다.

(2) 장자궁자(長者窮子)의 비유 (窮子喩)

장자궁자(長者窮子), 직역하면 부자인 장자의 가난한 아들이라는 의미인데, '신해품(信解品)'에 나옵니다. 어떤 사람이 어렸을 때 아버지와 헤어져서 수십 년 동안 거지(窮子)로 방랑 생활을 했는데, 그동안 아버지는 커다란 부자(長者)가 되었습니다. 아버지는 아들을 찾았지만 찾지 못하였고, 아들은 떠돌다가 거지 행색으로 아버지가 살고 있는 마을에 도달하게 되었습니다. 아들은 동냥을 하려고 그 부잣집으로 갔지만, 으리으리한 집과 여러 하인을 거느리고 있는 부자의 모습에 기가 죽어 여기는 동냥할 곳이 아니라고 생각하여 도망치듯 사라져 버렸습니다. 하지만 멀리서 그를 본 부자는 그가 그동안 찾아오던 아들임을 알아보고 하인을 시켜 데려오게 하였지만, 하인에게 붙들려온 아들은 겁이 나서 기절해 버렸습니다.

그 모습에 부자는 어리석은 아들을 이끌기 위해서는 방편을 쓸 수밖에 없다고 생각했습니다. 아들은 깨어났지만, 자신이 아버지라는 사실을 알리지 않은 채 그냥 떠나가게 했습니다. 그는 하인들을 시켜 아들을 찾아다가 허드렛일을 시키기도 하고, 자신도 누더기를 입고 아들에게 접근하여 함께 궂은일을 하면서 친해졌습니다.

그 후 아버지는 아들에게 너는 나의 아들과 같다고 하면서 집안일을 시켰습니다. 시일이 지나고 서로 믿음이 생기자 아들은 출입을 어려워하지 않았습니다. 그 후 장자는 집안의 재물과 창고를 모두 아들로 하여금 다스리도록 하였고, 아들의 마음이 점점 커짐을 알고 재물을 모두 물려주었습니다.

이 비유에서 장자는 부처님을 뜻하고 궁자는 중생을 말합니다. 부처님의 입장에서 준비되지 않은 중생에게 갑자기 "네가 나의 아들이다."라고 말하면 오히려 역효과가 날 것이므로 방편을 써서 깨달음으로 이끈다는 것입니다. 아들이 원래 장자의 아들이었듯이 중생도 모두 부처로부터 불성을 받은 불자(佛子)라는 것입니다. 아들이 부유한 장자가 자신의 아버지라고는 생각하지 못하는 것처럼, 중생도 사실은 헤매고 있지만, 불성(佛性)을 구비하고 있기에 깨닫기만 하면 성불(成佛)할 수 있다는 의미입니다.

(3) 삼초이목(三草二木)의 비유 (藥草喩)

'약초유품(藥草喩品)'에 나오는 비유입니다. 모든 초목이 똑같이 비를 맞더라도 풀과 나무의 종류와 특성에 따라 성장도 다르고 발현도 다르듯이, 중생도 근기(根機)의 차이가 있기 때문에 부처님은 다양한 방편으로 교화한다는 의미입니다.

(4) 화성보처(化城寶處)의 비유 (化城喩)

'화성유품(化城喩品)'에 나오는 비유입니다. 여기서 화성(化城)은 가짜로 만들어진 신기루 같은 성을 의미하고, 보처(寶處)는 여래가 진실로 이끌고자 하는 곳입니다. 어떤 리더가 대중을 이끌고 보처(寶處)를 향해 떠났는데, 길은 멀고 대중은 지쳐 더 이상 갈 수 없게 되었습니다. 이때 이 리더는 신통을 써서 앞에 신기루 같은 화성(化城)을 만들어놓고 저기까지만 가면 고생이 끝날 것이니 힘을 내고 저기까지만 가자고 독려했습니다. 대중이 힘을 내서 그 성에 도달하자, 리더는 보처가 바로 앞에 있으니 조금만 힘을 내라고 격려하면서 대중을 이끌고 보처에 도달하였다는 이야기입니다. 여기서도 화성은 보처에 가기 위한 방편일 뿐입니다.

(5) 계중명주(髻中明珠)의 비유 (髻珠喩)

'안락행품(安樂行品)'에 나오는 비유입니다. 여기서 계(髻)는 상투를 의미합니다. 왕이 가신들에게 상을 줄 때, 최후까지도 자기 상투 속 구슬은 주지 않듯이, 법화경은 여래가 감히 주지 않는 최후·최고의 법이라는 의미입니다.

(6) 빈인계주(貧人繫珠)의 비유 (衣珠喩)

'오백제자수기품(五百第子授記品)'에 나오는 비유입니다. 어떤 가난한 사람이 관리였던 친구의 집을 방문하여 술대접을 받고 만취가 되어 잠들고 말았습니다. 이때 친구는 급한 용무로 출타해야 했으므로, 잠들어 있는 친구의 옷 속 깊이 보배 구슬을 꿰매 주었습니다.

　깨어난 이 사람은 그 사실을 전혀 모른 채 여러 나라를 유랑하면서 고생하고 여전히 가난하게 살았습니다. 그 후 옛날의 친구를 다시 만나게 되자, 친구는 보배 구슬의 일을 물었고, 그는 보배 구슬을 발견할 수 있었습니다. 이 이야기도 우리가 몰라서 그렇지 알기만 하면 우리가 가지고 있는 보배 구슬을 바로 발견할 수 있다는 것을 이야기합니다.

(7) 양의병자(良醫病子)의 비유 (醫子喩)

　'여래수량품(如來壽量品)'에 나오는 비유입니다. 한 뛰어난 의사(良醫)가 외국에 간 사이 그의 아이들이 독을 마시고 중독이 되었습니다. 이 의사는 해독제를 만들어 처방하였는데, 일부 아이들은 약을 먹고 나았는데, 약을 먹으려 하지 않는 아이들도 있었습니다. 그러자 이 의사는 다시 외국으로 나간 뒤 아버지가 죽었다는 소식을 전하게 하였습니다. 이 소식을 들은 아이들은 정신을 차리고 해독제를 먹고 고통에서 벗어났고, 그제서야 이 의사는 자신이 무사하다는 모습을 보여주었다는 이야기입니다. 이 비유는 부처는 원래 입멸하지 않았지만, 미망에 사로잡힌 중생이 제정신을 차리게 하기 위하여 세상을 떠난 모습을 보였다는 것입니다.

　그런데 이 교리에 대한 여러 품(品)보다 더 인기 있는 것은 아마 제25품 관세음보살보문품(觀世音菩薩普門品)이 아닌가 합니다. 불교가 스스로 깨닫는 자력신앙(自力信仰)이라고는 하지만, 그래도 약한 것이 사람인지라 어딘가 의존하고 기도하고 싶은 마음을 관세음보살보문품은 잘 보듬어 주기 때문입니다. 그래서 주위에는 법화경은 잘 모르더라도 '관음경'이라 하여 관세음보살보문품은 잘 알고, 매일 이 品을 한 번씩 읽고 기도하는 분이 적지 않습니다.

이 관세음보살보문품은 인생의 어떤 어려운 난관이 있더라도 '나무관세음보살'만 외우면 모든 액난에서 벗어날 수 있다고 하여 인생이 고(苦)인 사람들에게 힘을 줍니다. 특히 제가 좋아하는 부분은 관세음보살이 '내가 관세음보살이니라'하고 등장해서 자비를 베푸는 것이 아니라는 점입니다. 다음은 관세음보살보문품의 한 부분입니다.

부처의 몸으로 제도할 이에게는
관세음보살이 부처의 몸을 나타내어 법을 설하고,
應以佛身得度者 觀世音菩薩 卽現佛身 而爲說法
응 이 불 신 득 도 자 관 세 음 보 살 즉 현 불 신 이 위 설 법

벽지불의 몸으로써 제도할 이에게는
벽지불의 몸으로 나타내어 법을 설하시며
應以辟支佛身得度者 卽現辟支佛身 而爲說法
응 이 벽 지 불 신 득 도 자 즉 현 벽 지 불 신 이 위 설 법

성문의 몸으로 제도할 이에게는
성문의 몸을 나타내어 법을 설하고,
應以聲聞身得度者 卽現聲聞身 而爲說法
응 이 성 문 신 득 도 자 즉 현 성 문 신 이 위 설 법

범천왕의 몸으로 제도할 이에게는

범천왕의 몸을 나타내어 법을 설하며,

應以梵王身得度者 卽現梵王身 而爲說法
응 이 범 왕 신 득 도 자 즉 현 범 왕 신 이 위 설 법

제석천의 몸으로 제도할 이에게는

제석천의 몸을 나타내어 법을 설하며,

應以帝釋身得度者 卽現帝釋身 而爲說法
응 이 제 석 신 득 도 자 즉 현 제 석 신 이 위 설 법

자재천의 몸으로 제도할 이에게는

자재천의 몸을 나타내어 법을 설하고,

應以自在天身得度者 卽現自在天身 而爲說法
응 이 자 재 천 신 득 도 자 즉 현 자 재 천 신 이 위 설 법

대자재천[128]의 몸으로 제도할 이에게는

대자재천의 몸을 나타내어 법을 설하며,

應以大自在天身得度者 卽現大自在天身 而爲說法
응 이 대 자 재 천 신 득 도 자 즉 현 대 자 재 천 신 이 위 설 법

천대장군[129]의 몸으로 제도할 이에게는

천대장군의 몸을 나타내어 법을 설하며,

應以天大將軍身得度者 卽現天大將軍身 而爲說法
응 이 천 대 장 군 신 득 도 자 즉 현 천 대 장 군 신 이 위 설 법

---

128 힌두교의 시바(Siva)
129 전륜성왕, 여기서는 천상의 대장군

비사문[130]의 몸으로 제도할 이에게는

비사문의 몸을 나타내어 법을 설하고,

應以毘沙門天身得度者 卽現毘沙門天身 而爲說法
응 이 비 사 문 천 신 득 도 자 즉 현 비 사 문 천 신 이 위 설 법

소왕의 몸으로 제도할 이에게는

소왕의 몸을 나타내어 법을 설하며,

應以小王身得度者 卽現小王身 而爲說法
응 이 소 왕 신 득 도 자 즉 현 소 왕 신 이 위 설 법

장자의 몸으로 제도할 이에게는

장자의 몸을 나타내어 법을 설하고,

應以長者身得度者 卽現長者身 而爲說法
응 이 장 자 신 득 도 자 즉 현 장 자 신 이 위 설 법

거사의 몸으로 제도할 이에게는

거사의 몸을 나타내어 법을 설하며,

應以居士身得度者 卽現居士身 而爲說法
응 이 거 사 신 득 도 자 즉 현 거 사 신 이 위 설 법

관리의 몸으로 제도할 이에게는

관리의 몸을 나타내어 법을 설하고,

應以宰官身得度者 卽現宰官身 而爲說法
응 이 재 관 신 득 도 자 즉 현 재 관 신 이 위 설 법

바라문의 몸으로 제도할 이에게는

바라문의 몸을 나타내어 법을 설하며,

---

130 사천왕의 우두머리로 야차, 나찰의 무리를 이끌고 북쪽 방위를 수호하는 신

應以婆羅門身得度者 卽現婆羅門身 而爲說法
응 이 바 라 문 신 득 도 자   즉 현 바 라 문 신   이 위 설 법

비구, 비구니, 우바새, 우바이의 몸으로 제도할 이에게는 비구, 비구니, 우바새, 우바이의 몸을 나타내어 법을 설하고,

應以比丘比丘尼優婆塞優婆夷身得度者 卽現比丘比丘尼優婆塞
응 이 비 구 비 구 니 우 바 새 우 바 이 신 득 도 자   즉 현 비 구 비 구 니 우 바 새
優婆夷身 而爲說法
우 바 이 신   이 위 설 법

장자, 거사, 관리, 바라문 부인의 몸으로 제도할 이에게는 장자, 거사, 관리, 바라문의 부인의 몸으로 법을 설하고,

應以長者居士宰官婆羅門婦女身得度者 卽現居士宰官婆羅門婦
응 이 장 자 거 사 재 관 바 라 문 부 녀 신 득 도 자   즉 현 거 사 재 관 바 라 문 부
女身 而爲說法
녀 신   이 위 설 법

어린 남자, 어린 여자의 몸으로 제도할 이에게는
어린 남자, 어린 여자의 몸을 나타내어 법을 설하고,

應以童男童女身得度者 卽現童男童女身 而爲說法
응 이 동 남 동 녀 신 득 도 자   즉 현 동 남 동 녀 신   이 위 설 법

하늘, 용, 야차, 건달바, 아수라, 가루라, 긴나라, 마후라가, 사람인 듯한 것 등의 몸으로 제도할 이에게는
하늘, 용, 야차, 건달바, 아수라, 가루라, 긴나라, 마후라가, 사람인 듯한 것 등의 몸을 나타내어 법을 설하며,

應以天龍夜叉乾闥婆阿修羅迦樓羅緊那羅摩睺羅伽人非人等身
응 이 천 룡 야 차 건 달 바 아 수 라 가 루 라 긴 나 라 마 후 라 가 인 비 인 등 신
得度者 卽皆現之 而爲說法
득 도 자   즉 개 현 지   이 위 설 법

집금강신[131]으로 제도할 이에게는
곧 집금강신을 나타내어 법을 설한다.

應以執金剛身得度者 卽現金剛身 而爲說法
응 이 집 금 강 신 득 도 자 즉 현 금 강 신 이 위 설 법

무진의 보살이여! 이 관세음보살은 이러한 공덕을 성취하여 갖가지 모습으로 여러 국토에 노시고, 중생을 제도하여 해탈하도록 하느니라.

無盡意 是觀世音菩薩 成就如是功德
무 진 의 시 관 세 음 보 살 성 취 여 시 공 덕
以種種形 遊諸國土 度脫衆生
이 종 종 형 유 제 국 토 도 탈 중 생

길게 인용하였지만 관세음보살은 부처의 모습으로, 신(神)의 모습으로, 수행자의 모습으로, 일반인의 모습으로, 아이의 모습으로, 심지어는 사람 비슷한 모습으로도 올 수 있습니다. 그래서 천수경의 신묘장구대다라니에 나타난 멧돼지와 사자 형상, 비슈누의 화신인 크리슈나, 호랑이 가죽 위에 있는 시바 등의 묘사는 모두 관세음보살이 화현한 모습으로 이해되고 있습니다.

그런데 금강경에서 배운 가르침에 따르면 수다원이 자기가 수다원이라는 相이 있으면 수다원이 아니고, 사다함이 자기가 사다함이라는 相이 있으면 사다함이 아니고, 아나함이 자기가 아나함이라는 相이 있으면 아나함이 아니고, 아라한이 자기가 아라한이라는 相이 있으면 아라한이 아닙니다. 여래나 보살도 자기가 중생을 구제한다는 相이 있으면 여래도 아니고, 보살도 아니라고 했습니다. 그렇다

---

131 금강역사: 불법을 보호하고 악의 무리는 금강저로 친다는 신

면 관세음보살이 중생에게 자비를 베푼다는 相이 있다면 관세음보살인가요?

문수보살(文殊菩薩), 보현보살(普賢菩薩), 관세음보살(觀世音菩薩), 지장보살(地藏菩薩)을 4대 보살이라고 합니다. 문수보살은 오대산(五臺山)에, 보현보살은 아미산(峨嵋山)에, 관세음보살은 보타산(普陀山)에, 지장보살은 구화산(九華山)에 상주한다고 합니다.
한암 스님이 목숨 걸고 지킨 강원도 오대산(五臺山) 상원사에 있는 국보 '목조문수동자좌상'에는 조선 세조(世祖)와 관련된 재미있는 전설이 내려옵니다.

세조는 많은 사람들을 죽인 업보인지 피부병을 심하게 앓았다고 합니다. 그래서 온천, 사찰 등 전국을 찾아다니다가 오대산을 방문하였는데, 상원사에 머물면서 계곡물에 목욕을 하였습니다. 그런데 마침 지나가는 동자가 있어 불러서 등을 닦게 하였습니다.
동자의 도움으로 목욕을 마친 세조는 동자에게 "왕의 몸을 씻어주고 왕의 몸에 종기가 있다는 사실을 말하지 마라."라고 하였습니다. 그러자, 동자는 다음과 같이 대답합니다.
"왕께서도 문수동자(文殊童子)를 보았다는 이야기를 하면 안 됩니다."
세조는 놀라 뒤를 돌아보았으나 동자는 보이지 않았고 등의 종기는 말끔히 나았다고 합니다. 세조는 화공에게 자신이 보았던 문수동자의 모습을 설명해 주어 그림으로 그리게 했고, 그 그림을 보고 오대산(五臺山) 상원사에 문수동자상이 모셔지게 됩니다.

문수동자는 문수보살입니다. 문수보살의 상주처로 알려진 중국 오대산(五臺山)과 이름이 같아서인지 강원도 오대산 하면 문수보살의 상주처로 사람들에게 인식되어 왔고, 세조와 문수동자의 전설도 이런 배경에서 만들어진게 아닌가 생각합니다.

그런데 금강경을 공부한 사람의 시각에서 보면, 일반 보살도 자신이 보살이라는 相이 없어야 보살의 경지에 이른다고 하였는데, 문수보살이 '내가 문수보살이다'라는 相을 가지고 세조를 치료했을까 하는 생각이 듭니다.

관세음보살도 마찬가지입니다. '법화경'에 의하면 관세음보살은 어떠한 모습으로도 올 수 있다고 하고, '금강경'에 의하면 오시는 관세음보살은 내가 관세음보살이라는 相이 없습니다. 게다가 우리가 관세음보살을 볼 때도 그 형상으로도 그 음성으로도 색수상행식 그 무엇으로도 관세음보살을 보아서는 안 된다고 금강경은 가르칩니다.

그렇다면 관세음보살은 어디에 계시고, 어떻게 기도를 해야 하는 걸까요? 금강경에 의하면 돕는 사람도 돕는 相이 없고 받는 사람도 받는 相이 없는 '무주상자비(無住相慈悲)'가 되어야 진정한 관세음보살의 가피(加被)를 받게 될 것입니다. 따라서, 기도하는 사람도 相이 없는 '무주상기도(無住相祈禱)', 즉 무언가를 잡거나 얻으려고 하는 기도보다는 모든 것을 내려놓는 기도가 되어야 우주적 기연(機

緣)이 관세음보살의 가피라는 이름(名)으로 오지 않는가 합니다. 금강경 식으로 표현하면 '加被卽非加被 是名加被(가피즉비가피 시명가피)'가 될 것입니다. 바꾸어 생각하면 내가 相 없는 존재로부터 도움을 받을 수도 있지만, 나의 무덤덤한 생활이 누군가에게는 相 없는 도움을 주는 보살의 역할을 하고 있는지도 모르겠습니다.

6. 보살의 길

금강경, 화엄경, 법화경은 모두 보살로서 살아가는 길을 가르쳐 주는 경전입니다. 지장보살이 성불(成佛)할 수 있으나 중생을 위해 성불을 미루는 것처럼, 보살도 오온(五蘊)의 세상에서 벗어나려는 것이 아니라 오온의 세상에서 육바라밀을 실천하는 사람입니다. 수행의 방향이 오온에서 空을 지향하는 것이 아니라, 空을 깨달아 오온 안에서 실천하는 사람입니다.

> 불법은 세간 가운데 있으니,
> 세간을 떠나서는 깨닫지 못한다.
> 세간을 떠나서 보리(菩提)를 찾는다면,
> 마치 토끼 뿔을 구하는 것과 같다.
>
> 佛法在世間 不離世間覺
> 불 법 재 세 간 불 이 세 간 각
> 離世覓菩提 恰如求兔角
> 이 세 멱 보 리 흡 여 구 토 각

혜능 스님이 '육조단경(六祖壇經)'에서 하신 말씀이십니다. 토끼 뿔은 세상에 존재하지 않습니다. 그러니 세상에서 깨달음을 구해야 한다는 말씀입니다.

깨달음과 수행의 과정을 동자가 소를 찾는 과정으로 묘사한 '십우도(十牛圖)'에서 마지막 그림은 '입전수수(入廛垂手, 세속의 저잣거리로 들어가(入廛), 중생에게 손을 드리운다(垂手))'입니다.

	단계	풀이
1	심우(尋牛)	동자가 소를 찾고 있다.
2	견적(見跡)	소의 발자국을 발견하고 따라간다.
3	견우(見牛)	소의 뒷모습을 발견한다.
4	득우(得牛)	소를 붙잡아 고삐를 건다.
5	목우(牧友)	소에 코뚜레를 뚫어 끌고 간다.
6	기우귀가 (騎牛歸家)	소에 올라탄 동자가 피리를 불며 집으로 돌아온다.
7	망우재인 (忘牛在人)	소는 없고 동자만 있다.

8	인우구망 (人牛俱忘)	소도 동자도 없다. ('견성(見性)'을 의미합니다.)
9	반본환원 (返本還源)	강물이 흐르고 꽃이 피어 있다. (풍경만 그려집니다.)
10	입전수수 (入廛垂手)	세상에 들어가, 중생에게 손을 내민다.

십우도에서는 여덟 번째 '인우구망(人牛俱忘)'의 단계에서 견성(見性)을 합니다. 그래서 소 그림도 동자 그림도 없고, 커다란 동그라미 하나(一圓相)만 그려집니다.

그런데 놀라운 것은 다음 '반본환원(返本還源)'의 그림입니다. 깨닫고 펼쳐진 여여(如如)한 열반의 세계가 무엇인가 하고 보니, 바로 내 눈앞에 펼쳐진 사바세계가 열반의 세계라는 것입니다. 그러니 세상에 들어가 중생에게 손을 내밀 수밖에 없는 것입니다(입전수수(入廛垂手)).

석가모니 부처님이 열반에 드시고, 가섭이 석가모니의 장례식에 늦게 도착하여 슬퍼하며 절을 하자 석가모니가 관에서 두 발을 내어 보였다는 '곽시쌍부(槨示雙趺)'의 이야기가 있습니다. 일반적으로는 석가모니가 자신의 법을 가섭에게 전한 세 가지 일화(삼처전심(三處傳心))의 하나로서 부처가 가섭에게 법을 전했다는 것을 증명하기 위해서 죽은 뒤에도 다리를 내어 보였다고 해석합니다.[132] 그렇지

---

132 나머지 두 개는 석가모니가 다자탑(多子塔)에서 설법을 할 때 자신이 앉은 자리를 잘라서 가섭에게 나누어 주었다는 '다자탑전분반좌(多子塔前分半座)'와 석가모니가 영축산에서 설법하는 와중에 연꽃 한 송이를 들어

만 제가 보기에 '곽시쌍부(槨示雙趺)'는 제자가 부처님 어디 가시냐고 울고 있으니, '내가 가긴 어디 가냐, 여기 있지.'라는 의미에서 여기가 바로 가고자 하는 열반이라는 뜻으로 다리를 내어 보이셨다는 생각이 듭니다.

해인사에 성철 스님이 계셨다면 양산 통도사(通度寺)에는 경봉(鏡峰靖錫, 1892~1982) 스님이 계셨습니다. 경봉 스님은 사찰의 화장실을 '해우소(解憂所)'로 이름 지으신 분입니다. 경봉 스님이 열반에 드시기 직전 제자가 가시면 어떡하냐고 물으니, 스님은 "야반삼경(夜半三更)에 대문 빗장을 만져 보거라."고 하셨습니다. '내가 가긴 어디 가냐, 여기 있지.'라고 하신 것입니다.

"법문은 우리가 일상생활을 하는 데 다 있으니 일상 생활하는 밖에서 진리를 찾지 말고 불교를 찾지 말아라."

경봉 스님의 말씀입니다.

'단하소불(丹霞燒佛, 단하 선사가 목불을 태우다.)'이라는 유명한 이야기가 있습니다. 단하천연(丹霞天然, 739~824) 스님이 낙양에 있는 혜림사(慧林寺) 객실에서 하루를 묵게 되었는데, 추운 겨울 대웅전에 올라가서 목불(木佛)을 도끼로 쪼개서 불을 피웠습니다. 원주 스님이 크게 놀라 "어떻게 불상을 쪼개서 불을 피울 수가 있소?"라고 하자, 단하 스님이 막대기로 재를 헤치면서 "부처를 태워 사리를 얻고자 하오."라고 말했습니다. 원주 스님이 노발대발하면서 "목

서 제자들에게 보였는데, 가섭 혼자서 그 의미를 헤아리고 빙긋 웃었다는 '염화미소(拈華微笑)'입니다.

불에 무슨 사리가 있단 말이오?"라고 하자, 단하 스님은 "사리가 없다면 나무토막이지 어찌 부처라고 할 수 있겠소? 나머지 두 보처불(補處佛)도 마저 태워버립시다."라고 했다는 이야기입니다.

相을 극복한 일화로 인용되기는 하지만, 제가 보기엔 오히려 相에 사로잡힌 행위입니다. 목불이 나무라는 것을 모르는 사람은 없습니다. 불상을 그 재료인 나무로만 보고, 그 안에 있는 중생의 기원, 소망은 보지 못하는지 모르겠습니다.

흔히 도인(道人)은 세상일에 초연하고 인생사(人生事) 초탈한 사람으로 생각할 수 있지만, 세상사 허무한 줄 알면서도 해 보려고 노력하고 자연스러운 인간(人間)의 감정에 무심하지 않고 공감(共感)을 하는 사람이 도인이고 보살이라 생각합니다.

공자님도 수제자 안회(顔回)가 죽었을 때 그렇게 슬퍼했다고 하고, 석가모니 부처님도 제자 사리자와 목건련이 먼저 사망하니 그렇게 아쉬워하고 슬퍼하셨다 합니다.

임제종의 개창자이자 그 유명한 '덕산방 임제할(德山棒 臨濟喝)'의 임제 스님도 스승 황벽 선사가 열반에 들려고 하자 끊임없이 눈물을 흘렸습니다. 옆에서 말합니다.

"깨달은 자가 어찌 눈물을 흘리십니까?"
"스승의 임종에 눈물이 나는데 어찌합니까?"

도인, 보살은 세상을 등지고 세상일에 초연한 사람으로 착각하기 쉽습니다. 그렇지만 세상에 살면서 세상사 무상(無常)함을 온몸으로 받아들이면서도 육바라밀을 실천하려는 사람이 도인이고 보살이라 생각합니다.

　우연히 '바보처럼 살았군요' 노래가 라디오에서 나왔을 때, 가슴이 먹먹해지는 경험을 한 적이 있습니다. 근데 노래가 끝나고, DJ도 그랬다 하고, PD도 잠시 생각에 젖었다고 합니다. 누구에게나 인생은 불완전하고, 만족할 만한 인생이란 실체가 없는 하나의 相이라는 것을 금강경은 이야기하는 것 같습니다.

　과거도 현재도 미래도 다 실체가 없는 無我이고, 거기에 마음을 두지 말고, 부질없는 욕망은 육바라밀을 세상에 실천하면서 대체하고, 현실의 삶을 경영하라고 금강경은 이야기합니다.

無上甚深微妙法 百千萬劫難遭遇
무 상 심 심 미 묘 법　백 천 만 겁 난 조 우
我今聞見得受持 願解如來眞實意
아 금 문 견 득 수 지　원 해 여 래 진 실 의

위없고 더없이 깊고 미묘한 가르침
백천만겁에도 만나기 어렵습니다.
제가 이제 듣고 보고 받아 지니오니
원컨대, 여래의 진의를 깨닫게 해 주소서.

　'천수경'의 앞부분에 나오지만 일반적으로 경전을 독송할 때 먼저 읽는, 경을 여는 게송 '개경게(開經偈)'입니다. 이 '개경게'는 중국 역사상 유일한 여황제 '측천무후(則天武后)'가 지었다고 알려져 있습니다.

이렇게 불법(佛法) 만나는 것이 백천만겁에도 이루기 어렵고, 금생의 인연을 놓치면 다시 기약이 없을 수도 있다는 것을 꼭 명심하시고, 금강경을 수지독송하는 것은 선세의 무한한 공덕으로 가능한 일이었음을 가슴에 새기셔서, 부처님의 지혜와 관세음보살의 가피가 모든 분께 가득하길 기원하며 금강경 강해를 마칩니다.

나무반야바라밀
나무관세음보살.

차근차근 풀어보고 단박에 이해하는 금강경

펴낸날   초판 2025년 8월 4일
지은이   이성원
펴낸이   김정아
펴낸곳   북스테이트
출판등록   2025년3월13일 제2025-000071호
주소   서울시 마포구 마포대로 53
전화   02-515-2766
팩스   0504-219-7373
이메일   bookstate@naver.com

ISBN   979-11-993545-5-5 (03220)
정가   33,000원

- 본서의 무단전제 및 복제행위를 금합니다.
- 저자와 협의하여 인지는 붙이지 않기로 합니다.
- 본서의 대량구입, 금강경 강의 등의 문의는 bookstate@naver.com으로 해 주시기 바랍니다.